数据安全法律速查手册

陈 聪 编

中国·武汉

图书在版编目(CIP)数据

数据安全法律速查手册 / 陈聪编. -- 武汉：华中科技大学出版社，2024.9.
(全民安全分类普法手册). -- ISBN 978-7-5772-1269-2

Ⅰ. D922.17-62

中国国家版本馆 CIP 数据核字第 2024E95V33 号

数据安全法律速查手册　　　　　　　　　　　　　　陈　聪　编
Shuju Anquan Falü Sucha Shouce

策划编辑：	郭善珊　张婧旻
责任编辑：	张　丛　田兆麟
封面设计：	沈仙卫
版式设计：	赵慧萍
责任校对：	张会军
责任监印：	朱　玢
出版发行：	华中科技大学出版社（中国•武汉）　电话：(027) 81321913
	武汉市东湖新技术开发区华工科技园　邮编：430223
录　　排：	华中科技大学出版社美编室
印　　刷：	武汉市洪林印务有限公司
开　　本：	710mm×1000mm　1/16
印　　张：	17.25
字　　数：	257 千字
版　　次：	2024 年 9 月第 1 版第 1 次印刷
定　　价：	59.00 元

本书若有印装质量问题，请向出版社营销中心调换
全国免费服务热线：400-6679-118　竭诚为您服务
版权所有　侵权必究

PREFACE 前言

近年来，创新技术应用及数据资源利用的热潮席卷全球，数据作为新型生产要素直接影响经济及社会发展，这已成为全球各界的共识。数据资源作为数字经济的核心要素，其安全性早已上升至国家战略高度。随着数字全球化的加速到来，世界正在从经济全球化向以数字流动为牵引的新型全球化转变。数据安全作为数字经济发展的基石，数据安全风险的危害已从传统网络安全向政治、科技、经济等众多领域扩散，数据泄露、篡改、滥用、勒索等已成为亟待解决的问题。在如此严峻的形式下，我国数字经济发展已步入快车道，正在通过各层面文件指导和推动数字经济安全、合规、有序发展。

当前，我国数据安全战略布局初步形成，数据安全制度体系建设是适配生产力、生产要素变革和发展之必需，也是数字经济法律体系构建的必经之路。党的二十大报告提出建设数字中国，加快发展数字经济，促进数字经济和实体经济深度融合，打造具有国际竞争力的数字产业集群。"数据二十条"提出构建数据产权、流通交易、收益分配、安全治理等制度，初步形成我国数据基础制度的"四梁八柱"，旨在激活数据要素乘数效应，充分赋能实体经济。在数字经济时代背景下，数据已成为企业的核心生产要素之一。而企业数字化转型则是以数据为中心，通过数据驱动业务发展、管理协同和运营。因此，数字化转型关键在于数据，数据治理要先行。

为此，我国已开展数据治理规则体系框架的建设工作，主要包含数据安全、个人信息权益以及数据价值释放等方面内容，但在数据价值释放和数据流转利用规则体系建设过程中，对于数据确权、数据估值及数据要素流通规则等世界性数据安全和数据利用相关方面的难题尚未有明显突破。《中华人民共和国数据安全法》（以下简称《数据安全法》）的发布实施，标志着我国在数据安全领域有法可依，并与《中华人民共和国网络安全法》《中华人民共和国个人信息保护法》《中华人民共和国民法典》《关键信息基础设施安全保护条例》以及《网络数据安全管理条例》形成"三法一典二条例"的基本法律框架，进一步完善了我国数据安全相关法律法规体系，为后续立法、执法、司法相关实践提供了重要法律依据，为我国数字经济稳步推进和安全健康发展提供可靠支撑。

同时，数据安全监管要求逐渐落地，地方性法规、行业规章、标准规范纷纷出台，比如贵州省、海南省、山西省、吉林省、安徽省、山东省、天津市、上海市等地先后出台地方数据条例，对公共数据、政务数据相关的数据共享、数据开放利用、数据交易流通等规则进行实践探索，寻找适合各地发展需求的数据安全保护和数据利用策略。我国数据安全保护思路及工作路径越来越清晰，数据安全法律政策逐步细化，政策环境不断完善，数据安全体系建设呈现立法更细、监管趋严的态势，并安全有序地快速发展。

观察近年来全球数据立法的路径脉络，不难发现，整体上各国数据立法和监管思路基本采取"两步走"策略，即从"以个人数据保护为重心的数据保护模式"迈向"以构建数字经济体系为目标的数据赋能模式"。在此过程中，本书全面梳理数据安全法律、法规脉络，理清主要数据安全管控要求，对于突破数据治理实施困境、深化数据安全体系建设、全面决策数据安全风险、强化组织合规管理能力等工作具有重要指导意义。

CONTENTS 目录

第一章 国家法律法规 ··· 001
《中华人民共和国网络安全法》 ··· 001
《中华人民共和国民法典》 ··· 015
《中华人民共和国数据安全法》 ··· 048
《中华人民共和国个人信息保护法》 ··· 056
《关键信息基础设施安全保护条例》 ··· 069
《网络数据安全管理条例》 ··· 078
热点问答 ··· 093

第二章 部门规章制度及热点问答 ··· 097
《工业数据分类分级指南（试行）》 ··· 097
《中国银保监会监管数据安全管理办法（试行）》 ··· 100
《网络安全审查办法》 ··· 105
《数据出境安全评估办法》 ··· 110
《工业和信息化领域数据安全管理办法（试行）》 ··· 114
热点问答 ··· 124

第三章 地方性法规及热点问答 ··· 131
《深圳经济特区数据条例》 ··· 132
《上海市数据条例》 ··· 150
《重庆市数据条例》 ··· 167
《四川省数据条例》 ··· 179
《广东省数字经济促进条例》 ··· 194

《山东省大数据发展促进条例》 …207

《北京市数字经济促进条例》 …216

《厦门经济特区数据条例》 …228

《山西省政务数据安全管理办法》 …239

《吉林省大数据条例》 …244

热点问答 …264

第一章 国家法律法规

截至2023年底,国家战略层面成立了国家数据局,多项数据安全管理、个人信息保护相关法律法规陆续颁发,我国数据安全法律政策逐步细化,政策环境不断完善和优化,为我国数据安全治理、数据安全利用及企业数据安全建设提供政策和法规引领。随着相关法律法规的出台,我国数据安全法制化建设已初具规模,对于各领域各部门的规制作用和影响力将进一步深化。本文对当前我国数据安全相关主要法律法规文件进行梳理,以便有关工作人员参阅使用。

《中华人民共和国网络安全法》

施行日期:2017/6/1

发布情况:2016年11月7日第十二届全国人民代表大会常务委员会第二十四次会议通过

内容概述:规定了网络运营者的安全保护义务、网络安全事件的应对与处置、个人信息保护及法律责任保护等方面内容,旨在加强国家网络安全保障能力,同时国家鼓励开发网络数据安全保护和利用技术,促进公共数据资源开放,推动技术创新和经济社会发展的原则。

第一章 总则

第一条 为了保障网络安全,维护网络空间主权和国家安全、社会公共利益，保护公民、法人和其他组织的合法权益，促进经济社会信息化健康发展，制定本法。

第二条　在中华人民共和国境内建设、运营、维护和使用网络，以及网络安全的监督管理，适用本法。

第三条　国家坚持网络安全与信息化发展并重，遵循积极利用、科学发展、依法管理、确保安全的方针，推进网络基础设施建设和互联互通，鼓励网络技术创新和应用，支持培养网络安全人才，建立健全网络安全保障体系，提高网络安全保护能力。

第四条　国家制定并不断完善网络安全战略，明确保障网络安全的基本要求和主要目标，提出重点领域的网络安全政策、工作任务和措施。

第五条　国家采取措施，监测、防御、处置来源于中华人民共和国境内外的网络安全风险和威胁，保护关键信息基础设施免受攻击、侵入、干扰和破坏，依法惩治网络违法犯罪活动，维护网络空间安全和秩序。

第六条　国家倡导诚实守信、健康文明的网络行为，推动传播社会主义核心价值观，采取措施提高全社会的网络安全意识和水平，形成全社会共同参与促进网络安全的良好环境。

第七条　国家积极开展网络空间治理、网络技术研发和标准制定、打击网络违法犯罪等方面的国际交流与合作，推动构建和平、安全、开放、合作的网络空间，建立多边、民主、透明的网络治理体系。

第八条　国家网信部门负责统筹协调网络安全工作和相关监督管理工作。国务院电信主管部门、公安部门和其他有关机关依照本法和有关法律、行政法规的规定，在各自职责范围内负责网络安全保护和监督管理工作。

县级以上地方人民政府有关部门的网络安全保护和监督管理职责，按照国家有关规定确定。

第九条　网络运营者开展经营和服务活动，必须遵守法律、行政法规，尊重社会公德，遵守商业道德，诚实信用，履行网络安全保护义务，接受政府和社会的监督，承担社会责任。

第十条　建设、运营网络或者通过网络提供服务，应当依照法律、行政法规的规定和国家标准的强制性要求，采取技术措施和其他必要措施，保障网络安全、稳定运行，有效应对网络安全事件，防范网络违法犯罪活动，维护网络数据的完整性、保密性和可用性。

第十一条　网络相关行业组织按照章程，加强行业自律，制定网络安全行为规范，指导会员加强网络安全保护，提高网络安全保护水平，促进行业健康发展。

第十二条　国家保护公民、法人和其他组织依法使用网络的权利，促进网络接入普及，提升网络服务水平，为社会提供安全、便利的网络服务，保障网络信息依法有序自由流动。

任何个人和组织使用网络应当遵守宪法法律，遵守公共秩序，尊重社会公德，不得危害网络安全，不得利用网络从事危害国家安全、荣誉和利益，煽动颠覆国家政权、推翻社会主义制度，煽动分裂国家、破坏国家统一，宣扬恐怖主义、极端主义，宣扬民族仇恨、民族歧视，传播暴力、淫秽色情信息，编造、传播虚假信息扰乱经济秩序和社会秩序，以及侵害他人名誉、隐私、知识产权和其他合法权益等活动。

第十三条　国家支持研究开发有利于未成年人健康成长的网络产品和服务，依法惩治利用网络从事危害未成年人身心健康的活动，为未成年人提供安全、健康的网络环境。

第十四条　任何个人和组织有权对危害网络安全的行为向网信、电信、公安等部门举报。收到举报的部门应当及时依法作出处理；不属于本部门职责的，应当及时移送有权处理的部门。

有关部门应当对举报人的相关信息予以保密，保护举报人的合法权益。

第二章　网络安全支持与促进

第十五条　国家建立和完善网络安全标准体系。国务院标准化行政主管部门和国务院其他有关部门根据各自的职责，组织制定并适时修订有关网络安全管理以及网络产品、服务和运行安全的国家标准、行业标准。

国家支持企业、研究机构、高等学校、网络相关行业组织参与网络安全国家标准、行业标准的制定。

第十六条　国务院和省、自治区、直辖市人民政府应当统筹规划，加大投入，扶持重点网络安全技术产业和项目，支持网络安全技术的研究开发和应用，推广安全可信的网络产品和服务，保护网络技术知识产权，支持企业、研究机构和高等学校等参与国家网络安全技术创新项目。

第十七条　国家推进网络安全社会化服务体系建设，鼓励有关企业、机构开展网络安全认证、检测和风险评估等安全服务。

第十八条　国家鼓励开发网络数据安全保护和利用技术，促进公共数据资源开放，推动技术创新和经济社会发展。

国家支持创新网络安全管理方式，运用网络新技术，提升网络安全保护水平。

第十九条　各级人民政府及其有关部门应当组织开展经常性的网络安全宣传教育，并指导、督促有关单位做好网络安全宣传教育工作。

大众传播媒介应当有针对性地面向社会进行网络安全宣传教育。

第二十条　国家支持企业和高等学校、职业学校等教育培训机构开展网络安全相关教育与培训，采取多种方式培养网络安全人才，促进网络安全人才交流。

第三章　网络运行安全

第一节　一般规定

第二十一条　国家实行网络安全等级保护制度。网络运营者应当按照网络安全等级保护制度的要求，履行下列安全保护义务，保障网络免受干扰、破坏或者未经授权的访问，防止网络数据泄露或者被窃取、篡改：

（一）制定内部安全管理制度和操作规程，确定网络安全负责人，落实网络安全保护责任；

（二）采取防范计算机病毒和网络攻击、网络侵入等危害网络安全行为的技术措施；

（三）采取监测、记录网络运行状态、网络安全事件的技术措施，并按照规定留存相关的网络日志不少于六个月；

（四）采取数据分类、重要数据备份和加密等措施；

（五）法律、行政法规规定的其他义务。

第二十二条　网络产品、服务应当符合相关国家标准的强制性要求。网络产品、服务的提供者不得设置恶意程序；发现其网络产品、服务存在安全缺陷、漏洞等风险时，应当立即采取补救措施，按照规定及时告知用户并向有关主管部门报告。

网络产品、服务的提供者应当为其产品、服务持续提供安全维护；在规定或者当事人约定的期限内，不得终止提供安全维护。

网络产品、服务具有收集用户信息功能的，其提供者应当向用户明示并取得同意；涉及用户个人信息的，还应当遵守本法和有关法律、行政法规关于个人信息保护的规定。

第二十三条　网络关键设备和网络安全专用产品应当按照相关国家标准的强制性要求，由具备资格的机构安全认证合格或者安全检测符合要求后，方可销售或者提供。国家网信部门会同国务院有关部门制定、公布网络关键设备和网络安全专用产品目录，并推动安全认证和安全检测结果互认，避免重复认证、检测。

第二十四条　网络运营者为用户办理网络接入、域名注册服务，办理固定电话、移动电话等入网手续，或者为用户提供信息发布、即时通讯等服务，在与用户签订协议或者确认提供服务时，应当要求用户提供真实身份信息。用户不提供真实身份信息的，网络运营者不得为其提供相关服务。

国家实施网络可信身份战略，支持研究开发安全、方便的电子身份认证技术，推动不同电子身份认证之间的互认。

第二十五条　网络运营者应当制定网络安全事件应急预案，及时处置系统漏洞、计算机病毒、网络攻击、网络侵入等安全风险；在发生危害网络安全的事件时，立即启动应急预案，采取相应的补救措施，并按照规定向有关主管部门报告。

第二十六条　开展网络安全认证、检测、风险评估等活动，向社会发布系统漏洞、计算机病毒、网络攻击、网络侵入等网络安全信息，应当遵守国家有关规定。

第二十七条　任何个人和组织不得从事非法侵入他人网络、干扰他人网络正常功能、窃取网络数据等危害网络安全的活动；不得提供专门用于从事侵入网络、干扰网络正常功能及防护措施、窃取网络数据等危害网络安全活动的程序、工具；明知他人从事危害网络安全的活动的，不得为其提供技术支持、广告推广、支付结算等帮助。

第二十八条　网络运营者应当为公安机关、国家安全机关依法维护国家安全和侦查犯罪的活动提供技术支持和协助。

第二十九条　国家支持网络运营者之间在网络安全信息收集、分析、通报和应急处置等方面进行合作，提高网络运营者的安全保障能力。

有关行业组织建立健全本行业的网络安全保护规范和协作机制，加强对网络安全风险的分析评估，定期向会员进行风险警示，支持、协助会员应对网络安全风险。

第三十条　网信部门和有关部门在履行网络安全保护职责中获取的信息，只能用于维护网络安全的需要，不得用于其他用途。

第二节　关键信息基础设施的运行安全

第三十一条　国家对公共通信和信息服务、能源、交通、水利、金融、公共服务、电子政务等重要行业和领域，以及其他一旦遭到破坏、丧失功能或者数据泄露，可能严重危害国家安全、国计民生、公共利益的关键信息基础设施，在网络安全等级保护制度的基础上，实行重点保护。关键信息基础设施的具体范围和安全保护办法由国务院制定。

国家鼓励关键信息基础设施以外的网络运营者自愿参与关键信息基础设施保护体系。

第三十二条　按照国务院规定的职责分工，负责关键信息基础设施安全保护工作的部门分别编制并组织实施本行业、本领域的关键信息基础设施安全规划，指导和监督关键信息基础设施运行安全保护工作。

第三十三条　建设关键信息基础设施应当确保其具有支持业务稳

定、持续运行的性能，并保证安全技术措施同步规划、同步建设、同步使用。

第三十四条　除本法第二十一条的规定外，关键信息基础设施的运营者还应当履行下列安全保护义务：

（一）设置专门安全管理机构和安全管理负责人，并对该负责人和关键岗位的人员进行安全背景审查；

（二）定期对从业人员进行网络安全教育、技术培训和技能考核；

（三）对重要系统和数据库进行容灾备份；

（四）制定网络安全事件应急预案，并定期进行演练；

（五）法律、行政法规规定的其他义务。

第三十五条　关键信息基础设施的运营者采购网络产品和服务，可能影响国家安全的，应当通过国家网信部门会同国务院有关部门组织的国家安全审查。

第三十六条　关键信息基础设施的运营者采购网络产品和服务，应当按照规定与提供者签订安全保密协议，明确安全和保密义务与责任。

第三十七条　关键信息基础设施的运营者在中华人民共和国境内运营中收集和产生的个人信息和重要数据应当在境内存储。因业务需要，确需向境外提供的，应当按照国家网信部门会同国务院有关部门制定的办法进行安全评估；法律、行政法规另有规定的，依照其规定。

第三十八条　关键信息基础设施的运营者应当自行或者委托网络安全服务机构对其网络的安全性和可能存在的风险每年至少进行一次检测评估，并将检测评估情况和改进措施报送相关负责关键信息基础设施安全保护工作的部门。

第三十九条　国家网信部门应当统筹协调有关部门对关键信息基础设施的安全保护采取下列措施：

（一）对关键信息基础设施的安全风险进行抽查检测，提出改进措施，必要时可以委托网络安全服务机构对网络存在的安全风险进行检测评估；

（二）定期组织关键信息基础设施的运营者进行网络安全应急演练，提高应对网络安全事件的水平和协同配合能力；

（三）促进有关部门、关键信息基础设施的运营者以及有关研究机构、网络安全服务机构等之间的网络安全信息共享；

（四）对网络安全事件的应急处置与网络功能的恢复等，提供技术支持和协助。

第四章　网络信息安全

第四十条　网络运营者应当对其收集的用户信息严格保密，并建立健全用户信息保护制度。

第四十一条　网络运营者收集、使用个人信息，应当遵循合法、正当、必要的原则，公开收集、使用规则，明示收集、使用信息的目的、方式和范围，并经被收集者同意。

网络运营者不得收集与其提供的服务无关的个人信息，不得违反法律、行政法规的规定和双方的约定收集、使用个人信息，并应当依照法律、行政法规的规定和与用户的约定，处理其保存的个人信息。

第四十二条　网络运营者不得泄露、篡改、毁损其收集的个人信息；未经被收集者同意，不得向他人提供个人信息。但是，经过处理无法识别特定个人且不能复原的除外。

网络运营者应当采取技术措施和其他必要措施，确保其收集的个人信息安全，防止信息泄露、毁损、丢失。在发生或者可能发生个人信息泄露、毁损、丢失的情况时，应当立即采取补救措施，按照规定及时告知用户并向有关主管部门报告。

第四十三条　个人发现网络运营者违反法律、行政法规的规定或者双方的约定收集、使用其个人信息的，有权要求网络运营者删除其个人信息；发现网络运营者收集、存储的其个人信息有错误的，有权要求网络运营者予以更正。网络运营者应当采取措施予以删除或者更正。

第四十四条　任何个人和组织不得窃取或者以其他非法方式获取个人信息，不得非法出售或者非法向他人提供个人信息。

第四十五条　依法负有网络安全监督管理职责的部门及其工作人员，必须对在履行职责中知悉的个人信息、隐私和商业秘密严格保密，不得泄露、出售或者非法向他人提供。

第四十六条　任何个人和组织应当对其使用网络的行为负责，不得设立用于实施诈骗，传授犯罪方法，制作或者销售违禁物品、管制物品等违法犯罪活动的网站、通讯群组，不得利用网络发布涉及实施诈骗，制作或者销售违禁物品、管制物品以及其他违法犯罪活动的信息。

第四十七条　网络运营者应当加强对其用户发布的信息的管理，发现法律、行政法规禁止发布或者传输的信息的，应当立即停止传输该信息，采取消除等处置措施，防止信息扩散，保存有关记录，并向有关主管部门报告。

第四十八条　任何个人和组织发送的电子信息、提供的应用软件，不得设置恶意程序，不得含有法律、行政法规禁止发布或者传输的信息。

电子信息发送服务提供者和应用软件下载服务提供者，应当履行安全管理义务，知道其用户有前款规定行为的，应当停止提供服务，采取消除等处置措施，保存有关记录，并向有关主管部门报告。

第四十九条　网络运营者应当建立网络信息安全投诉、举报制度，公布投诉、举报方式等信息，及时受理并处理有关网络信息安全的投诉和举报。

网络运营者对网信部门和有关部门依法实施的监督检查，应当予以配合。

第五十条　国家网信部门和有关部门依法履行网络信息安全监督管理职责，发现法律、行政法规禁止发布或者传输的信息的，应当要求网络运营者停止传输，采取消除等处置措施，保存有关记录；对来源于中华人民共和国境外的上述信息，应当通知有关机构采取技术措施和其他必要措施阻断传播。

第五章　监测预警与应急处置

第五十一条　国家建立网络安全监测预警和信息通报制度。国家网信部门应当统筹协调有关部门加强网络安全信息收集、分析和通报工作，按照规定统一发布网络安全监测预警信息。

第五十二条　负责关键信息基础设施安全保护工作的部门，应当建立健全本行业、本领域的网络安全监测预警和信息通报制度，并按照规定报送网络安全监测预警信息。

第五十三条　国家网信部门协调有关部门建立健全网络安全风险评估和应急工作机制，制定网络安全事件应急预案，并定期组织演练。

负责关键信息基础设施安全保护工作的部门应当制定本行业、本领域的网络安全事件应急预案，并定期组织演练。

网络安全事件应急预案应当按照事件发生后的危害程度、影响范围等因素对网络安全事件进行分级，并规定相应的应急处置措施。

第五十四条　网络安全事件发生的风险增大时，省级以上人民政府有关部门应当按照规定的权限和程序，并根据网络安全风险的特点和可能造成的危害，采取下列措施：

（一）要求有关部门、机构和人员及时收集、报告有关信息，加强对网络安全风险的监测；

（二）组织有关部门、机构和专业人员，对网络安全风险信息进行分析评估，预测事件发生的可能性、影响范围和危害程度；

（三）向社会发布网络安全风险预警，发布避免、减轻危害的措施。

第五十五条　发生网络安全事件，应当立即启动网络安全事件应急预案，对网络安全事件进行调查和评估，要求网络运营者采取技术措施和其他必要措施，消除安全隐患，防止危害扩大，并及时向社会发布与公众有关的警示信息。

第五十六条　省级以上人民政府有关部门在履行网络安全监督管理职责中，发现网络存在较大安全风险或者发生安全事件的，可以按照规定的权限和程序对该网络的运营者的法定代表人或者主要负责人进行约谈。网络运营者应当按照要求采取措施，进行整改，消除隐患。

第五十七条　因网络安全事件，发生突发事件或者生产安全事故的，应当依照《中华人民共和国突发事件应对法》、《中华人民共和国安全生产法》等有关法律、行政法规的规定处置。

第五十八条　因维护国家安全和社会公共秩序，处置重大突发社会安全事件的需要，经国务院决定或者批准，可以在特定区域对网络通信采取限制等临时措施。

第六章　法律责任

第五十九条　网络运营者不履行本法第二十一条、第二十五条规定的网络安全保护义务的，由有关主管部门责令改正，给予警告；拒不改正或者导致危害网络安全等后果的，处一万元以上十万元以下罚款，对直接负责的主管人员处五千元以上五万元以下罚款。

关键信息基础设施的运营者不履行本法第三十三条、第三十四条、第三十六条、第三十八条规定的网络安全保护义务的，由有关主管部门责令改正，给予警告；拒不改正或者导致危害网络安全等后果的，处十万元以上一百万元以下罚款，对直接负责的主管人员处一万元以上十万元以下罚款。

第六十条　违反本法第二十二条第一款、第二款和第四十八条第一款规定，有下列行为之一的，由有关主管部门责令改正，给予警告；拒不改正或者导致危害网络安全等后果的，处五万元以上五十万元以下罚款，对直接负责的主管人员处一万元以上十万元以下罚款：

（一）设置恶意程序的；

（二）对其产品、服务存在的安全缺陷、漏洞等风险未立即采取补救措施，或者未按照规定及时告知用户并向有关主管部门报告的；

（三）擅自终止为其产品、服务提供安全维护的。

第六十一条　网络运营者违反本法第二十四条第一款规定，未要求用户提供真实身份信息，或者对不提供真实身份信息的用户提供相关服务的，由有关主管部门责令改正；拒不改正或者情节严重的，处五万元以上五十万元以下罚款，并可以由有关主管部门责令暂停相关业务、停业整顿、关闭网站、吊销相关业务许可证或者吊销营业执照，对直接负责的主管人员和其他直接责任人员处一万元以上十万元以下罚款。

第六十二条　违反本法第二十六条规定，开展网络安全认证、检测、风险评估等活动，或者向社会发布系统漏洞、计算机病毒、网络攻击、网络侵入等网络安全信息的，由有关主管部门责令改正，给予警告；拒不改正或者情节严重的，处一万元以上十万元以下罚款，并可以由有关主管部门责令暂停相关业务、停业整顿、关闭网站、吊销相关业务许可证或者吊销营业执照，对直接负责的主管人员和其他直接责任人员处五千元以上五万元以下罚款。

第六十三条　违反本法第二十七条规定，从事危害网络安全的活动，或者提供专门用于从事危害网络安全活动的程序、工具，或者为他人从事危害网络安全的活动提供技术支持、广告推广、支付结算等帮助，尚不构成犯罪的，由公安机关没收违法所得，处五日以下拘留，可以并处五万元以上五十万元以下罚款；情节较重的，处五日以上十五日以下拘留，可以并处十万元以上一百万元以下罚款。

单位有前款行为的，由公安机关没收违法所得，处十万元以上一百万元以下罚款，并对直接负责的主管人员和其他直接责任人员依照前款规定处罚。

违反本法第二十七条规定，受到治安管理处罚的人员，五年内不得从事网络安全管理和网络运营关键岗位的工作；受到刑事处罚的人员，终身不得从事网络安全管理和网络运营关键岗位的工作。

第六十四条　网络运营者、网络产品或者服务的提供者违反本法第二十二条第三款、第四十一条至第四十三条规定，侵害个人信息依法得到保护的权利的，由有关主管部门责令改正，可以根据情节单处或者并处警告、没收违法所得、处违法所得一倍以上十倍以下罚款，没有违法所得的，处一百万元以下罚款，对直接负责的主管人员和其他直接责任人员处一万元以上十万元以下罚款；情节严重的，并可以责令暂停相关业务、停业整顿、关闭网站、吊销相关业务许可证或者吊销营业执照。

违反本法第四十四条规定，窃取或者以其他非法方式获取、非法出售或者非法向他人提供个人信息，尚不构成犯罪的，由公安机关没收违法所得，并处违法所得一倍以上十倍以下罚款，没有违法所得的，处一百万元以下罚款。

第六十五条　关键信息基础设施的运营者违反本法第三十五条规定，使用未经安全审查或者安全审查未通过的网络产品或者服务的，由有关主管部门责令停止使用，处采购金额一倍以上十倍以下罚款；

对直接负责的主管人员和其他直接责任人员处一万元以上十万元以下罚款。

第六十六条 关键信息基础设施的运营者违反本法第三十七条规定，在境外存储网络数据，或者向境外提供网络数据的，由有关主管部门责令改正，给予警告，没收违法所得，处五万元以上五十万元以下罚款，并可以责令暂停相关业务、停业整顿、关闭网站、吊销相关业务许可证或者吊销营业执照；对直接负责的主管人员和其他直接责任人员处一万元以上十万元以下罚款。

第六十七条 违反本法第四十六条规定，设立用于实施违法犯罪活动的网站、通讯群组，或者利用网络发布涉及实施违法犯罪活动的信息，尚不构成犯罪的，由公安机关处五日以下拘留，可以并处一万元以上十万元以下罚款；情节较重的，处五日以上十五日以下拘留，可以并处五万元以上五十万元以下罚款。关闭用于实施违法犯罪活动的网站、通讯群组。

单位有前款行为的，由公安机关处十万元以上五十万元以下罚款，并对直接负责的主管人员和其他直接责任人员依照前款规定处罚。

第六十八条 网络运营者违反本法第四十七条规定，对法律、行政法规禁止发布或者传输的信息未停止传输、采取消除等处置措施、保存有关记录的，由有关主管部门责令改正，给予警告，没收违法所得；拒不改正或者情节严重的，处十万元以上五十万元以下罚款，并可以责令暂停相关业务、停业整顿、关闭网站、吊销相关业务许可证或者吊销营业执照，对直接负责的主管人员和其他直接责任人员处一万元以上十万元以下罚款。

电子信息发送服务提供者、应用软件下载服务提供者，不履行本法第四十八条第二款规定的安全管理义务的，依照前款规定处罚。

第六十九条 网络运营者违反本法规定，有下列行为之一的，由有关主管部门责令改正；拒不改正或者情节严重的，处五万元以上五十万元以下罚款，对直接负责的主管人员和其他直接责任人员，处一万元以上十万元以下罚款：

（一）不按照有关部门的要求对法律、行政法规禁止发布或者传输的信息，采取停止传输、消除等处置措施的；

（二）拒绝、阻碍有关部门依法实施的监督检查的；

（三）拒不向公安机关、国家安全机关提供技术支持和协助的。

第七十条　发布或者传输本法第十二条第二款和其他法律、行政法规禁止发布或者传输的信息的，依照有关法律、行政法规的规定处罚。

第七十一条　有本法规定的违法行为的，依照有关法律、行政法规的规定记入信用档案，并予以公示。

第七十二条　国家机关政务网络的运营者不履行本法规定的网络安全保护义务的，由其上级机关或者有关机关责令改正；对直接负责的主管人员和其他直接责任人员依法给予处分。

第七十三条　网信部门和有关部门违反本法第三十条规定，将在履行网络安全保护职责中获取的信息用于其他用途的，对直接负责的主管人员和其他直接责任人员依法给予处分。

网信部门和有关部门的工作人员玩忽职守、滥用职权、徇私舞弊，尚不构成犯罪的，依法给予处分。

第七十四条　违反本法规定，给他人造成损害的，依法承担民事责任。

违反本法规定，构成违反治安管理行为的，依法给予治安管理处罚；构成犯罪的，依法追究刑事责任。

第七十五条　境外的机构、组织、个人从事攻击、侵入、干扰、破坏等危害中华人民共和国的关键信息基础设施的活动，造成严重后果的，依法追究法律责任；国务院公安部门和有关部门并可以决定对该机构、组织、个人采取冻结财产或者其他必要的制裁措施。

第七章　附则

第七十六条　本法下列用语的含义：

（一）网络，是指由计算机或者其他信息终端及相关设备组成的按照一定的规则和程序对信息进行收集、存储、传输、交换、处理的系统。

（二）网络安全，是指通过采取必要措施，防范对网络的攻击、侵入、干扰、破坏和非法使用以及意外事故，使网络处于稳定可靠运行的状态，以及保障网络数据的完整性、保密性、可用性的能力。

（三）网络运营者，是指网络的所有者、管理者和网络服务提供者。

（四）网络数据，是指通过网络收集、存储、传输、处理和产生的各种电子数据。

（五）个人信息，是指以电子或者其他方式记录的能够单独或者与其他信息结合识别自然人个人身份的各种信息，包括但不限于自然人的姓名、出生日期、身份证件号码、个人生物识别信息、住址、电话号码等。

第七十七条　存储、处理涉及国家秘密信息的网络的运行安全保护，除应当遵守本法外，还应当遵守保密法律、行政法规的规定。

第七十八条　军事网络的安全保护，由中央军事委员会另行规定。

第七十九条　本法自 2017 年 6 月 1 日起施行。

《中华人民共和国民法典》

施行日期：2021/1/1

发布情况：2020 年 5 月 28 日第十三届全国人民代表大会第三次会议通过

内容概述：自然人的个人信息受法律保护。任何组织或者个人需要获取他人个人信息的，应当依法取得并确保信息安全，不得非法收集、使用、加工、传输他人个人信息，不得非法买卖、提供或者公开他人个人信息。信息处理者应当采取技术措施和其他必要措施，确保其收集、存储的个人信息安全，防止信息泄露、篡改、丢失。

第一编　总则

第一章　基本规定

第一条　为了保护民事主体的合法权益，调整民事关系，维护社会和经济秩序，适应中国特色社会主义发展要求，弘扬社会主义核心价值观，根据宪法，制定本法。

第二条　民法调整平等主体的自然人、法人和非法人组织之间的人身关系和财产关系。

第三条　民事主体的人身权利、财产权利以及其他合法权益受法律保护，任何组织或者个人不得侵犯。

第四条　民事主体在民事活动中的法律地位一律平等。

第五条　民事主体从事民事活动，应当遵循自愿原则，按照自己的意思设立、变更、终止民事法律关系。

第六条　民事主体从事民事活动，应当遵循公平原则，合理确定各方的权利和义务。

第七条　民事主体从事民事活动，应当遵循诚信原则，秉持诚实，恪守承诺。

第八条　民事主体从事民事活动，不得违反法律，不得违背公序良俗。

第九条　民事主体从事民事活动，应当有利于节约资源、保护生态环境。

第十条　处理民事纠纷，应当依照法律；法律没有规定的，可以适用习惯，但是不得违背公序良俗。

第十一条　其他法律对民事关系有特别规定的，依照其规定。

第十二条　中华人民共和国领域内的民事活动，适用中华人民共和国法律。法律另有规定的，依照其规定。

第二章　自然人

第一节　民事权利能力和民事行为能力

第十三条　自然人从出生时起到死亡时止，具有民事权利能力，依法享有民事权利，承担民事义务。

第十四条　自然人的民事权利能力一律平等。

第十五条　自然人的出生时间和死亡时间，以出生证明、死亡证明记载的时间为准；没有出生证明、死亡证明的，以户籍登记或者其他有效身份登记记载的时间为准。有其他证据足以推翻以上记载时间的，以该证据证明的时间为准。

第十六条　涉及遗产继承、接受赠与等胎儿利益保护的，胎儿视为具有民事权利能力。但是，胎儿娩出时为死体的，其民事权利能力自始不存在。

第十七条　十八周岁以上的自然人为成年人。不满十八周岁的自然人为未成年人。

第十八条　成年人为完全民事行为能力人，可以独立实施民事法律行为。

十六周岁以上的未成年人，以自己的劳动收入为主要生活来源的，视为完全民事行为能力人。

第十九条　八周岁以上的未成年人为限制民事行为能力人，实施民事法律行为由其法定代理人代理或者经其法定代理人同意、追认；但是，可以独立实施纯获利益的民事法律行为或者与其年龄、智力相适应的民事法律行为。

第二十条　不满八周岁的未成年人为无民事行为能力人，由其法定代理人代理实施民事法律行为。

第二十一条　不能辨认自己行为的成年人为无民事行为能力人，由其法定代理人代理实施民事法律行为。

八周岁以上的未成年人不能辨认自己行为的，适用前款规定。

第二十二条　不能完全辨认自己行为的成年人为限制民事行为能力人，实施民事法律行为由其法定代理人代理或者经其法定代理人同意、追认；但是，可以独立实施纯获利益的民事法律行为或者与其智力、精神健康状况相适应的民事法律行为。

第二十三条　无民事行为能力人、限制民事行为能力人的监护人是其法定代理人。

第二十四条　不能辨认或者不能完全辨认自己行为的成年人，其利害关系人或者有关组织，可以向人民法院申请认定该成年人为无民事行为能力人或者限制民事行为能力人。

被人民法院认定为无民事行为能力人或者限制民事行为能力人的，经本人、利害关系人或者有关组织申请，人民法院可以根据其智力、精神健康恢复的状况，认定该成年人恢复为限制民事行为能力人或者完全民事行为能力人。

本条规定的有关组织包括：居民委员会、村民委员会、学校、医疗机构、妇女联合会、残疾人联合会、依法设立的老年人组织、民政部门等。

第二十五条　自然人以户籍登记或者其他有效身份登记记载的居所为住所；经常居所与住所不一致的，经常居所视为住所。

第二节　监护

第二十六条　父母对未成年子女负有抚养、教育和保护的义务。

成年子女对父母负有赡养、扶助和保护的义务。

第二十七条　父母是未成年子女的监护人。

未成年人的父母已经死亡或者没有监护能力的，由下列有监护能力的人按顺序担任监护人：

（一）祖父母、外祖父母；

（二）兄、姐；

（三）其他愿意担任监护人的个人或者组织，但是须经未成年人住所地的居民委员会、村民委员会或者民政部门同意。

第二十八条　无民事行为能力或者限制民事行为能力的成年人，由下列有监护能力的人按顺序担任监护人：

（一）配偶；

（二）父母、子女；

（三）其他近亲属；

（四）其他愿意担任监护人的个人或者组织，但是须经被监护人住所地的居民委员会、村民委员会或者民政部门同意。

第二十九条　被监护人的父母担任监护人的，可以通过遗嘱指定监护人。

第三十条　依法具有监护资格的人之间可以协议确定监护人。协议确定监护人应当尊重被监护人的真实意愿。

第三十一条　对监护人的确定有争议的，由被监护人住所地的居民委员会、村民委员会或者民政部门指定监护人，有关当事人对指定不服的，可以向人民法院申请指定监护人；有关当事人也可以直接向人民法院申请指定监护人。

居民委员会、村民委员会、民政部门或者人民法院应当尊重被监护人的真实意愿，按照最有利于被监护人的原则在依法具有监护资格的人中指定监护人。

依据本条第一款规定指定监护人前，被监护人的人身权利、财产权利以及其他合法权益处于无人保护状态的，由被监护人住所地的居民委员会、村民委员会、法律规定的有关组织或者民政部门担任临时监护人。

监护人被指定后，不得擅自变更；擅自变更的，不免除被指定的监护人的责任。

第三十二条　没有依法具有监护资格的人的，监护人由民政部门担任，也可以由具备履行监护职责条件的被监护人住所地的居民委员会、村民委员会担任。

第三十三条　具有完全民事行为能力的成年人，可以与其近亲属、其他愿意担任监护人的个人或者组织事先协商，以书面形式确定自己的监护人，在自己丧失或者部分丧失民事行为能力时，由该监护人履行监护职责。

第三十四条　监护人的职责是代理被监护人实施民事法律行为，保护被监护人的人身权利、财产权利以及其他合法权益等。

监护人依法履行监护职责产生的权利，受法律保护。

监护人不履行监护职责或者侵害被监护人合法权益的，应当承担法律责任。

因发生突发事件等紧急情况，监护人暂时无法履行监护职责，被监护人的生活处于无人照料状态的，被监护人住所地的居民委员会、村民委员会或者民政部门应当为被监护人安排必要的临时生活照料措施。

第三十五条　监护人应当按照最有利于被监护人的原则履行监护职责。监护人除为维护被监护人利益外，不得处分被监护人的财产。

未成年人的监护人履行监护职责，在作出与被监护人利益有关的决定时，应当根据被监护人的年龄和智力状况，尊重被监护人的真实意愿。

成年人的监护人履行监护职责，应当最大程度地尊重被监护人的真实意愿，保障并协助被监护人实施与其智力、精神健康状况相适应的民事法律行为。对被监护人有能力独立处理的事务，监护人不得干涉。

第三十六条　监护人有下列情形之一的，人民法院根据有关个人或者组织的申请，撤销其监护人资格，安排必要的临时监护措施，并按照最有利于被监护人的原则依法指定监护人：

（一）实施严重损害被监护人身心健康的行为；

（二）怠于履行监护职责，或者无法履行监护职责且拒绝将监护职责部分或者全部委托给他人，导致被监护人处于危困状态；

（三）实施严重侵害被监护人合法权益的其他行为。

本条规定的有关个人、组织包括：其他依法具有监护资格的人、居民委员会、村民委员会、学校、医疗机构、妇女联合会、残疾人联合会、未成年人保护组织、依法设立的老年人组织、民政部门等。

前款规定的个人和民政部门以外的组织未及时向人民法院申请撤销监护人资格的，民政部门应当向人民法院申请。

第三十七条　依法负担被监护人抚养费、赡养费、扶养费的父母、子女、配偶等，被人民法院撤销监护人资格后，应当继续履行负担的义务。

第三十八条　被监护人的父母或者子女被人民法院撤销监护人资格后，除对被监护人实施故意犯罪的外，确有悔改表现的，经其申请，人民法院可以在尊重被监护人真实意愿的前提下，视情况恢复其监护人资格，人民法院指定的监护人与被监护人的监护关系同时终止。

第三十九条　有下列情形之一的，监护关系终止：

（一）被监护人取得或者恢复完全民事行为能力；

（二）监护人丧失监护能力；

（三）被监护人或者监护人死亡；

（四）人民法院认定监护关系终止的其他情形。

监护关系终止后，被监护人仍然需要监护的，应当依法另行确定监护人。

第三节 宣告失踪和宣告死亡

第四十条 自然人下落不明满二年的，利害关系人可以向人民法院申请宣告该自然人为失踪人。

第四十一条 自然人下落不明的时间自其失去音讯之日起计算。战争期间下落不明的，下落不明的时间自战争结束之日或者有关机关确定的下落不明之日起计算。

第四十二条 失踪人的财产由其配偶、成年子女、父母或者其他愿意担任财产代管人的人代管。

代管有争议，没有前款规定的人，或者前款规定的人无代管能力的，由人民法院指定的人代管。

第四十三条 财产代管人应当妥善管理失踪人的财产，维护其财产权益。

失踪人所欠税款、债务和应付的其他费用，由财产代管人从失踪人的财产中支付。

财产代管人因故意或者重大过失造成失踪人财产损失的，应当承担赔偿责任。

第四十四条 财产代管人不履行代管职责、侵害失踪人财产权益或者丧失代管能力的，失踪人的利害关系人可以向人民法院申请变更财产代管人。

财产代管人有正当理由的，可以向人民法院申请变更财产代管人。

人民法院变更财产代管人的，变更后的财产代管人有权请求原财产代管人及时移交有关财产并报告财产代管情况。

第四十五条 失踪人重新出现，经本人或者利害关系人申请，人民法院应当撤销失踪宣告。

失踪人重新出现，有权请求财产代管人及时移交有关财产并报告财产代管情况。

第四十六条 自然人有下列情形之一的，利害关系人可以向人民法院申请宣告该自然人死亡：

（一）下落不明满四年；

（二）因意外事件，下落不明满二年。

因意外事件下落不明，经有关机关证明该自然人不可能生存的，申请宣告死亡不受二年时间的限制。

第四十七条　对同一自然人，有的利害关系人申请宣告死亡，有的利害关系人申请宣告失踪，符合本法规定的宣告死亡条件的，人民法院应当宣告死亡。

第四十八条　被宣告死亡的人，人民法院宣告死亡的判决作出之日视为其死亡的日期；因意外事件下落不明宣告死亡的，意外事件发生之日视为其死亡的日期。

第四十九条　自然人被宣告死亡但是并未死亡的，不影响该自然人在被宣告死亡期间实施的民事法律行为的效力。

第五十条　被宣告死亡的人重新出现，经本人或者利害关系人申请，人民法院应当撤销死亡宣告。

第五十一条　被宣告死亡的人的婚姻关系，自死亡宣告之日起消除。死亡宣告被撤销的，婚姻关系自撤销死亡宣告之日起自行恢复。但是，其配偶再婚或者向婚姻登记机关书面声明不愿意恢复的除外。

第五十二条　被宣告死亡的人在被宣告死亡期间，其子女被他人依法收养的，在死亡宣告被撤销后，不得以未经本人同意为由主张收养行为无效。

第五十三条　被撤销死亡宣告的人有权请求依照本法第六编取得其财产的民事主体返还财产；无法返还的，应当给予适当补偿。利害关系人隐瞒真实情况，致使他人被宣告死亡而取得其财产的，除应当返还财产外，还应当对由此造成的损失承担赔偿责任。

第四节　个体工商户和农村承包经营户

第五十四条　自然人从事工商业经营，经依法登记，为个体工商户。个体工商户可以起字号。

第五十五条　农村集体经济组织的成员，依法取得农村土地承包经营权，从事家庭承包经营的，为农村承包经营户。

第五十六条　个体工商户的债务，个人经营的，以个人财产承担；家庭经营的，以家庭财产承担；无法区分的，以家庭财产承担。

农村承包经营户的债务,以从事农村土地承包经营的农户财产承担;事实上由农户部分成员经营的,以该部分成员的财产承担。

第三章　法人

第一节　一般规定

第五十七条　法人是具有民事权利能力和民事行为能力,依法独立享有民事权利和承担民事义务的组织。

第五十八条　法人应当依法成立。

法人应当有自己的名称、组织机构、住所、财产或者经费。法人成立的具体条件和程序,依照法律、行政法规的规定。

设立法人,法律、行政法规规定须经有关机关批准的,依照其规定。

第五十九条　法人的民事权利能力和民事行为能力,从法人成立时产生,到法人终止时消灭。

第六十条　法人以其全部财产独立承担民事责任。

第六十一条　依照法律或者法人章程的规定,代表法人从事民事活动的负责人,为法人的法定代表人。

法定代表人以法人名义从事的民事活动,其法律后果由法人承受。

法人章程或者法人权力机构对法定代表人代表权的限制,不得对抗善意相对人。

第六十二条　法定代表人因执行职务造成他人损害的,由法人承担民事责任。

法人承担民事责任后,依照法律或者法人章程的规定,可以向有过错的法定代表人追偿。

第六十三条　法人以其主要办事机构所在地为住所。依法需要办理法人登记的,应当将主要办事机构所在地登记为住所。

第六十四条　法人存续期间登记事项发生变化的,应当依法向登记机关申请变更登记。

第六十五条　法人的实际情况与登记的事项不一致的,不得对抗善意相对人。

第六十六条　登记机关应当依法及时公示法人登记的有关信息。

第六十七条　法人合并的，其权利和义务由合并后的法人享有和承担。

法人分立的，其权利和义务由分立后的法人享有连带债权，承担连带债务，但是债权人和债务人另有约定的除外。

第六十八条　有下列原因之一并依法完成清算、注销登记的，法人终止：

（一）法人解散；

（二）法人被宣告破产；

（三）法律规定的其他原因。

法人终止，法律、行政法规规定须经有关机关批准的，依照其规定。

第六十九条　有下列情形之一的，法人解散：

（一）法人章程规定的存续期间届满或者法人章程规定的其他解散事由出现；

（二）法人的权力机构决议解散；

（三）因法人合并或者分立需要解散；

（四）法人依法被吊销营业执照、登记证书，被责令关闭或者被撤销；

（五）法律规定的其他情形。

第七十条　法人解散的，除合并或者分立的情形外，清算义务人应当及时组成清算组进行清算。

法人的董事、理事等执行机构或者决策机构的成员为清算义务人。法律、行政法规另有规定的，依照其规定。

清算义务人未及时履行清算义务，造成损害的，应当承担民事责任；主管机关或者利害关系人可以申请人民法院指定有关人员组成清算组进行清算。

第七十一条　法人的清算程序和清算组职权，依照有关法律的规定；没有规定的，参照适用公司法律的有关规定。

第七十二条　清算期间法人存续，但是不得从事与清算无关的活动。

法人清算后的剩余财产，按照法人章程的规定或者法人权力机构的决议处理。法律另有规定的，依照其规定。

清算结束并完成法人注销登记时，法人终止；依法不需要办理法人登记的，清算结束时，法人终止。

第七十三条　法人被宣告破产的，依法进行破产清算并完成法人注销登记时，法人终止。

第七十四条　法人可以依法设立分支机构。法律、行政法规规定分支机构应当登记的，依照其规定。

分支机构以自己的名义从事民事活动，产生的民事责任由法人承担；也可以先以该分支机构管理的财产承担，不足以承担的，由法人承担。

第七十五条　设立人为设立法人从事的民事活动，其法律后果由法人承受；法人未成立的，其法律后果由设立人承受，设立人为二人以上的，享有连带债权，承担连带债务。

设立人为设立法人以自己的名义从事民事活动产生的民事责任，第三人有权选择请求法人或者设立人承担。

第二节　营利法人

第七十六条　以取得利润并分配给股东等出资人为目的成立的法人，为营利法人。

营利法人包括有限责任公司、股份有限公司和其他企业法人等。

第七十七条　营利法人经依法登记成立。

第七十八条　依法设立的营利法人，由登记机关发给营利法人营业执照。营业执照签发日期为营利法人的成立日期。

第七十九条　设立营利法人应当依法制定法人章程。

第八十条　营利法人应当设权力机构。

权力机构行使修改法人章程，选举或者更换执行机构、监督机构成员，以及法人章程规定的其他职权。

第八十一条　营利法人应当设执行机构。

执行机构行使召集权力机构会议，决定法人的经营计划和投资方案，决定法人内部管理机构的设置，以及法人章程规定的其他职权。

执行机构为董事会或者执行董事的，董事长、执行董事或者经理按照法人章程的规定担任法定代表人；未设董事会或者执行董事的，法人章程规定的主要负责人为其执行机构和法定代表人。

第八十二条　营利法人设监事会或者监事等监督机构的，监督机构依法行使检查法人财务，监督执行机构成员、高级管理人员执行法人职务的行为，以及法人章程规定的其他职权。

第八十三条　营利法人的出资人不得滥用出资人权利损害法人或者其他出资人的利益；滥用出资人权利造成法人或者其他出资人损失的，应当依法承担民事责任。

营利法人的出资人不得滥用法人独立地位和出资人有限责任损害法人债权人的利益；滥用法人独立地位和出资人有限责任，逃避债务，严重损害法人债权人的利益的，应当对法人债务承担连带责任。

第八十四条　营利法人的控股出资人、实际控制人、董事、监事、高级管理人员不得利用其关联关系损害法人的利益；利用关联关系造成法人损失的，应当承担赔偿责任。

第八十五条　营利法人的权力机构、执行机构作出决议的会议召集程序、表决方式违反法律、行政法规、法人章程，或者决议内容违反法人章程的，营利法人的出资人可以请求人民法院撤销该决议。但是，营利法人依据该决议与善意相对人形成的民事法律关系不受影响。

第八十六条　营利法人从事经营活动，应当遵守商业道德，维护交易安全，接受政府和社会的监督，承担社会责任。

第三节　非营利法人

第八十七条　为公益目的或者其他非营利目的成立，不向出资人、设立人或者会员分配所取得利润的法人，为非营利法人。

非营利法人包括事业单位、社会团体、基金会、社会服务机构等。

第八十八条　具备法人条件，为适应经济社会发展需要，提供公益服务设立的事业单位，经依法登记成立，取得事业单位法人资格；依法不需要办理法人登记的，从成立之日起，具有事业单位法人资格。

第八十九条　事业单位法人设理事会的，除法律另有规定外，理事会为其决策机构。事业单位法人的法定代表人依照法律、行政法规或者法人章程的规定产生。

第九十条　具备法人条件，基于会员共同意愿，为公益目的或者会员共同利益等非营利目的设立的社会团体，经依法登记成立，取得社会团体法人资格；依法不需要办理法人登记的，从成立之日起，具有社会团体法人资格。

第九十一条　设立社会团体法人应当依法制定法人章程。

社会团体法人应当设会员大会或者会员代表大会等权力机构。

社会团体法人应当设理事会等执行机构。理事长或者会长等负责人按照法人章程的规定担任法定代表人。

第九十二条　具备法人条件，为公益目的以捐助财产设立的基金会、社会服务机构等，经依法登记成立，取得捐助法人资格。

依法设立的宗教活动场所，具备法人条件的，可以申请法人登记，取得捐助法人资格。法律、行政法规对宗教活动场所有规定的，依照其规定。

第九十三条　设立捐助法人应当依法制定法人章程。

捐助法人应当设理事会、民主管理组织等决策机构，并设执行机构。理事长等负责人按照法人章程的规定担任法定代表人。

捐助法人应当设监事会等监督机构。

第九十四条　捐助人有权向捐助法人查询捐助财产的使用、管理情况，并提出意见和建议，捐助法人应当及时、如实答复。

捐助法人的决策机构、执行机构或者法定代表人作出决定的程序违反法律、行政法规、法人章程，或者决定内容违反法人章程的，捐助人等利害关系人或者主管机关可以请求人民法院撤销该决定。但是，捐助法人依据该决定与善意相对人形成的民事法律关系不受影响。

第九十五条　为公益目的成立的非营利法人终止时，不得向出资人、设立人或者会员分配剩余财产。剩余财产应当按照法人章程的规定或者权力机构的决议用于公益目的；无法按照法人章程的规定或者权力机构的决议处理的，由主管机关主持转给宗旨相同或者相近的法人，并向社会公告。

第四节　特别法人

第九十六条　本节规定的机关法人、农村集体经济组织法人、城镇农村的合作经济组织法人、基层群众性自治组织法人，为特别法人。

第九十七条　有独立经费的机关和承担行政职能的法定机构从成立之日起，具有机关法人资格，可以从事为履行职能所需要的民事活动。

第九十八条　机关法人被撤销的，法人终止，其民事权利和义务由继任的机关法人享有和承担；没有继任的机关法人的，由作出撤销决定的机关法人享有和承担。

第九十九条　农村集体经济组织依法取得法人资格。

法律、行政法规对农村集体经济组织有规定的，依照其规定。

第一百条　城镇农村的合作经济组织依法取得法人资格。

法律、行政法规对城镇农村的合作经济组织有规定的，依照其规定。

第一百零一条　居民委员会、村民委员会具有基层群众性自治组织法人资格，可以从事为履行职能所需要的民事活动。

未设立村集体经济组织的，村民委员会可以依法代行村集体经济组织的职能。

第四章　非法人组织

第一百零二条　非法人组织是不具有法人资格，但是能够依法以自己的名义从事民事活动的组织。

非法人组织包括个人独资企业、合伙企业、不具有法人资格的专业服务机构等。

第一百零三条　非法人组织应当依照法律的规定登记。

设立非法人组织，法律、行政法规规定须经有关机关批准的，依照其规定。

第一百零四条　非法人组织的财产不足以清偿债务的，其出资人或者设立人承担无限责任。法律另有规定的，依照其规定。

第一百零五条　非法人组织可以确定一人或者数人代表该组织从事民事活动。

第一百零六条　有下列情形之一的，非法人组织解散：

（一）章程规定的存续期间届满或者章程规定的其他解散事由出现；

（二）出资人或者设立人决定解散；

（三）法律规定的其他情形。

第一百零七条　非法人组织解散的，应当依法进行清算。

第一百零八条　非法人组织除适用本章规定外，参照适用本编第三章第一节的有关规定。

第五章　民事权利

第一百零九条　自然人的人身自由、人格尊严受法律保护。

第一百一十条　自然人享有生命权、身体权、健康权、姓名权、肖像权、名誉权、荣誉权、隐私权、婚姻自主权等权利。

法人、非法人组织享有名称权、名誉权和荣誉权。

第一百一十一条　自然人的个人信息受法律保护。任何组织或者个人需要获取他人个人信息的，应当依法取得并确保信息安全，不得非法收集、使用、加工、传输他人个人信息，不得非法买卖、提供或者公开他人个人信息。

第一百一十二条　自然人因婚姻家庭关系等产生的人身权利受法律保护。

第一百一十三条　民事主体的财产权利受法律平等保护。

第一百一十四条　民事主体依法享有物权。

物权是权利人依法对特定的物享有直接支配和排他的权利，包括所有权、用益物权和担保物权。

第一百一十五条　物包括不动产和动产。法律规定权利作为物权客体的，依照其规定。

第一百一十六条　物权的种类和内容，由法律规定。

第一百一十七条　为了公共利益的需要，依照法律规定的权限和程序征收、征用不动产或者动产的，应当给予公平、合理的补偿。

第一百一十八条　民事主体依法享有债权。

债权是因合同、侵权行为、无因管理、不当得利以及法律的其他规定，权利人请求特定义务人为或者不为一定行为的权利。

第一百一十九条　依法成立的合同，对当事人具有法律约束力。

第一百二十条　民事权益受到侵害的，被侵权人有权请求侵权人承担侵权责任。

第一百二十一条　没有法定的或者约定的义务，为避免他人利益受损失而进行管理的人，有权请求受益人偿还由此支出的必要费用。

第一百二十二条　因他人没有法律根据，取得不当利益，受损失的人有权请求其返还不当利益。

第一百二十三条　民事主体依法享有知识产权。

知识产权是权利人依法就下列客体享有的专有的权利：

（一）作品；

（二）发明、实用新型、外观设计；

（三）商标；

（四）地理标志；

（五）商业秘密；

（六）集成电路布图设计；

（七）植物新品种；

（八）法律规定的其他客体。

第一百二十四条　自然人依法享有继承权。

自然人合法的私有财产，可以依法继承。

第一百二十五条　民事主体依法享有股权和其他投资性权利。

第一百二十六条　民事主体享有法律规定的其他民事权利和利益。

第一百二十七条　法律对数据、网络虚拟财产的保护有规定的，依照其规定。

第一百二十八条　法律对未成年人、老年人、残疾人、妇女、消费者等的民事权利保护有特别规定的，依照其规定。

第一百二十九条　民事权利可以依据民事法律行为、事实行为、法律规定的事件或者法律规定的其他方式取得。

第一百三十条　民事主体按照自己的意愿依法行使民事权利，不受干涉。

第一百三十一条　民事主体行使权利时，应当履行法律规定的和当事人约定的义务。

第一百三十二条　民事主体不得滥用民事权利损害国家利益、社会公共利益或者他人合法权益。

第六章　民事法律行为

第一节　一般规定

第一百三十三条　民事法律行为是民事主体通过意思表示设立、变更、终止民事法律关系的行为。

第一百三十四条　民事法律行为可以基于双方或者多方的意思表示一致成立，也可以基于单方的意思表示成立。

法人、非法人组织依照法律或者章程规定的议事方式和表决程序作出决议的，该决议行为成立。

第一百三十五条　民事法律行为可以采用书面形式、口头形式或者其他形式；法律、行政法规规定或者当事人约定采用特定形式的，应当采用特定形式。

第一百三十六条　民事法律行为自成立时生效，但是法律另有规定或者当事人另有约定的除外。

行为人非依法律规定或者未经对方同意，不得擅自变更或者解除民事法律行为。

第二节　意思表示

第一百三十七条　以对话方式作出的意思表示，相对人知道其内容时生效。

以非对话方式作出的意思表示，到达相对人时生效。以非对话方式作出的采用数据电文形式的意思表示，相对人指定特定系统接收数据电文的，该数据电文进入该特定系统时生效；未指定特定系统的，相对人知道或者应当知道该数据电文进入其系统时生效。当事人对采用数据电文形式的意思表示的生效时间另有约定的，按照其约定。

第一百三十八条　无相对人的意思表示，表示完成时生效。法律另有规定的，依照其规定。

第一百三十九条　以公告方式作出的意思表示，公告发布时生效。

第一百四十条　行为人可以明示或者默示作出意思表示。

沉默只有在有法律规定、当事人约定或者符合当事人之间的交易习惯时，才可以视为意思表示。

第一百四十一条　行为人可以撤回意思表示。撤回意思表示的通知应当在意思表示到达相对人前或者与意思表示同时到达相对人。

第一百四十二条　有相对人的意思表示的解释，应当按照所使用的词句，结合相关条款、行为的性质和目的、习惯以及诚信原则，确定意思表示的含义。

无相对人的意思表示的解释，不能完全拘泥于所使用的词句，而应当结合相关条款、行为的性质和目的、习惯以及诚信原则，确定行为人的真实意思。

第三节　民事法律行为的效力

第一百四十三条　具备下列条件的民事法律行为有效：

（一）行为人具有相应的民事行为能力；

（二）意思表示真实；

（三）不违反法律、行政法规的强制性规定，不违背公序良俗。

第一百四十四条　无民事行为能力人实施的民事法律行为无效。

第一百四十五条　限制民事行为能力人实施的纯获利益的民事法律行为或者与其年龄、智力、精神健康状况相适应的民事法律行为有效；实施的其他民事法律行为经法定代理人同意或者追认后有效。

相对人可以催告法定代理人自收到通知之日起三十日内予以追认。法定代理人未作表示的，视为拒绝追认。民事法律行为被追认前，善意相对人有撤销的权利。撤销应当以通知的方式作出。

第一百四十六条　行为人与相对人以虚假的意思表示实施的民事法律行为无效。

以虚假的意思表示隐藏的民事法律行为的效力，依照有关法律规定处理。

第一百四十七条　基于重大误解实施的民事法律行为，行为人有权请求人民法院或者仲裁机构予以撤销。

第一百四十八条　一方以欺诈手段，使对方在违背真实意思的情况下实施的民事法律行为，受欺诈方有权请求人民法院或者仲裁机构予以撤销。

第一百四十九条　第三人实施欺诈行为，使一方在违背真实意思的情况下实施的民事法律行为，对方知道或者应当知道该欺诈行为的，受欺诈方有权请求人民法院或者仲裁机构予以撤销。

第一百五十条　一方或者第三人以胁迫手段，使对方在违背真实意思的情况下实施的民事法律行为，受胁迫方有权请求人民法院或者仲裁机构予以撤销。

第一百五十一条　一方利用对方处于危困状态、缺乏判断能力等情形，致使民事法律行为成立时显失公平的，受损害方有权请求人民法院或者仲裁机构予以撤销。

第一百五十二条　有下列情形之一的，撤销权消灭：

（一）当事人自知道或者应当知道撤销事由之日起一年内、重大误解的当事人自知道或者应当知道撤销事由之日起九十日内没有行使撤销权；

（二）当事人受胁迫，自胁迫行为终止之日起一年内没有行使撤销权；

（三）当事人知道撤销事由后明确表示或者以自己的行为表明放弃撤销权。

当事人自民事法律行为发生之日起五年内没有行使撤销权的，撤销权消灭。

第一百五十三条　违反法律、行政法规的强制性规定的民事法律行为无效。但是，该强制性规定不导致该民事法律行为无效的除外。

违背公序良俗的民事法律行为无效。

第一百五十四条　行为人与相对人恶意串通，损害他人合法权益的民事法律行为无效。

第一百五十五条　无效的或者被撤销的民事法律行为自始没有法律约束力。

第一百五十六条　民事法律行为部分无效，不影响其他部分效力的，其他部分仍然有效。

第一百五十七条　民事法律行为无效、被撤销或者确定不发生效力后，行为人因该行为取得的财产，应当予以返还；不能返还或者没有必要返还的，应当折价补偿。有过错的一方应当赔偿对方由此所受到的损失；各方都有过错的，应当各自承担相应的责任。法律另有规定的，依照其规定。

第四节 民事法律行为的附条件和附期限

第一百五十八条 民事法律行为可以附条件，但是根据其性质不得附条件的除外。附生效条件的民事法律行为，自条件成就时生效。附解除条件的民事法律行为，自条件成就时失效。

第一百五十九条 附条件的民事法律行为，当事人为自己的利益不正当地阻止条件成就的，视为条件已经成就；不正当地促成条件成就的，视为条件不成就。

第一百六十条 民事法律行为可以附期限，但是根据其性质不得附期限的除外。附生效期限的民事法律行为，自期限届至时生效。附终止期限的民事法律行为，自期限届满时失效。

第七章 代理

第一节 一般规定

第一百六十一条 民事主体可以通过代理人实施民事法律行为。

依照法律规定、当事人约定或者民事法律行为的性质，应当由本人亲自实施的民事法律行为，不得代理。

第一百六十二条 代理人在代理权限内，以被代理人名义实施的民事法律行为，对被代理人发生效力。

第一百六十三条 代理包括委托代理和法定代理。

委托代理人按照被代理人的委托行使代理权。法定代理人依照法律的规定行使代理权。

第一百六十四条 代理人不履行或者不完全履行职责，造成被代理人损害的，应当承担民事责任。

代理人和相对人恶意串通，损害被代理人合法权益的，代理人和相对人应当承担连带责任。

第二节 委托代理

第一百六十五条 委托代理授权采用书面形式的，授权委托书应当载明代理人的姓名或者名称、代理事项、权限和期限,并由被代理人签名或者盖章。

第一百六十六条　数人为同一代理事项的代理人的,应当共同行使代理权,但是当事人另有约定的除外。

第一百六十七条　代理人知道或者应当知道代理事项违法仍然实施代理行为,或者被代理人知道或者应当知道代理人的代理行为违法未作反对表示的,被代理人和代理人应当承担连带责任。

第一百六十八条　代理人不得以被代理人的名义与自己实施民事法律行为,但是被代理人同意或者追认的除外。

代理人不得以被代理人的名义与自己同时代理的其他人实施民事法律行为,但是被代理的双方同意或者追认的除外。

第一百六十九条　代理人需要转委托第三人代理的,应当取得被代理人的同意或者追认。

转委托代理经被代理人同意或者追认的,被代理人可以就代理事务直接指示转委托的第三人,代理人仅就第三人的选任以及对第三人的指示承担责任。

转委托代理未经被代理人同意或者追认的,代理人应当对转委托的第三人的行为承担责任;但是,在紧急情况下代理人为了维护被代理人的利益需要转委托第三人代理的除外。

第一百七十条　执行法人或者非法人组织工作任务的人员,就其职权范围内的事项,以法人或者非法人组织的名义实施的民事法律行为,对法人或者非法人组织发生效力。

法人或者非法人组织对执行其工作任务的人员职权范围的限制,不得对抗善意相对人。

第一百七十一条　行为人没有代理权、超越代理权或者代理权终止后,仍然实施代理行为,未经被代理人追认的,对被代理人不发生效力。

相对人可以催告被代理人自收到通知之日起三十日内予以追认。被代理人未作表示的,视为拒绝追认。行为人实施的行为被追认前,善意相对人有撤销的权利。撤销应当以通知的方式作出。

行为人实施的行为未被追认的,善意相对人有权请求行为人履行债务或者就其受到的损害请求行为人赔偿。但是，赔偿的范围不得超过被代理人追认时相对人所能获得的利益。

相对人知道或者应当知道行为人无权代理的，相对人和行为人按照各自的过错承担责任。

第一百七十二条　行为人没有代理权、超越代理权或者代理权终止后，仍然实施代理行为，相对人有理由相信行为人有代理权的，代理行为有效。

第三节　代理终止

第一百七十三条　有下列情形之一的，委托代理终止：

（一）代理期限届满或者代理事务完成；

（二）被代理人取消委托或者代理人辞去委托；

（三）代理人丧失民事行为能力；

（四）代理人或者被代理人死亡；

（五）作为代理人或者被代理人的法人、非法人组织终止。

第一百七十四条　被代理人死亡后，有下列情形之一的，委托代理人实施的代理行为有效：

（一）代理人不知道且不应当知道被代理人死亡；

（二）被代理人的继承人予以承认；

（三）授权中明确代理权在代理事务完成时终止；

（四）被代理人死亡前已经实施，为了被代理人的继承人的利益继续代理。

作为被代理人的法人、非法人组织终止的，参照适用前款规定。

第一百七十五条　有下列情形之一的，法定代理终止：

（一）被代理人取得或者恢复完全民事行为能力；

（二）代理人丧失民事行为能力；

（三）代理人或者被代理人死亡；

（四）法律规定的其他情形。

第八章　民事责任

第一百七十六条　民事主体依照法律规定或者按照当事人约定，履行民事义务，承担民事责任。

第一百七十七条 二人以上依法承担按份责任，能够确定责任大小的，各自承担相应的责任；难以确定责任大小的，平均承担责任。

第一百七十八条 二人以上依法承担连带责任的，权利人有权请求部分或者全部连带责任人承担责任。

连带责任人的责任份额根据各自责任大小确定；难以确定责任大小的，平均承担责任。实际承担责任超过自己责任份额的连带责任人，有权向其他连带责任人追偿。

连带责任，由法律规定或者当事人约定。

第一百七十九条 承担民事责任的方式主要有：

（一）停止侵害；

（二）排除妨碍；

（三）消除危险；

（四）返还财产；

（五）恢复原状；

（六）修理、重作、更换；

（七）继续履行；

（八）赔偿损失；

（九）支付违约金；

（十）消除影响、恢复名誉；

（十一）赔礼道歉。

法律规定惩罚性赔偿的，依照其规定。

本条规定的承担民事责任的方式，可以单独适用，也可以合并适用。

第一百八十条 因不可抗力不能履行民事义务的，不承担民事责任。法律另有规定的，依照其规定。

不可抗力是不能预见、不能避免且不能克服的客观情况。

第一百八十一条 因正当防卫造成损害的，不承担民事责任。

正当防卫超过必要的限度，造成不应有的损害的，正当防卫人应当承担适当的民事责任。

第一百八十二条 因紧急避险造成损害的，由引起险情发生的人承担民事责任。

危险由自然原因引起的，紧急避险人不承担民事责任，可以给予适当补偿。

紧急避险采取措施不当或者超过必要的限度，造成不应有的损害的，紧急避险人应当承担适当的民事责任。

第一百八十三条　因保护他人民事权益使自己受到损害的，由侵权人承担民事责任，受益人可以给予适当补偿。没有侵权人、侵权人逃逸或者无力承担民事责任，受害人请求补偿的，受益人应当给予适当补偿。

第一百八十四条　因自愿实施紧急救助行为造成受助人损害的，救助人不承担民事责任。

第一百八十五条　侵害英雄烈士等的姓名、肖像、名誉、荣誉，损害社会公共利益的，应当承担民事责任。

第一百八十六条　因当事人一方的违约行为，损害对方人身权益、财产权益的，受损害方有权选择请求其承担违约责任或者侵权责任。

第一百八十七条　民事主体因同一行为应当承担民事责任、行政责任和刑事责任的，承担行政责任或者刑事责任不影响承担民事责任；民事主体的财产不足以支付的，优先用于承担民事责任。

第九章　诉讼时效

第一百八十八条　向人民法院请求保护民事权利的诉讼时效期间为三年。法律另有规定的，依照其规定。

诉讼时效期间自权利人知道或者应当知道权利受到损害以及义务人之日起计算。法律另有规定的，依照其规定。但是，自权利受到损害之日起超过二十年的，人民法院不予保护，有特殊情况的，人民法院可以根据权利人的申请决定延长。

第一百八十九条　当事人约定同一债务分期履行的，诉讼时效期间自最后一期履行期限届满之日起计算。

第一百九十条　无民事行为能力人或者限制民事行为能力人对其法定代理人的请求权的诉讼时效期间，自该法定代理终止之日起计算。

第一百九十一条　未成年人遭受性侵害的损害赔偿请求权的诉讼时效期间，自受害人年满十八周岁之日起计算。

第一百九十二条　诉讼时效期间届满的，义务人可以提出不履行义务的抗辩。

诉讼时效期间届满后，义务人同意履行的，不得以诉讼时效期间届满为由抗辩；义务人已经自愿履行的，不得请求返还。

第一百九十三条　人民法院不得主动适用诉讼时效的规定。

第一百九十四条　在诉讼时效期间的最后六个月内，因下列障碍，不能行使请求权的，诉讼时效中止：

（一）不可抗力；

（二）无民事行为能力人或者限制民事行为能力人没有法定代理人，或者法定代理人死亡、丧失民事行为能力、丧失代理权；

（三）继承开始后未确定继承人或者遗产管理人；

（四）权利人被义务人或者其他人控制；

（五）其他导致权利人不能行使请求权的障碍。

自中止时效的原因消除之日起满六个月，诉讼时效期间届满。

第一百九十五条　有下列情形之一的，诉讼时效中断，从中断、有关程序终结时起，诉讼时效期间重新计算：

（一）权利人向义务人提出履行请求；

（二）义务人同意履行义务；

（三）权利人提起诉讼或者申请仲裁；

（四）与提起诉讼或者申请仲裁具有同等效力的其他情形。

第一百九十六条　下列请求权不适用诉讼时效的规定：

（一）请求停止侵害、排除妨碍、消除危险；

（二）不动产物权和登记的动产物权的权利人请求返还财产；

（三）请求支付抚养费、赡养费或者扶养费；

（四）依法不适用诉讼时效的其他请求权。

第一百九十七条　诉讼时效的期间、计算方法以及中止、中断的事由由法律规定，当事人约定无效。

当事人对诉讼时效利益的预先放弃无效。

第一百九十八条　法律对仲裁时效有规定的，依照其规定；没有规定的，适用诉讼时效的规定。

第一百九十九条　法律规定或者当事人约定的撤销权、解除权等权利的存续期间，除法律另有规定外，自权利人知道或者应当知道权利产生之日起计算，不适用有关诉讼时效中止、中断和延长的规定。存续期间届满，撤销权、解除权等权利消灭。

第十章　期间计算

第二百条　民法所称的期间按照公历年、月、日、小时计算。

第二百零一条　按照年、月、日计算期间的，开始的当日不计入，自下一日开始计算。

按照小时计算期间的，自法律规定或者当事人约定的时间开始计算。

第二百零二条　按照年、月计算期间的，到期月的对应日为期间的最后一日；没有对应日的，月末日为期间的最后一日。

第二百零三条　期间的最后一日是法定休假日的，以法定休假日结束的次日为期间的最后一日。

期间的最后一日的截止时间为二十四时；有业务时间的，停止业务活动的时间为截止时间。

第二百零四条　期间的计算方法依照本法的规定，但是法律另有规定或者当事人另有约定的除外。

第四编　人格权

第一章　一般规定

第九百八十九条　本编调整因人格权的享有和保护产生的民事关系。

第九百九十条　人格权是民事主体享有的生命权、身体权、健康权、姓名权、名称权、肖像权、名誉权、荣誉权、隐私权等权利。

除前款规定的人格权外，自然人享有基于人身自由、人格尊严产生的其他人格权益。

第九百九十一条　民事主体的人格权受法律保护，任何组织或者个人不得侵害。

第九百九十二条　人格权不得放弃、转让或者继承。

第九百九十三条　民事主体可以将自己的姓名、名称、肖像等许可他人使用，但是依照法律规定或者根据其性质不得许可的除外。

第九百九十四条　死者的姓名、肖像、名誉、荣誉、隐私、遗体等受到侵害的，其配偶、子女、父母有权依法请求行为人承担民事责任；死者没有配偶、子女且父母已经死亡的，其他近亲属有权依法请求行为人承担民事责任。

第九百九十五条　人格权受到侵害的，受害人有权依照本法和其他法律的规定请求行为人承担民事责任。受害人的停止侵害、排除妨碍、消除危险、消除影响、恢复名誉、赔礼道歉请求权，不适用诉讼时效的规定。

第九百九十六条　因当事人一方的违约行为，损害对方人格权并造成严重精神损害，受损害方选择请求其承担违约责任的，不影响受损害方请求精神损害赔偿。

第九百九十七条　民事主体有证据证明行为人正在实施或者即将实施侵害其人格权的违法行为，不及时制止将使其合法权益受到难以弥补的损害的，有权依法向人民法院申请采取责令行为人停止有关行为的措施。

第九百九十八条　认定行为人承担侵害除生命权、身体权和健康权外的人格权的民事责任，应当考虑行为人和受害人的职业、影响范围、过错程度，以及行为的目的、方式、后果等因素。

第九百九十九条　为公共利益实施新闻报道、舆论监督等行为的，可以合理使用民事主体的姓名、名称、肖像、个人信息等；使用不合理侵害民事主体人格权的，应当依法承担民事责任。

第一千条　行为人因侵害人格权承担消除影响、恢复名誉、赔礼道歉等民事责任的，应当与行为的具体方式和造成的影响范围相当。

行为人拒不承担前款规定的民事责任的，人民法院可以采取在报刊、网络等媒体上发布公告或者公布生效裁判文书等方式执行，产生的费用由行为人负担。

第一千零一条　对自然人因婚姻家庭关系等产生的身份权利的保护，适用本法第一编、第五编和其他法律的相关规定；没有规定的，可以根据其性质参照适用本编人格权保护的有关规定。

第二章　生命权、身体权和健康权

第一千零二条　自然人享有生命权。自然人的生命安全和生命尊严受法律保护。任何组织或者个人不得侵害他人的生命权。

第一千零三条　自然人享有身体权。自然人的身体完整和行动自由受法律保护。任何组织或者个人不得侵害他人的身体权。

第一千零四条　自然人享有健康权。自然人的身心健康受法律保护。任何组织或者个人不得侵害他人的健康权。

第一千零五条　自然人的生命权、身体权、健康权受到侵害或者处于其他危难情形的，负有法定救助义务的组织或者个人应当及时施救。

第一千零六条　完全民事行为能力人有权依法自主决定无偿捐献其人体细胞、人体组织、人体器官、遗体。任何组织或者个人不得强迫、欺骗、利诱其捐献。

完全民事行为能力人依据前款规定同意捐献的，应当采用书面形式，也可以订立遗嘱。

自然人生前未表示不同意捐献的，该自然人死亡后，其配偶、成年子女、父母可以共同决定捐献，决定捐献应当采用书面形式。

第一千零七条　禁止以任何形式买卖人体细胞、人体组织、人体器官、遗体。

违反前款规定的买卖行为无效。

第一千零八条　为研制新药、医疗器械或者发展新的预防和治疗方法，需要进行临床试验的，应当依法经相关主管部门批准并经伦理委员会审查同意，向受试者或者受试者的监护人告知试验目的、用途和可能产生的风险等详细情况，并经其书面同意。

进行临床试验的，不得向受试者收取试验费用。

第一千零九条　从事与人体基因、人体胚胎等有关的医学和科研活动，应当遵守法律、行政法规和国家有关规定，不得危害人体健康，不得违背伦理道德，不得损害公共利益。

第一千零一十条　违背他人意愿,以言语、文字、图像、肢体行为等方式对他人实施性骚扰的,受害人有权依法请求行为人承担民事责任。

机关、企业、学校等单位应当采取合理的预防、受理投诉、调查处置等措施,防止和制止利用职权、从属关系等实施性骚扰。

第一千零一十一条　以非法拘禁等方式剥夺、限制他人的行动自由,或者非法搜查他人身体的,受害人有权依法请求行为人承担民事责任。

第三章　姓名权和名称权

第一千零一十二条　自然人享有姓名权,有权依法决定、使用、变更或者许可他人使用自己的姓名,但是不得违背公序良俗。

第一千零一十三条　法人、非法人组织享有名称权,有权依法决定、使用、变更、转让或者许可他人使用自己的名称。

第一千零一十四条　任何组织或者个人不得以干涉、盗用、假冒等方式侵害他人的姓名权或者名称权。

第一千零一十五条　自然人应当随父姓或者母姓,但是有下列情形之一的,可以在父姓和母姓之外选取姓氏:

(一)选取其他直系长辈血亲的姓氏;

(二)因由法定扶养人以外的人扶养而选取扶养人姓氏;

(三)有不违背公序良俗的其他正当理由。

少数民族自然人的姓氏可以遵从本民族的文化传统和风俗习惯。

第一千零一十六条　自然人决定、变更姓名,或者法人、非法人组织决定、变更、转让名称的,应当依法向有关机关办理登记手续,但是法律另有规定的除外。

民事主体变更姓名、名称的,变更前实施的民事法律行为对其具有法律约束力。

第一千零一十七条　具有一定社会知名度,被他人使用足以造成公众混淆的笔名、艺名、网名、译名、字号、姓名和名称的简称等,参照适用姓名权和名称权保护的有关规定。

第四章　肖像权

第一千零一十八条　自然人享有肖像权，有权依法制作、使用、公开或者许可他人使用自己的肖像。

肖像是通过影像、雕塑、绘画等方式在一定载体上所反映的特定自然人可以被识别的外部形象。

第一千零一十九条　任何组织或者个人不得以丑化、污损，或者利用信息技术手段伪造等方式侵害他人的肖像权。未经肖像权人同意，不得制作、使用、公开肖像权人的肖像，但是法律另有规定的除外。

未经肖像权人同意，肖像作品权利人不得以发表、复制、发行、出租、展览等方式使用或者公开肖像权人的肖像。

第一千零二十条　合理实施下列行为的，可以不经肖像权人同意：

（一）为个人学习、艺术欣赏、课堂教学或者科学研究，在必要范围内使用肖像权人已经公开的肖像；

（二）为实施新闻报道，不可避免地制作、使用、公开肖像权人的肖像；

（三）为依法履行职责，国家机关在必要范围内制作、使用、公开肖像权人的肖像；

（四）为展示特定公共环境，不可避免地制作、使用、公开肖像权人的肖像；

（五）为维护公共利益或者肖像权人合法权益，制作、使用、公开肖像权人的肖像的其他行为。

第一千零二十一条　当事人对肖像许可使用合同中关于肖像使用条款的理解有争议的，应当作出有利于肖像权人的解释。

第一千零二十二条　当事人对肖像许可使用期限没有约定或者约定不明确的，任何一方当事人可以随时解除肖像许可使用合同，但是应当在合理期限之前通知对方。

当事人对肖像许可使用期限有明确约定，肖像权人有正当理由的，可以解除肖像许可使用合同，但是应当在合理期限之前通知对方。因解除合同造成对方损失的，除不可归责于肖像权人的事由外，应当赔偿损失。

第一千零二十三条　对姓名等的许可使用，参照适用肖像许可使用的有关规定。

对自然人声音的保护，参照适用肖像权保护的有关规定。

第五章　名誉权和荣誉权

第一千零二十四条　民事主体享有名誉权。任何组织或者个人不得以侮辱、诽谤等方式侵害他人的名誉权。

名誉是对民事主体的品德、声望、才能、信用等的社会评价。

第一千零二十五条　行为人为公共利益实施新闻报道、舆论监督等行为，影响他人名誉的，不承担民事责任，但是有下列情形之一的除外：

（一）捏造、歪曲事实；

（二）对他人提供的严重失实内容未尽到合理核实义务；

（三）使用侮辱性言辞等贬损他人名誉。

第一千零二十六条　认定行为人是否尽到前条第二项规定的合理核实义务，应当考虑下列因素：

（一）内容来源的可信度；

（二）对明显可能引发争议的内容是否进行了必要的调查；

（三）内容的时限性；

（四）内容与公序良俗的关联性；

（五）受害人名誉受贬损的可能性；

（六）核实能力和核实成本。

第一千零二十七条　行为人发表的文学、艺术作品以真人真事或者特定人为描述对象，含有侮辱、诽谤内容，侵害他人名誉权的，受害人有权依法请求该行为人承担民事责任。

行为人发表的文学、艺术作品不以特定人为描述对象，仅其中的情节与该特定人的情况相似的，不承担民事责任。

第一千零二十八条　民事主体有证据证明报刊、网络等媒体报道的内容失实，侵害其名誉权的，有权请求该媒体及时采取更正或者删除等必要措施。

第一千零二十九条　民事主体可以依法查询自己的信用评价；发

现信用评价不当的，有权提出异议并请求采取更正、删除等必要措施。信用评价人应当及时核查，经核查属实的，应当及时采取必要措施。

第一千零三十条　民事主体与征信机构等信用信息处理者之间的关系，适用本编有关个人信息保护的规定和其他法律、行政法规的有关规定。

第一千零三十一条　民事主体享有荣誉权。任何组织或者个人不得非法剥夺他人的荣誉称号，不得诋毁、贬损他人的荣誉。

获得的荣誉称号应当记载而没有记载的，民事主体可以请求记载；获得的荣誉称号记载错误的，民事主体可以请求更正。

第六章　隐私权和个人信息保护

第一千零三十二条　自然人享有隐私权。任何组织或者个人不得以刺探、侵扰、泄露、公开等方式侵害他人的隐私权。

隐私是自然人的私人生活安宁和不愿为他人知晓的私密空间、私密活动、私密信息。

第一千零三十三条　除法律另有规定或者权利人明确同意外，任何组织或者个人不得实施下列行为：

（一）以电话、短信、即时通讯工具、电子邮件、传单等方式侵扰他人的私人生活安宁；

（二）进入、拍摄、窥视他人的住宅、宾馆房间等私密空间；

（三）拍摄、窥视、窃听、公开他人的私密活动；

（四）拍摄、窥视他人身体的私密部位；

（五）处理他人的私密信息；

（六）以其他方式侵害他人的隐私权。

第一千零三十四条　自然人的个人信息受法律保护。

个人信息是以电子或者其他方式记录的能够单独或者与其他信息结合识别特定自然人的各种信息，包括自然人的姓名、出生日期、身份证件号码、生物识别信息、住址、电话号码、电子邮箱、健康信息、行踪信息等。

个人信息中的私密信息，适用有关隐私权的规定；没有规定的，适用有关个人信息保护的规定。

第一千零三十五条 处理个人信息的，应当遵循合法、正当、必要原则，不得过度处理，并符合下列条件：

（一）征得该自然人或者其监护人同意，但是法律、行政法规另有规定的除外；

（二）公开处理信息的规则；

（三）明示处理信息的目的、方式和范围；

（四）不违反法律、行政法规的规定和双方的约定。

个人信息的处理包括个人信息的收集、存储、使用、加工、传输、提供、公开等。

第一千零三十六条 处理个人信息，有下列情形之一的，行为人不承担民事责任：

（一）在该自然人或者其监护人同意的范围内合理实施的行为；

（二）合理处理该自然人自行公开的或者其他已经合法公开的信息，但是该自然人明确拒绝或者外理该信息侵害其重大利益的除外；

（三）为维护公共利益或者该自然人合法权益，合理实施的其他行为。

第一千零三十七条 自然人可以依法向信息处理者查阅或者复制其个人信息；发现信息有错误的，有权提出异议并请求及时采取更正等必要措施。

自然人发现信息处理者违反法律、行政法规的规定或者双方的约定处理其个人信息的，有权请求信息处理者及时删除。

第一千零三十八条 信息处理者不得泄露或者篡改其收集、存储的个人信息；未经自然人同意，不得向他人非法提供其个人信息，但是经过加工无法识别特定个人且不能复原的除外。

信息处理者应当采取技术措施和其他必要措施，确保其收集、存储的个人信息安全，防止信息泄露、篡改、丢失；发生或者可能发生个人信息泄露、篡改、丢失的，应当及时采取补救措施，按照规定告知自然人并向有关主管部门报告。

第一千零三十九条 国家机关、承担行政职能的法定机构及其工作人员对于履行职责过程中知悉的自然人的隐私和个人信息,应当予以保密,不得泄露或者向他人非法提供。

附则

第一千二百五十九条 民法所称的"以上""以下""以内""届满",包括本数;所称的"不满""超过""以外",不包括本数。

第一千二百六十条 本法自2021年1月1日起施行。《中华人民共和国婚姻法》《中华人民共和国继承法》《中华人民共和国民法通则》《中华人民共和国收养法》《中华人民共和国担保法》《中华人民共和国合同法》《中华人民共和国物权法》《中华人民共和国侵权责任法》《中华人民共和国民法总则》同时废止。

《中华人民共和国数据安全法》

施行日期:2021/9/1

发布情况:2021年6月10日第十三届全国人民代表大会常务委员会第二十九次会议通过

内容概述:作为我国数据安全领域的基础性法律,该法涵盖总则、数据安全与发展、数据安全制度、数据安全保护义务、政务数据安全与开放、法律责任和附则,对数据处理活动过程的数据安全保障要求进行明确,通过提升数据安全能力进一步保障和促进数据开发利用和价值发挥,维护国家安全。

第一章 总则

第一条 为了规范数据处理活动,保障数据安全,促进数据开发利用,保护个人、组织的合法权益,维护国家主权、安全和发展利益,制定本法。

第二条 在中华人民共和国境内开展数据处理活动及其安全监管，适用本法。

在中华人民共和国境外开展数据处理活动，损害中华人民共和国国家安全、公共利益或者公民、组织合法权益的，依法追究法律责任。

第三条 本法所称数据，是指任何以电子或者其他方式对信息的记录。

数据处理，包括数据的收集、存储、使用、加工、传输、提供、公开等。

数据安全，是指通过采取必要措施，确保数据处于有效保护和合法利用的状态，以及具备保障持续安全状态的能力。

第四条 维护数据安全，应当坚持总体国家安全观，建立健全数据安全治理体系，提高数据安全保障能力。

第五条 中央国家安全领导机构负责国家数据安全工作的决策和议事协调，研究制定、指导实施国家数据安全战略和有关重大方针政策，统筹协调国家数据安全的重大事项和重要工作，建立国家数据安全工作协调机制。

第六条 各地区、各部门对本地区、本部门工作中收集和产生的数据及数据安全负责。

工业、电信、交通、金融、自然资源、卫生健康、教育、科技等主管部门承担本行业、本领域数据安全监管职责。

公安机关、国家安全机关等依照本法和有关法律、行政法规的规定，在各自职责范围内承担数据安全监管职责。

国家网信部门依照本法和有关法律、行政法规的规定，负责统筹协调网络数据安全和相关监管工作。

第七条 国家保护个人、组织与数据有关的权益，鼓励数据依法合理有效利用，保障数据依法有序自由流动，促进以数据为关键要素的数字经济发展。

第八条 开展数据处理活动，应当遵守法律、法规，尊重社会公德和伦理，遵守商业道德和职业道德，诚实守信，履行数据安全保护义务，承担社会责任，不得危害国家安全、公共利益，不得损害个人、组织的合法权益。

第九条　国家支持开展数据安全知识宣传普及，提高全社会的数据安全保护意识和水平，推动有关部门、行业组织、科研机构、企业、个人等共同参与数据安全保护工作，形成全社会共同维护数据安全和促进发展的良好环境。

第十条　相关行业组织按照章程，依法制定数据安全行为规范和团体标准，加强行业自律，指导会员加强数据安全保护，提高数据安全保护水平，促进行业健康发展。

第十一条　国家积极开展数据安全治理、数据开发利用等领域的国际交流与合作，参与数据安全相关国际规则和标准的制定，促进数据跨境安全、自由流动。

第十二条　任何个人、组织都有权对违反本法规定的行为向有关主管部门投诉、举报。收到投诉、举报的部门应当及时依法处理。

有关主管部门应当对投诉、举报人的相关信息予以保密，保护投诉、举报人的合法权益。

第二章　数据安全与发展

第十三条　国家统筹发展和安全，坚持以数据开发利用和产业发展促进数据安全，以数据安全保障数据开发利用和产业发展。

第十四条　国家实施大数据战略，推进数据基础设施建设，鼓励和支持数据在各行业、各领域的创新应用。

省级以上人民政府应当将数字经济发展纳入本级国民经济和社会发展规划，并根据需要制定数字经济发展规划。

第十五条　国家支持开发利用数据提升公共服务的智能化水平。提供智能化公共服务，应当充分考虑老年人、残疾人的需求，避免对老年人、残疾人的日常生活造成障碍。

第十六条　国家支持数据开发利用和数据安全技术研究，鼓励数据开发利用和数据安全等领域的技术推广和商业创新，培育、发展数据开发利用和数据安全产品、产业体系。

第十七条　国家推进数据开发利用技术和数据安全标准体系建设。国务院标准化行政主管部门和国务院有关部门根据各自的职责，组织制定并适时修订有关数据开发利用技术、产品和数据安全相关标准。

国家支持企业、社会团体和教育、科研机构等参与标准制定。

第十八条　国家促进数据安全检测评估、认证等服务的发展，支持数据安全检测评估、认证等专业机构依法开展服务活动。

国家支持有关部门、行业组织、企业、教育和科研机构、有关专业机构等在数据安全风险评估、防范、处置等方面开展协作。

第十九条　国家建立健全数据交易管理制度，规范数据交易行为，培育数据交易市场。

第二十条　国家支持教育、科研机构和企业等开展数据开发利用技术和数据安全相关教育和培训，采取多种方式培养数据开发利用技术和数据安全专业人才，促进人才交流。

第三章　数据安全制度

第二十一条　国家建立数据分类分级保护制度，根据数据在经济社会发展中的重要程度，以及一旦遭到篡改、破坏、泄露或者非法获取、非法利用，对国家安全、公共利益或者个人、组织合法权益造成的危害程度，对数据实行分类分级保护。国家数据安全工作协调机制统筹协调有关部门制定重要数据目录，加强对重要数据的保护。

关系国家安全、国民经济命脉、重要民生、重大公共利益等数据属于国家核心数据，实行更加严格的管理制度。

各地区、各部门应当按照数据分类分级保护制度，确定本地区、本部门以及相关行业、领域的重要数据具体目录，对列入目录的数据进行重点保护。

第二十二条　国家建立集中统一、高效权威的数据安全风险评估、报告、信息共享、监测预警机制。国家数据安全工作协调机制统筹协调有关部门加强数据安全风险信息的获取、分析、研判、预警工作。

第二十三条　国家建立数据安全应急处置机制。发生数据安全事件，有关主管部门应当依法启动应急预案，采取相应的应急处置措施，防止危害扩大，消除安全隐患，并及时向社会发布与公众有关的警示信息。

第二十四条　国家建立数据安全审查制度，对影响或者可能影响国家安全的数据处理活动进行国家安全审查。

依法作出的安全审查决定为最终决定。

第二十五条 国家对与维护国家安全和利益、履行国际义务相关的属于管制物项的数据依法实施出口管制。

第二十六条 任何国家或者地区在与数据和数据开发利用技术等有关的投资、贸易等方面对中华人民共和国采取歧视性的禁止、限制或者其他类似措施的，中华人民共和国可以根据实际情况对该国家或者地区对等采取措施。

第四章　数据安全保护义务

第二十七条 开展数据处理活动应当依照法律、法规的规定，建立健全全流程数据安全管理制度，组织开展数据安全教育培训，采取相应的技术措施和其他必要措施，保障数据安全。利用互联网等信息网络开展数据处理活动，应当在网络安全等级保护制度的基础上，履行上述数据安全保护义务。

重要数据的处理者应当明确数据安全负责人和管理机构，落实数据安全保护责任。

第二十八条 开展数据处理活动以及研究开发数据新技术，应当有利于促进经济社会发展，增进人民福祉，符合社会公德和伦理。

第二十九条 开展数据处理活动应当加强风险监测，发现数据安全缺陷、漏洞等风险时，应当立即采取补救措施；发生数据安全事件时，应当立即采取处置措施，按照规定及时告知用户并向有关主管部门报告。

第三十条 重要数据的处理者应当按照规定对其数据处理活动定期开展风险评估，并向有关主管部门报送风险评估报告。

风险评估报告应当包括处理的重要数据的种类、数量，开展数据处理活动的情况，面临的数据安全风险及其应对措施等。

第三十一条 关键信息基础设施的运营者在中华人民共和国境内运营中收集和产生的重要数据的出境安全管理，适用《中华人民共和国网络安全法》的规定；其他数据处理者在中华人民共和国境内运营中收集和产生的重要数据的出境安全管理办法，由国家网信部门会同国务院有关部门制定。

第三十二条　任何组织、个人收集数据，应当采取合法、正当的方式，不得窃取或者以其他非法方式获取数据。

法律、行政法规对收集、使用数据的目的、范围有规定的，应当在法律、行政法规规定的目的和范围内收集、使用数据。

第二十三条　从事数据交易中介服务的机构提供服务，应当要求数据提供方说明数据来源，审核交易双方的身份，并留存审核、交易记录。

第三十四条　法律、行政法规规定提供数据处理相关服务应当取得行政许可的，服务提供者应当依法取得许可。

第三十五条　公安机关、国家安全机关因依法维护国家安全或者侦查犯罪的需要调取数据，应当按照国家有关规定，经过严格的批准手续，依法进行，有关组织、个人应当予以配合。

第三十六条　中华人民共和国主管机关根据有关法律和中华人民共和国缔结或者参加的国际条约、协定，或者按照平等互惠原则，处理外国司法或者执法机构关于提供数据的请求。非经中华人民共和国主管机关批准，境内的组织、个人不得向外国司法或者执法机构提供存储于中华人民共和国境内的数据。

第五章　政务数据安全与开放

第三十七条　国家大力推进电子政务建设，提高政务数据的科学性、准确性、时效性，提升运用数据服务经济社会发展的能力。

第三十八条　国家机关为履行法定职责的需要收集、使用数据，应当在其履行法定职责的范围内依照法律、行政法规规定的条件和程序进行；对在履行职责中知悉的个人隐私、个人信息、商业秘密、保密商务信息等数据应当依法予以保密，不得泄露或者非法向他人提供。

第三十九条　国家机关应当依照法律、行政法规的规定，建立健全数据安全管理制度，落实数据安全保护责任，保障政务数据安全。

第四十条　国家机关委托他人建设、维护电子政务系统，存储、加工政务数据，应当经过严格的批准程序，并应当监督受托方履行相应的数据安全保护义务。受托方应当依照法律、法规的规定和合同约定履行数据安全保护义务，不得擅自留存、使用、泄露或者向他人提供政务数据。

第四十一条　国家机关应当遵循公正、公平、便民的原则，按照规定及时、准确地公开政务数据。依法不予公开的除外。

第四十二条　国家制定政务数据开放目录，构建统一规范、互联互通、安全可控的政务数据开放平台，推动政务数据开放利用。

第四十三条　法律、法规授权的具有管理公共事务职能的组织为履行法定职责开展数据处理活动，适用本章规定。

第六章　法律责任

第四十四条　有关主管部门在履行数据安全监管职责中，发现数据处理活动存在较大安全风险的，可以按照规定的权限和程序对有关组织、个人进行约谈，并要求有关组织、个人采取措施进行整改，消除隐患。

第四十五条　开展数据处理活动的组织、个人不履行本法第二十七条、第二十九条、第三十条规定的数据安全保护义务的，由有关主管部门责令改正，给予警告，可以并处五万元以上五十万元以下罚款，对直接负责的主管人员和其他直接责任人员可以处一万元以上十万元以下罚款；拒不改正或者造成大量数据泄露等严重后果的，处五十万元以上二百万元以下罚款，并可以责令暂停相关业务、停业整顿、吊销相关业务许可证或者吊销营业执照，对直接负责的主管人员和其他直接责任人员处五万元以上二十万元以下罚款。

违反国家核心数据管理制度，危害国家主权、安全和发展利益的，由有关主管部门处二百万元以上一千万元以下罚款，并根据情况责令暂停相关业务、停业整顿、吊销相关业务许可证或者吊销营业执照；构成犯罪的，依法追究刑事责任。

第四十六条　违反本法第三十一条规定，向境外提供重要数据的，由有关主管部门责令改正，给予警告，可以并处十万元以上一百万元以下罚款，对直接负责的主管人员和其他直接责任人员可以处一万元以上十万元以下罚款；情节严重的，处一百万元以上一千万元以下罚款，并可以责令暂停相关业务、停业整顿、吊销相关业务许可证或者吊销营业执照，对直接负责的主管人员和其他直接责任人员处十万元以上一百万元以下罚款。

第四十七条　从事数据交易中介服务的机构未履行本法第三十三条规定的义务的，由有关主管部门责令改正，没收违法所得，处违法所得一倍以上十倍以下罚款，没有违法所得或者违法所得不足十万元的，处十万元以上一百万元以下罚款，并可以责令暂停相关业务、停业整顿、吊销相关业务许可证或者吊销营业执照；对直接负责的主管人员和其他直接责任人员处一万元以上十万元以下罚款。

第四十八条　违反本法第三十五条规定，拒不配合数据调取的，由有关主管部门责令改正，给予警告，并处五万元以上五十万元以下罚款，对直接负责的主管人员和其他直接责任人员处一万元以上十万元以下罚款。

违反本法第三十六条规定，未经主管机关批准向外国司法或者执法机构提供数据的，由有关主管部门给予警告，可以并处十万元以上一百万元以下罚款，对直接负责的主管人员和其他直接责任人员可以处一万元以上十万元以下罚款；造成严重后果的，处一百万元以上五百万元以下罚款，并可以责令暂停相关业务、停业整顿、吊销相关业务许可证或者吊销营业执照，对直接负责的主管人员和其他直接责任人员处五万元以上五十万元以下罚款。

第四十九条　国家机关不履行本法规定的数据安全保护义务的，对直接负责的主管人员和其他直接责任人员依法给予处分。

第五十条　履行数据安全监管职责的国家工作人员玩忽职守、滥用职权、徇私舞弊的，依法给予处分。

第五十一条　窃取或者以其他非法方式获取数据，开展数据处理活动排除、限制竞争，或者损害个人、组织合法权益的，依照有关法律、行政法规的规定处罚。

第五十二条　违反本法规定，给他人造成损害的，依法承担民事责任。

违反本法规定，构成违反治安管理行为的，依法给予治安管理处罚；构成犯罪的，依法追究刑事责任。

第七章　附则

第五十三条　开展涉及国家秘密的数据处理活动，适用《中华人民共和国保守国家秘密法》等法律、行政法规的规定。

在统计、档案工作中开展数据处理活动，开展涉及个人信息的数据处理活动，还应当遵守有关法律、行政法规的规定。

第五十四条　军事数据安全保护的办法，由中央军事委员会依据本法另行制定。

第五十五条　本法自2021年9月1日起施行。

《中华人民共和国个人信息保护法》

施行日期：2021/11/1

发布情况：2021年8月20日第十三届全国人民代表大会常务委员会第三十次会议通过

内容概述：对个人信息处理规则、个人信息跨境提供的规则、个人在个人信息处理活动中的权利、个人信息处理者的义务、履行个人信息保护职责的部门、法律责任等方面做出明确规定，规范了数据收集、传输、存储、提供、加工、公开等数据处理活动中的个人信息主体权益及个人信息保护要求，通过提升个人权益保护来进一步保障和促进个人信息合理利用，标志着我国个人信息保护立法体系进入新的阶段。

第一章　总则

第一条　为了保护个人信息权益，规范个人信息处理活动，促进个人信息合理利用，根据宪法，制定本法。

第二条　自然人的个人信息受法律保护，任何组织、个人不得侵害自然人的个人信息权益。

第三条　在中华人民共和国境内处理自然人个人信息的活动，适用本法。

在中华人民共和国境外处理中华人民共和国境内自然人个人信息的活动，有下列情形之一的，也适用本法：

（一）以向境内自然人提供产品或者服务为目的；

（二）分析、评估境内自然人的行为；

（三）法律、行政法规规定的其他情形。

第四条　个人信息是以电子或者其他方式记录的与已识别或者可识别的自然人有关的各种信息，不包括匿名化处理后的信息。

个人信息的处理包括个人信息的收集、存储、使用、加工、传输、提供、公开、删除等。

第五条　处理个人信息应当遵循合法、正当、必要和诚信原则，不得通过误导、欺诈、胁迫等方式处理个人信息。

第六条　处理个人信息应当具有明确、合理的目的，并应当与处理目的直接相关，采取对个人权益影响最小的方式。

收集个人信息，应当限于实现处理目的的最小范围，不得过度收集个人信息。

第七条　处理个人信息应当遵循公开、透明原则，公开个人信息处理规则，明示处理的目的、方式和范围。

第八条　处理个人信息应当保证个人信息的质量，避免因个人信息不准确、不完整对个人权益造成不利影响。

第九条　个人信息处理者应当对其个人信息处理活动负责，并采取必要措施保障所处理的个人信息的安全。

第十条　任何组织、个人不得非法收集、使用、加工、传输他人个人信息，不得非法买卖、提供或者公开他人个人信息；不得从事危害国家安全、公共利益的个人信息处理活动。

第十一条　国家建立健全个人信息保护制度，预防和惩治侵害个人信息权益的行为，加强个人信息保护宣传教育，推动形成政府、企业、相关社会组织、公众共同参与个人信息保护的良好环境。

第十二条　国家积极参与个人信息保护国际规则的制定，促进个人信息保护方面的国际交流与合作，推动与其他国家、地区、国际组织之间的个人信息保护规则、标准等互认。

第二章 个人信息处理规则

第一节 一般规定

第十三条 符合下列情形之一的，个人信息处理者方可处理个人信息：

（一）取得个人的同意；

（二）为订立、履行个人作为一方当事人的合同所必需，或者按照依法制定的劳动规章制度和依法签订的集体合同实施人力资源管理所必需；

（三）为履行法定职责或者法定义务所必需；

（四）为应对突发公共卫生事件，或者紧急情况下为保护自然人的生命健康和财产安全所必需；

（五）为公共利益实施新闻报道、舆论监督等行为，在合理的范围内处理个人信息；

（六）依照本法规定在合理的范围内处理个人自行公开或者其他已经合法公开的个人信息；

（七）法律、行政法规规定的其他情形。

依照本法其他有关规定，处理个人信息应当取得个人同意，但是有前款第二项至第七项规定情形的，不需取得个人同意。

第十四条 基于个人同意处理个人信息的，该同意应当由个人在充分知情的前提下自愿、明确作出。法律、行政法规规定处理个人信息应当取得个人单独同意或者书面同意的，从其规定。

个人信息的处理目的、处理方式和处理的个人信息种类发生变更的，应当重新取得个人同意。

第十五条 基于个人同意处理个人信息的，个人有权撤回其同意。个人信息处理者应当提供便捷的撤回同意的方式。

个人撤回同意，不影响撤回前基于个人同意已进行的个人信息处理活动的效力。

第十六条 个人信息处理者不得以个人不同意处理其个人信息或者撤回同意为由，拒绝提供产品或者服务；处理个人信息属于提供产品或者服务所必需的除外。

第十七条　个人信息处理者在处理个人信息前,应当以显著方式、清晰易懂的语言真实、准确、完整地向个人告知下列事项:

(一)个人信息处理者的名称或者姓名和联系方式;

(二)个人信息的处理目的、处理方式,处理的个人信息种类、保存期限;

(三)个人行使本法规定权利的方式和程序;

(四)法律、行政法规规定应当告知的其他事项。

前款规定事项发生变更的,应当将变更部分告知个人。

个人信息处理者通过制定个人信息处理规则的方式告知第一款规定事项的,处理规则应当公开,并且便于查阅和保存。

第十八条　个人信息处理者处理个人信息,有法律、行政法规规定应当保密或者不需要告知的情形的,可以不向个人告知前条第一款规定的事项。

紧急情况下为保护自然人的生命健康和财产安全无法及时向个人告知的,个人信息处理者应当在紧急情况消除后及时告知。

第十九条　除法律、行政法规另有规定外,个人信息的保存期限应当为实现处理目的所必要的最短时间。

第二十条　两个以上的个人信息处理者共同决定个人信息的处理目的和处理方式的,应当约定各自的权利和义务。但是,该约定不影响个人向其中任何一个个人信息处理者要求行使本法规定的权利。

个人信息处理者共同处理个人信息,侵害个人信息权益造成损害的,应当依法承担连带责任。

第二十一条　个人信息处理者委托处理个人信息的,应当与受托人约定委托处理的目的、期限、处理方式、个人信息的种类、保护措施以及双方的权利和义务等,并对受托人的个人信息处理活动进行监督。

受托人应当按照约定处理个人信息,不得超出约定的处理目的、处理方式等处理个人信息;委托合同不生效、无效、被撤销或者终止的,受托人应当将个人信息返还个人信息处理者或者予以删除,不得保留。

未经个人信息处理者同意,受托人不得转委托他人处理个人信息。

第二十二条　个人信息处理者因合并、分立、解散、被宣告破产等原因需要转移个人信息的，应当向个人告知接收方的名称或者姓名和联系方式。接收方应当继续履行个人信息处理者的义务。接收方变更原先的处理目的、处理方式的，应当依照本法规定重新取得个人同意。

第二十三条　个人信息处理者向其他个人信息处理者提供其处理的个人信息的，应当向个人告知接收方的名称或者姓名、联系方式、处理目的、处理方式和个人信息的种类，并取得个人的单独同意。接收方应当在上述处理目的、处理方式和个人信息的种类等范围内处理个人信息。接收方变更原先的处理目的、处理方式的，应当依照本法规定重新取得个人同意。

第二十四条　个人信息处理者利用个人信息进行自动化决策，应当保证决策的透明度和结果公平、公正，不得对个人在交易价格等交易条件上实行不合理的差别待遇。

通过自动化决策方式向个人进行信息推送、商业营销，应当同时提供不针对其个人特征的选项，或者向个人提供便捷的拒绝方式。

通过自动化决策方式作出对个人权益有重大影响的决定，个人有权要求个人信息处理者予以说明，并有权拒绝个人信息处理者仅通过自动化决策的方式作出决定。

第二十五条　个人信息处理者不得公开其处理的个人信息，取得个人单独同意的除外。

第二十六条　在公共场所安装图像采集、个人身份识别设备，应当为维护公共安全所必需，遵守国家有关规定，并设置显著的提示标识。所收集的个人图像、身份识别信息只能用于维护公共安全的目的，不得用于其他目的；取得个人单独同意的除外。

第二十七条　个人信息处理者可以在合理的范围内处理个人自行公开或者其他已经合法公开的个人信息；个人明确拒绝的除外。个人信息处理者处理已公开的个人信息，对个人权益有重大影响的，应当依照本法规定取得个人同意。

第二节　敏感个人信息的处理规则

第二十八条　敏感个人信息是一旦泄露或者非法使用，容易导致自然人的人格尊严受到侵害或者人身、财产安全受到危害的个人信息，包括生物识别、宗教信仰、特定身份、医疗健康、金融账户、行踪轨迹等信息，以及不满十四周岁未成年人的个人信息。

只有在具有特定的目的和充分的必要性，并采取严格保护措施的情形下，个人信息处理者方可处理敏感个人信息。

第二十九条　处理敏感个人信息应当取得个人的单独同意；法律、行政法规规定处理敏感个人信息应当取得书面同意的，从其规定。

第三十条　个人信息处理者处理敏感个人信息的，除本法第十七条第一款规定的事项外，还应当向个人告知处理敏感个人信息的必要性以及对个人权益的影响；依照本法规定可以不向个人告知的除外。

第三十一条　个人信息处理者处理不满十四周岁未成年人个人信息的，应当取得未成年人的父母或者其他监护人的同意。

个人信息处理者处理不满十四周岁未成年人个人信息的，应当制定专门的个人信息处理规则。

第三十二条　法律、行政法规对处理敏感个人信息规定应当取得相关行政许可或者作出其他限制的，从其规定。

第三节　国家机关处理个人信息的特别规定

第三十三条　国家机关处理个人信息的活动，适用本法；本节有特别规定的，适用本节规定。

第三十四条　国家机关为履行法定职责处理个人信息，应当依照法律、行政法规规定的权限、程序进行，不得超出履行法定职责所必需的范围和限度。

第三十五条　国家机关为履行法定职责处理个人信息，应当依照本法规定履行告知义务；有本法第十八条第一款规定的情形，或者告知将妨碍国家机关履行法定职责的除外。

第三十六条　国家机关处理的个人信息应当在中华人民共和国境内存储；确需向境外提供的，应当进行安全评估。安全评估可以要求有关部门提供支持与协助。

第三十七条　法律、法规授权的具有管理公共事务职能的组织为履行法定职责处理个人信息，适用本法关于国家机关处理个人信息的规定。

第三章　个人信息跨境提供的规则

第三十八条　个人信息处理者因业务等需要，确需向中华人民共和国境外提供个人信息的，应当具备下列条件之一：

（一）依照本法第四十条的规定通过国家网信部门组织的安全评估；

（二）按照国家网信部门的规定经专业机构进行个人信息保护认证；

（三）按照国家网信部门制定的标准合同与境外接收方订立合同，约定双方的权利和义务；

（四）法律、行政法规或者国家网信部门规定的其他条件。

中华人民共和国缔结或者参加的国际条约、协定对向中华人民共和国境外提供个人信息的条件等有规定的，可以按照其规定执行。

个人信息处理者应当采取必要措施，保障境外接收方处理个人信息的活动达到本法规定的个人信息保护标准。

第三十九条　个人信息处理者向中华人民共和国境外提供个人信息的，应当向个人告知境外接收方的名称或者姓名、联系方式、处理目的、处理方式、个人信息的种类以及个人向境外接收方行使本法规定权利的方式和程序等事项，并取得个人的单独同意。

第四十条　关键信息基础设施运营者和处理个人信息达到国家网信部门规定数量的个人信息处理者，应当将在中华人民共和国境内收集和产生的个人信息存储在境内。确需向境外提供的，应当通过国家网信部门组织的安全评估；法律、行政法规和国家网信部门规定可以不进行安全评估的，从其规定。

第四十一条　中华人民共和国主管机关根据有关法律和中华人民共和国缔结或者参加的国际条约、协定，或者按照平等互惠原则，处理外国司法或者执法机构关于提供存储于境内个人信息的请求。非经中华人民共和国主管机关批准，个人信息处理者不得向外国司法或者执法机构提供存储于中华人民共和国境内的个人信息。

第四十二条　境外的组织、个人从事侵害中华人民共和国公民的个人信息权益，或者危害中华人民共和国国家安全、公共利益的个人信息处理活动的，国家网信部门可以将其列入限制或者禁止个人信息提供清单，予以公告，并采取限制或者禁止向其提供个人信息等措施。

第四十三条　任何国家或者地区在个人信息保护方面对中华人民共和国采取歧视性的禁止、限制或者其他类似措施的，中华人民共和国可以根据实际情况对该国家或者地区对等采取措施。

第四章　个人在个人信息处理活动中的权利

第四十四条　个人对其个人信息的处理享有知情权、决定权，有权限制或者拒绝他人对其个人信息进行处理；法律、行政法规另有规定的除外。

第四十五条　个人有权向个人信息处理者查阅、复制其个人信息；有本法第十八条第一款、第三十五条规定情形的除外。

个人请求查阅、复制其个人信息的，个人信息处理者应当及时提供。

个人请求将个人信息转移至其指定的个人信息处理者，符合国家网信部门规定条件的，个人信息处理者应当提供转移的途径。

第四十六条　个人发现其个人信息不准确或者不完整的，有权请求个人信息处理者更正、补充。

个人请求更正、补充其个人信息的，个人信息处理者应当对其个人信息予以核实，并及时更正、补充。

第四十七条　有下列情形之一的，个人信息处理者应当主动删除个人信息；个人信息处理者未删除的，个人有权请求删除：

（一）处理目的已实现、无法实现或者为实现处理目的不再必要；

（二）个人信息处理者停止提供产品或者服务，或者保存期限已届满；

（三）个人撤回同意；

（四）个人信息处理者违反法律、行政法规或者违反约定处理个人信息；

（五）法律、行政法规规定的其他情形。

法律、行政法规规定的保存期限未届满，或者删除个人信息从技术上难以实现的，个人信息处理者应当停止除存储和采取必要的安全保护措施之外的处理。

第四十八条　个人有权要求个人信息处理者对其个人信息处理规则进行解释说明。

第四十九条　自然人死亡的，其近亲属为了自身的合法、正当利益，可以对死者的相关个人信息行使本章规定的查阅、复制、更正、删除等权利；死者生前另有安排的除外。

第五十条　个人信息处理者应当建立便捷的个人行使权利的申请受理和处理机制。拒绝个人行使权利的请求的，应当说明理由。

个人信息处理者拒绝个人行使权利的请求的，个人可以依法向人民法院提起诉讼。

第五章　个人信息处理者的义务

第五十一条　个人信息处理者应当根据个人信息的处理目的、处理方式、个人信息的种类以及对个人权益的影响、可能存在的安全风险等，采取下列措施确保个人信息处理活动符合法律、行政法规的规定，并防止未经授权的访问以及个人信息泄露、篡改、丢失：

（一）制定内部管理制度和操作规程；

（二）对个人信息实行分类管理；

（三）采取相应的加密、去标识化等安全技术措施；

（四）合理确定个人信息处理的操作权限，并定期对从业人员进行安全教育和培训；

（五）制定并组织实施个人信息安全事件应急预案；

（六）法律、行政法规规定的其他措施。

第五十二条　处理个人信息达到国家网信部门规定数量的个人信息处理者应当指定个人信息保护负责人，负责对个人信息处理活动以及采取的保护措施等进行监督。

个人信息处理者应当公开个人信息保护负责人的联系方式，并将个人信息保护负责人的姓名、联系方式等报送履行个人信息保护职责的部门。

第五十三条　本法第三条第二款规定的中华人民共和国境外的个

人信息处理者,应当在中华人民共和国境内设立专门机构或者指定代表,负责处理个人信息保护相关事务,并将有关机构的名称或者代表的姓名、联系方式等报送履行个人信息保护职责的部门。

第五十四条 个人信息处理者应当定期对其处理个人信息遵守法律、行政法规的情况进行合规审计。

第五十五条 有下列情形之一的,个人信息处理者应当事前进行个人信息保护影响评估,并对处理情况进行记录:

(一)处理敏感个人信息;

(二)利用个人信息进行自动化决策;

(三)委托处理个人信息、向其他个人信息处理者提供个人信息、公开个人信息;

(四)向境外提供个人信息;

(五)其他对个人权益有重大影响的个人信息处理活动。

第五十六条 个人信息保护影响评估应当包括下列内容:

(一)个人信息的处理目的、处理方式等是否合法、正当、必要;

(二)对个人权益的影响及安全风险;

(三)所采取的保护措施是否合法、有效并与风险程度相适应。

个人信息保护影响评估报告和处理情况记录应当至少保存三年。

第五十七条 发生或者可能发生个人信息泄露、篡改、丢失的,个人信息处理者应当立即采取补救措施,并通知履行个人信息保护职责的部门和个人。通知应当包括下列事项:

(一)发生或者可能发生个人信息泄露、篡改、丢失的信息种类、原因和可能造成的危害;

(二)个人信息处理者采取的补救措施和个人可以采取的减轻危害的措施;

(三)个人信息处理者的联系方式。

个人信息处理者采取措施能够有效避免信息泄露、篡改、丢失造成危害的,个人信息处理者可以不通知个人;履行个人信息保护职责的部门认为可能造成危害的,有权要求个人信息处理者通知个人。

第五十八条 提供重要互联网平台服务、用户数量巨大、业务类型复杂的个人信息处理者,应当履行下列义务:

（一）按照国家规定建立健全个人信息保护合规制度体系，成立主要由外部成员组成的独立机构对个人信息保护情况进行监督；

（二）遵循公开、公平、公正的原则，制定平台规则，明确平台内产品或者服务提供者处理个人信息的规范和保护个人信息的义务；

（三）对严重违反法律、行政法规处理个人信息的平台内的产品或者服务提供者，停止提供服务；

（四）定期发布个人信息保护社会责任报告，接受社会监督。

第五十九条　接受委托处理个人信息的受托人，应当依照本法和有关法律、行政法规的规定，采取必要措施保障所处理的个人信息的安全，并协助个人信息处理者履行本法规定的义务。

第六章　履行个人信息保护职责的部门

第六十条　国家网信部门负责统筹协调个人信息保护工作和相关监督管理工作。国务院有关部门依照本法和有关法律、行政法规的规定，在各自职责范围内负责个人信息保护和监督管理工作。

县级以上地方人民政府有关部门的个人信息保护和监督管理职责，按照国家有关规定确定。

前两款规定的部门统称为履行个人信息保护职责的部门。

第六十一条　履行个人信息保护职责的部门履行下列个人信息保护职责：

（一）开展个人信息保护宣传教育，指导、监督个人信息处理者开展个人信息保护工作；

（二）接受、处理与个人信息保护有关的投诉、举报；

（三）组织对应用程序等个人信息保护情况进行测评，并公布测评结果；

（四）调查、处理违法个人信息处理活动；

（五）法律、行政法规规定的其他职责。

第六十二条　国家网信部门统筹协调有关部门依据本法推进下列个人信息保护工作：

（一）制定个人信息保护具体规则、标准；

（二）针对小型个人信息处理者、处理敏感个人信息以及人脸识别、人工智能等新技术、新应用，制定专门的个人信息保护规则、标准；

（三）支持研究开发和推广应用安全、方便的电子身份认证技术，推进网络身份认证公共服务建设；

（四）推进个人信息保护社会化服务体系建设，支持有关机构开展个人信息保护评估、认证服务；

（五）完善个人信息保护投诉、举报工作机制。

第六十三条　履行个人信息保护职责的部门履行个人信息保护职责，可以采取下列措施：

（一）询问有关当事人，调查与个人信息处理活动有关的情况；

（二）查阅、复制当事人与个人信息处理活动有关的合同、记录、账簿以及其他有关资料；

（三）实施现场检查，对涉嫌违法的个人信息处理活动进行调查；

（四）检查与个人信息处理活动有关的设备、物品；对有证据证明是用于违法个人信息处理活动的设备、物品，向本部门主要负责人书面报告并经批准，可以查封或者扣押。

履行个人信息保护职责的部门依法履行职责，当事人应当予以协助、配合，不得拒绝、阻挠。

第六十四条　履行个人信息保护职责的部门在履行职责中，发现个人信息处理活动存在较大风险或者发生个人信息安全事件的，可以按照规定的权限和程序对该个人信息处理者的法定代表人或者主要负责人进行约谈，或者要求个人信息处理者委托专业机构对其个人信息处理活动进行合规审计。个人信息处理者应当按照要求采取措施，进行整改，消除隐患。

履行个人信息保护职责的部门在履行职责中，发现违法处理个人信息涉嫌犯罪的，应当及时移送公安机关依法处理。

第六十五条　任何组织、个人有权对违法个人信息处理活动向履行个人信息保护职责的部门进行投诉、举报。收到投诉、举报的部门应当依法及时处理，并将处理结果告知投诉、举报人。

履行个人信息保护职责的部门应当公布接受投诉、举报的联系方式。

第七章　法律责任

第六十六条　违反本法规定处理个人信息，或者处理个人信息未履行本法规定的个人信息保护义务的，由履行个人信息保护职责的部门责令改正，给予警告，没收违法所得，对违法处理个人信息的应用程序，责令暂停或者终止提供服务；拒不改正的，并处一百万元以下罚款；对直接负责的主管人员和其他直接责任人员处一万元以上十万元以下罚款。

有前款规定的违法行为，情节严重的，由省级以上履行个人信息保护职责的部门责令改正，没收违法所得，并处五千万元以下或者上一年度营业额百分之五以下罚款，并可以责令暂停相关业务或者停业整顿、通报有关主管部门吊销相关业务许可或者吊销营业执照；对直接负责的主管人员和其他直接责任人员处十万元以上一百万元以下罚款，并可以决定禁止其在一定期限内担任相关企业的董事、监事、高级管理人员和个人信息保护负责人。

第六十七条　有本法规定的违法行为的，依照有关法律、行政法规的规定记入信用档案，并予以公示。

第六十八条　国家机关不履行本法规定的个人信息保护义务的，由其上级机关或者履行个人信息保护职责的部门责令改正；对直接负责的主管人员和其他直接责任人员依法给予处分。

履行个人信息保护职责的部门的工作人员玩忽职守、滥用职权、徇私舞弊，尚不构成犯罪的，依法给予处分。

第六十九条　处理个人信息侵害个人信息权益造成损害，个人信息处理者不能证明自己没有过错的，应当承担损害赔偿等侵权责任。

前款规定的损害赔偿责任按照个人因此受到的损失或者个人信息处理者因此获得的利益确定；个人因此受到的损失和个人信息处理者因此获得的利益难以确定的，根据实际情况确定赔偿数额。

第七十条　个人信息处理者违反本法规定处理个人信息，侵害众多个人的权益的，人民检察院、法律规定的消费者组织和由国家网信部门确定的组织可以依法向人民法院提起诉讼。

第七十一条　违反本法规定，构成违反治安管理行为的，依法给予治安管理处罚；构成犯罪的，依法追究刑事责任。

第八章　附则

第七十二条　自然人因个人或者家庭事务处理个人信息的，不适用本法。

法律对各级人民政府及其有关部门组织实施的统计、档案管理活动中的个人信息处理有规定的，适用其规定。

第七十三条　本法下列用语的含义：

（一）个人信息处理者，是指在个人信息处理活动中自主决定处理目的、处理方式的组织、个人。

（二）自动化决策，是指通过计算机程序自动分析、评估个人的行为习惯、兴趣爱好或者经济、健康、信用状况等，并进行决策的活动。

（三）去标识化，是指个人信息经过处理，使其在不借助额外信息的情况下无法识别特定自然人的过程。

（四）匿名化，是指个人信息经过处理无法识别特定自然人且不能复原的过程。

第七十四条　本法自2021年11月1日起施行。

《关键信息基础设施安全保护条例》

施行日期：2021/9/1

发布情况：国务院2021年8月17日发布，中华人民共和国国务院国令第745号

内容概述：本条例是我国为保障关键信息基础设施安全、维护网络安全而制定的一项重要法规。在《中华人民共和国网络安全法》的基础上，进一步规范关键信息基础设施的安全保护工作，明确了关键信息基础设施的定义、保护原则、责任主体以及保障措施等，并明确关键信息基础设施运营者应履行个人信息和数据安全保护责任，建立健全个人信息和数据安全保护制度。

第一章　总则

第一条　为了保障关键信息基础设施安全，维护网络安全，根据《中华人民共和国网络安全法》，制定本条例。

第二条　本条例所称关键信息基础设施，是指公共通信和信息服务、能源、交通、水利、金融、公共服务、电子政务、国防科技工业等重要行业和领域的，以及其他一旦遭到破坏、丧失功能或者数据泄露，可能严重危害国家安全、国计民生、公共利益的重要网络设施、信息系统等。

第三条　在国家网信部门统筹协调下，国务院公安部门负责指导监督关键信息基础设施安全保护工作。国务院电信主管部门和其他有关部门依照本条例和有关法律、行政法规的规定，在各自职责范围内负责关键信息基础设施安全保护和监督管理工作。

省级人民政府有关部门依据各自职责对关键信息基础设施实施安全保护和监督管理。

第四条　关键信息基础设施安全保护坚持综合协调、分工负责、依法保护，强化和落实关键信息基础设施运营者（以下简称运营者）主体责任，充分发挥政府及社会各方面的作用，共同保护关键信息基础设施安全。

第五条　国家对关键信息基础设施实行重点保护，采取措施，监测、防御、处置来源于中华人民共和国境内外的网络安全风险和威胁，保护关键信息基础设施免受攻击、侵入、干扰和破坏，依法惩治危害关键信息基础设施安全的违法犯罪活动。

任何个人和组织不得实施非法侵入、干扰、破坏关键信息基础设施的活动，不得危害关键信息基础设施安全。

第六条　运营者依照本条例和有关法律、行政法规的规定以及国家标准的强制性要求，在网络安全等级保护的基础上，采取技术保护措施和其他必要措施，应对网络安全事件，防范网络攻击和违法犯罪活动，保障关键信息基础设施安全稳定运行，维护数据的完整性、保密性和可用性。

第七条 对在关键信息基础设施安全保护工作中取得显著成绩或者作出突出贡献的单位和个人，按照国家有关规定给予表彰。

第二章 关键信息基础设施认定

第八条 本条例第二条涉及的重要行业和领域的主管部门、监督管理部门是负责关键信息基础设施安全保护工作的部门（以下简称保护工作部门）。

第九条 保护工作部门结合本行业、本领域实际，制定关键信息基础设施认定规则，并报国务院公安部门备案。

制定认定规则应当主要考虑下列因素：

（一）网络设施、信息系统等对于本行业、本领域关键核心业务的重要程度；

（二）网络设施、信息系统等一旦遭到破坏、丧失功能或者数据泄露可能带来的危害程度；

（三）对其他行业和领域的关联性影响。

第十条 保护工作部门根据认定规则负责组织认定本行业、本领域的关键信息基础设施，及时将认定结果通知运营者，并通报国务院公安部门。

第十一条 关键信息基础设施发生较大变化，可能影响其认定结果的，运营者应当及时将相关情况报告保护工作部门。保护工作部门自收到报告之日起3个月内完成重新认定，将认定结果通知运营者，并通报国务院公安部门。

第三章 运营者责任义务

第十二条 安全保护措施应当与关键信息基础设施同步规划、同步建设、同步使用。

第十三条 运营者应当建立健全网络安全保护制度和责任制，保障人力、财力、物力投入。运营者的主要负责人对关键信息基础设施安全保护负总责，领导关键信息基础设施安全保护和重大网络安全事件处置工作，组织研究解决重大网络安全问题。

第十四条　运营者应当设置专门安全管理机构，并对专门安全管理机构负责人和关键岗位人员进行安全背景审查。审查时，公安机关、国家安全机关应当予以协助。

第十五条　专门安全管理机构具体负责本单位的关键信息基础设施安全保护工作，履行下列职责：

（一）建立健全网络安全管理、评价考核制度，拟订关键信息基础设施安全保护计划；

（二）组织推动网络安全防护能力建设，开展网络安全监测、检测和风险评估；

（三）按照国家及行业网络安全事件应急预案，制定本单位应急预案，定期开展应急演练，处置网络安全事件；

（四）认定网络安全关键岗位，组织开展网络安全工作考核，提出奖励和惩处建议；

（五）组织网络安全教育、培训；

（六）履行个人信息和数据安全保护责任，建立健全个人信息和数据安全保护制度；

（七）对关键信息基础设施设计、建设、运行、维护等服务实施安全管理；

（八）按照规定报告网络安全事件和重要事项。

第十六条　运营者应当保障专门安全管理机构的运行经费、配备相应的人员，开展与网络安全和信息化有关的决策应当有专门安全管理机构人员参与。

第十七条　运营者应当自行或者委托网络安全服务机构对关键信息基础设施每年至少进行一次网络安全检测和风险评估，对发现的安全问题及时整改，并按照保护工作部门要求报送情况。

第十八条　关键信息基础设施发生重大网络安全事件或者发现重大网络安全威胁时，运营者应当按照有关规定向保护工作部门、公安机关报告。

发生关键信息基础设施整体中断运行或者主要功能故障、国家基础信息以及其他重要数据泄露、较大规模个人信息泄露、造成较大经济损失、违法信息较大范围传播等特别重大网络安全事件或者发现特别重大网络安全威胁时,保护工作部门应当在收到报告后,及时向国家网信部门、国务院公安部门报告。

第十九条 运营者应当优先采购安全可信的网络产品和服务;采购网络产品和服务可能影响国家安全的,应当按照国家网络安全规定通过安全审查。

第二十条 运营者采购网络产品和服务,应当按照国家有关规定与网络产品和服务提供者签订安全保密协议,明确提供者的技术支持和安全保密义务与责任,并对义务与责任履行情况进行监督。

第二十一条 运营者发生合并、分立、解散等情况,应当及时报告保护工作部门,并按照保护工作部门的要求对关键信息基础设施进行处置,确保安全。

第四章 保障和促进

第二十二条 保护工作部门应当制定本行业、本领域关键信息基础设施安全规划,明确保护目标、基本要求、工作任务、具体措施。

第二十三条 国家网信部门统筹协调有关部门建立网络安全信息共享机制,及时汇总、研判、共享、发布网络安全威胁、漏洞、事件等信息,促进有关部门、保护工作部门、运营者以及网络安全服务机构等之间的网络安全信息共享。

第二十四条 保护工作部门应当建立健全本行业、本领域的关键信息基础设施网络安全监测预警制度,及时掌握本行业、本领域关键信息基础设施运行状况、安全态势,预警通报网络安全威胁和隐患,指导做好安全防范工作。

第二十五条 保护工作部门应当按照国家网络安全事件应急预案的要求,建立健全本行业、本领域的网络安全事件应急预案,定期组织应急演练;指导运营者做好网络安全事件应对处置,并根据需要组织提供技术支持与协助。

第二十六条 保护工作部门应当定期组织开展本行业、本领域关键信息基础设施网络安全检查检测,指导监督运营者及时整改安全隐患、完善安全措施。

第二十七条 国家网信部门统筹协调国务院公安部门、保护工作部门对关键信息基础设施进行网络安全检查检测，提出改进措施。

有关部门在开展关键信息基础设施网络安全检查时，应当加强协同配合、信息沟通，避免不必要的检查和交叉重复检查。检查工作不得收取费用，不得要求被检查单位购买指定品牌或者指定生产、销售单位的产品和服务。

第二十八条　运营者对保护工作部门开展的关键信息基础设施网络安全检查检测工作，以及公安、国家安全、保密行政管理、密码管理等有关部门依法开展的关键信息基础设施网络安全检查工作应当予以配合。

第二十九条　在关键信息基础设施安全保护工作中，国家网信部门和国务院电信主管部门、国务院公安部门等应当根据保护工作部门的需要，及时提供技术支持和协助。

第三十条　网信部门、公安机关、保护工作部门等有关部门，网络安全服务机构及其工作人员对于在关键信息基础设施安全保护工作中获取的信息，只能用于维护网络安全，并严格按照有关法律、行政法规的要求确保信息安全，不得泄露、出售或者非法向他人提供。

第三十一条　未经国家网信部门、国务院公安部门批准或者保护工作部门、运营者授权，任何个人和组织不得对关键信息基础设施实施漏洞探测、渗透性测试等可能影响或者危害关键信息基础设施安全的活动。对基础电信网络实施漏洞探测、渗透性测试等活动，应当事先向国务院电信主管部门报告。

第三十二条　国家采取措施，优先保障能源、电信等关键信息基础设施安全运行。

能源、电信行业应当采取措施，为其他行业和领域的关键信息基础设施安全运行提供重点保障。

第三十三条　公安机关、国家安全机关依据各自职责依法加强关键信息基础设施安全保卫，防范打击针对和利用关键信息基础设施实施的违法犯罪活动。

第三十四条　国家制定和完善关键信息基础设施安全标准，指导、规范关键信息基础设施安全保护工作。

第三十五条　国家采取措施，鼓励网络安全专门人才从事关键信息基础设施安全保护工作；将运营者安全管理人员、安全技术人员培训纳入国家继续教育体系。

第三十六条 国家支持关键信息基础设施安全防护技术创新和产业发展，组织力量实施关键信息基础设施安全技术攻关。

第三十七条 国家加强网络安全服务机构建设和管理，制定管理要求并加强监督指导，不断提升服务机构能力水平，充分发挥其在关键信息基础设施安全保护中的作用。

第三十八条 国家加强网络安全军民融合，军地协同保护关键信息基础设施安全。

第五章　法律责任

第三十九条 运营者有下列情形之一的，由有关主管部门依据职责责令改正，给予警告；拒不改正或者导致危害网络安全等后果的，处 10 万元以上 100 万元以下罚款，对直接负责的主管人员处 1 万元以上 10 万元以下罚款：

（一）在关键信息基础设施发生较大变化，可能影响其认定结果时未及时将相关情况报告保护工作部门的；

（二）安全保护措施未与关键信息基础设施同步规划、同步建设、同步使用的；

（三）未建立健全网络安全保护制度和责任制的；

（四）未设置专门安全管理机构的；

（五）未对专门安全管理机构负责人和关键岗位人员进行安全背景审查的；

（六）开展与网络安全和信息化有关的决策没有专门安全管理机构人员参与的；

（七）专门安全管理机构未履行本条例第十五条规定的职责的；

（八）未对关键信息基础设施每年至少进行一次网络安全检测和风险评估，未对发现的安全问题及时整改，或者未按照保护工作部门要求报送情况的；

（九）采购网络产品和服务，未按照国家有关规定与网络产品和服务提供者签订安全保密协议的；

（十）发生合并、分立、解散等情况，未及时报告保护工作部门，或者未按照保护工作部门的要求对关键信息基础设施进行处置的。

第四十条　运营者在关键信息基础设施发生重大网络安全事件或者发现重大网络安全威胁时，未按照有关规定向保护工作部门、公安机关报告的，由保护工作部门、公安机关依据职责责令改正，给予警告；拒不改正或者导致危害网络安全等后果的，处10万元以上100万元以下罚款，对直接负责的主管人员处1万元以上10万元以下罚款。

第四十一条　运营者采购可能影响国家安全的网络产品和服务，未按照国家网络安全规定进行安全审查的，由国家网信部门等有关主管部门依据职责责令改正，处采购金额1倍以上10倍以下罚款，对直接负责的主管人员和其他直接责任人员处1万元以上10万元以下罚款。

第四十二条　运营者对保护工作部门开展的关键信息基础设施网络安全检查检测工作，以及公安、国家安全、保密行政管理、密码管理等有关部门依法开展的关键信息基础设施网络安全检查工作不予配合的，由有关主管部门责令改正；拒不改正的，处5万元以上50万元以下罚款，对直接负责的主管人员和其他直接责任人员处1万元以上10万元以下罚款；情节严重的，依法追究相应法律责任。

第四十三条　实施非法侵入、干扰、破坏关键信息基础设施，危害其安全的活动尚不构成犯罪的，依照《中华人民共和国网络安全法》有关规定，由公安机关没收违法所得，处5日以下拘留，可以并处5万元以上50万元以下罚款；情节较重的，处5日以上15日以下拘留，可以并处10万元以上100万元以下罚款。

单位有前款行为的，由公安机关没收违法所得，处10万元以上100万元以下罚款，并对直接负责的主管人员和其他直接责任人员依照前款规定处罚。

违反本条例第五条第二款和第三十一条规定，受到治安管理处罚的人员，5年内不得从事网络安全管理和网络运营关键岗位的工作；受到刑事处罚的人员，终身不得从事网络安全管理和网络运营关键岗位的工作。

第四十四条　网信部门、公安机关、保护工作部门和其他有关部门及其工作人员未履行关键信息基础设施安全保护和监督管理职责或者玩忽职守、滥用职权、徇私舞弊的，依法对直接负责的主管人员和其他直接责任人员给予处分。

第四十五条　公安机关、保护工作部门和其他有关部门在开展关键信息基础设施网络安全检查工作中收取费用，或者要求被检查单位购买指定品牌或者指定生产、销售单位的产品和服务的，由其上级机关责令改正，退还收取的费用；情节严重的，依法对直接负责的主管人员和其他直接责任人员给予处分。

第四十六条　网信部门、公安机关、保护工作部门等有关部门、网络安全服务机构及其工作人员将在关键信息基础设施安全保护工作中获取的信息用于其他用途，或者泄露、出售、非法向他人提供的，依法对直接负责的主管人员和其他直接责任人员给予处分。

第四十七条　关键信息基础设施发生重大和特别重大网络安全事件，经调查确定为责任事故的，除应当查明运营者责任并依法予以追究外，还应查明相关网络安全服务机构及有关部门的责任，对有失职、渎职及其他违法行为的，依法追究责任。

第四十八条　电子政务关键信息基础设施的运营者不履行本条例规定的网络安全保护义务的，依照《中华人民共和国网络安全法》有关规定予以处理。

第四十九条　违反本条例规定，给他人造成损害的，依法承担民事责任。

违反本条例规定，构成违反治安管理行为的，依法给予治安管理处罚；构成犯罪的，依法追究刑事责任。

第六章　附则

第五十条　存储、处理涉及国家秘密信息的关键信息基础设施的安全保护，还应当遵守保密法律、行政法规的规定。

关键信息基础设施中的密码使用和管理，还应当遵守相关法律、行政法规的规定。

第五十一条　本条例自 2021 年 9 月 1 日起施行。

《网络数据安全管理条例》

施行日期：2025/1/1

发布情况：国务院2024年9月24日发布，国务院第790号令

内容概述：《网络数据安全管理条例》是我国网络数据安全领域首个行政法规文件，在《中华人民共和国网络安全法》《中华人民共和国数据安全法》《中华人民共和国个人信息保护法》的基础上，对法律规定的原则性要求进行内容和流程方面的细化规定，并根据我国网络空间及数据发展阶段的实际情况作了适应性规定，为网络数据处理者提供更为细致和落地的合规指引。条例以一般规定为基础，以个人信息保护和重要数据安全两个方面为切入点，对网络数据处理活动提出要求，并对网络数据跨境安全管理和网络平台服务提供者提出了管理义务。

第一章　总则

第一条　为了规范网络数据处理活动，保障网络数据安全，促进网络数据依法合理有效利用，保护个人、组织的合法权益，维护国家安全和公共利益，根据《中华人民共和国网络安全法》、《中华人民共和国数据安全法》、《中华人民共和国个人信息保护法》等法律，制定本条例。

第二条　在中华人民共和国境内开展网络数据处理活动及其安全监督管理，适用本条例。

在中华人民共和国境外处理中华人民共和国境内自然人个人信息的活动，符合《中华人民共和国个人信息保护法》第三条第二款规定情形的，也适用本条例。

在中华人民共和国境外开展网络数据处理活动，损害中华人民共和国国家安全、公共利益或者公民、组织合法权益的，依法追究法律责任。

第三条　网络数据安全管理工作坚持中国共产党的领导，贯彻总体国家安全观，统筹促进网络数据开发利用与保障网络数据安全。

第四条　国家鼓励网络数据在各行业、各领域的创新应用，加强网络数据安全防护能力建设，支持网络数据相关技术、产品、服务创新，开展网络数据安全宣传教育和人才培养，促进网络数据开发利用和产业发展。

第五条　国家根据网络数据在经济社会发展中的重要程度，以及一旦遭到篡改、破坏、泄露或者非法获取、非法利用，对国家安全、公共利益或者个人、组织合法权益造成的危害程度，对网络数据实行分类分级保护。

第六条　国家积极参与网络数据安全相关国际规则和标准的制定，促进国际交流与合作。

第七条　国家支持相关行业组织按照章程，制定网络数据安全行为规范，加强行业自律，指导会员加强网络数据安全保护，提高网络数据安全保护水平，促进行业健康发展。

第二章　一般规定

第八条　任何个人、组织不得利用网络数据从事非法活动，不得从事窃取或者以其他非法方式获取网络数据、非法出售或者非法向他人提供网络数据等非法网络数据处理活动。

任何个人、组织不得提供专门用于从事前款非法活动的程序、工具；明知他人从事前款非法活动的，不得为其提供互联网接入、服务器托管、网络存储、通讯传输等技术支持，或者提供广告推广、支付结算等帮助。

第九条　网络数据处理者应当依照法律、行政法规的规定和国家标准的强制性要求，在网络安全等级保护的基础上，加强网络数据安全防护，建立健全网络数据安全管理制度，采取加密、备份、访问控制、安全认证等技术措施和其他必要措施，保护网络数据免遭篡改、破坏、泄露或者非法获取、非法利用，处置网络数据安全事件，防范针对和利用网络数据实施的违法犯罪活动，并对所处理网络数据的安全承担主体责任。

第十条　网络数据处理者提供的网络产品、服务应当符合相关国家标准的强制性要求；发现网络产品、服务存在安全缺陷、漏洞等风险时，应当立即采取补救措施，按照规定及时告知用户并向有关主管部门报告；涉及危害国家安全、公共利益的，网络数据处理者还应当在 24 小时内向有关主管部门报告。

第十一条　网络数据处理者应当建立健全网络数据安全事件应急预案，发生网络数据安全事件时，应当立即启动预案，采取措施防止危害扩大，消除安全隐患，并按照规定向有关主管部门报告。

网络数据安全事件对个人、组织合法权益造成危害的，网络数据处理者应当及时将安全事件和风险情况、危害后果、已经采取的补救措施等，以电话、短信、即时通信工具、电子邮件或者公告等方式通知利害关系人；法律、行政法规规定可以不通知的，从其规定。网络数据处理者在处置网络数据安全事件过程中发现涉嫌违法犯罪线索的，应当按照规定向公安机关、国家安全机关报案，并配合开展侦查、调查和处置工作。

第十二条　网络数据处理者向其他网络数据处理者提供、委托处理个人信息和重要数据的，应当通过合同等与网络数据接收方约定处理目的、方式、范围以及安全保护义务等，并对网络数据接收方履行义务的情况进行监督。向其他网络数据处理者提供、委托处理个人信息和重要数据的处理情况记录，应当至少保存 3 年。

网络数据接收方应当履行网络数据安全保护义务，并按照约定的目的、方式、范围等处理个人信息和重要数据。

两个以上的网络数据处理者共同决定个人信息和重要数据的处理目的和处理方式的，应当约定各自的权利和义务。

第十三条　网络数据处理者开展网络数据处理活动，影响或者可能影响国家安全的，应当按照国家有关规定进行国家安全审查。

第十四条　网络数据处理者因合并、分立、解散、破产等原因需要转移网络数据的，网络数据接收方应当继续履行网络数据安全保护义务。

第十五条　国家机关委托他人建设、运行、维护电子政务系统，存储、加工政务数据，应当按照国家有关规定经过严格的批准程序，明确受托方的网络数据处理权限、保护责任等,监督受托方履行网络数据安全保护义务。

第十六条 网络数据处理者为国家机关、关键信息基础设施运营者提供服务,或者参与其他公共基础设施、公共服务系统建设、运行、维护的,应当依照法律、法规的规定和合同约定履行网络数据安全保护义务,提供安全、稳定、持续的服务。

前款规定的网络数据处理者未经委托方同意,不得访问、获取、留存、使用、泄露或者向他人提供网络数据,不得对网络数据进行关联分析。

第十七条 为国家机关提供服务的信息系统应当参照电子政务系统的管理要求加强网络数据安全管理,保障网络数据安全。

第十八条 网络数据处理者使用自动化工具访问、收集网络数据,应当评估对网络服务带来的影响,不得非法侵入他人网络,不得干扰网络服务正常运行。

第十九条 提供生成式人工智能服务的网络数据处理者应当加强对训练数据和训练数据处理活动的安全管理,采取有效措施防范和处置网络数据安全风险。

第二十条 面向社会提供产品、服务的网络数据处理者应当接受社会监督,建立便捷的网络数据安全投诉、举报渠道,公布投诉、举报方式等信息,及时受理并处理网络数据安全投诉、举报。

第三章 个人信息保护

第二十一条 网络数据处理者在处理个人信息前,通过制定个人信息处理规则的方式依法向个人告知的,个人信息处理规则应当集中公开展示、易于访问并置于醒目位置,内容明确具体、清晰易懂,包括但不限于下列内容:

(一)网络数据处理者的名称或者姓名和联系方式;

(二)处理个人信息的目的、方式、种类,处理敏感个人信息的必要性以及对个人权益的影响;

(三)个人信息保存期限和到期后的处理方式,保存期限难以确定的,应当明确保存期限的确定方法;

（四）个人查阅、复制、转移、更正、补充、删除、限制处理个人信息以及注销账号、撤回同意的方法和途径等。

网络数据处理者按照前款规定向个人告知收集和向其他网络数据处理者提供个人信息的目的、方式、种类以及网络数据接收方信息的，应当以清单等形式予以列明。网络数据处理者处理不满十四周岁未成年人个人信息的，还应当制定专门的个人信息处理规则。

第二十二条　网络数据处理者基于个人同意处理个人信息的，应当遵守下列规定：

（一）收集个人信息为提供产品或者服务所必需，不得超范围收集个人信息，不得通过误导、欺诈、胁迫等方式取得个人同意；

（二）处理生物识别、宗教信仰、特定身份、医疗健康、金融账户、行踪轨迹等敏感个人信息的，应当取得个人的单独同意；

（三）处理不满十四周岁未成年人个人信息的，应当取得未成年人的父母或者其他监护人的同意；

（四）不得超出个人同意的个人信息处理目的、方式、种类、保存期限处理个人信息；

（五）不得在个人明确表示不同意处理其个人信息后，频繁征求同意；

（六）个人信息的处理目的、方式、种类发生变更的，应当重新取得个人同意。

法律、行政法规规定处理敏感个人信息应当取得书面同意的，从其规定。

第二十三条　个人请求查阅、复制、更正、补充、删除、限制处理其个人信息，或者个人注销账号、撤回同意的，网络数据处理者应当及时受理，并提供便捷的支持个人行使权利的方法和途径，不得设置不合理条件限制个人的合理请求。

第二十四条　因使用自动化采集技术等无法避免采集到非必要个人信息或者未依法取得个人同意的个人信息，以及个人注销账号的，网络数据处理者应当删除个人信息或者进行匿名化处理。法律、行政法规规定的保存期限未届满，或者删除、匿名化处理个人信息从技术上难以实现的，网络数据处理者应当停止除存储和采取必要的安全保护措施之外的处理。

第二十五条　对符合下列条件的个人信息转移请求，网络数据处理者应当为个人指定的其他网络数据处理者访问、获取有关个人信息提供途径：

（一）能够验证请求人的真实身份；

（二）请求转移的是本人同意提供的或者基于合同收集的个人信息；

（三）转移个人信息具备技术可行性；

（四）转移个人信息不损害他人合法权益。

请求转移个人信息次数等明显超出合理范围的，网络数据处理者可以根据转移个人信息的成本收取必要费用。

第二十六条　中华人民共和国境外网络数据处理者处理境内自然人个人信息，依照《中华人民共和国个人信息保护法》第五十三条规定在境内设立专门机构或者指定代表的，应当将有关机构的名称或者代表的姓名、联系方式等报送所在地设区的市级网信部门；网信部门应当及时通报同级有关主管部门。

第二十七条　网络数据处理者应当定期自行或者委托专业机构对其处理个人信息遵守法律、行政法规的情况进行合规审计。

第二十八条　网络数据处理者处理 1000 万人以上个人信息的，还应当遵守本条例第三十条、第三十二条对处理重要数据的网络数据处理者（以下简称重要数据的处理者）作出的规定。

第四章　重要数据安全

第二十九条　国家数据安全工作协调机制统筹协调有关部门制定重要数据目录，加强对重要数据的保护。各地区、各部门应当按照数据分类分级保护制度，确定本地区、本部门以及相关行业、领域的重要数据具体目录，对列入目录的网络数据进行重点保护。

网络数据处理者应当按照国家有关规定识别、申报重要数据。对确认为重要数据的，相关地区、部门应当及时向网络数据处理者告知或者公开发布。网络数据处理者应当履行网络数据安全保护责任。

国家鼓励网络数据处理者使用数据标签标识等技术和产品，提高重要数据安全管理水平。

第三十条　重要数据的处理者应当明确网络数据安全负责人和网络数据安全管理机构。网络数据安全管理机构应当履行下列网络数据安全保护责任：

（一）制定实施网络数据安全管理制度、操作规程和网络数据安全事件应急预案；

（二）定期组织开展网络数据安全风险监测、风险评估、应急演练、宣传教育培训等活动，及时处置网络数据安全风险和事件；

（三）受理并处理网络数据安全投诉、举报。

网络数据安全负责人应当具备网络数据安全专业知识和相关管理工作经历，由网络数据处理者管理层成员担任，有权直接向有关主管部门报告网络数据安全情况。

掌握有关主管部门规定的特定种类、规模的重要数据的网络数据处理者，应当对网络数据安全负责人和关键岗位的人员进行安全背景审查，加强相关人员培训。审查时，可以申请公安机关、国家安全机关协助。

第三十一条　重要数据的处理者提供、委托处理、共同处理重要数据前，应当进行风险评估，但是属于履行法定职责或者法定义务的除外。

风险评估应当重点评估下列内容：

（一）提供、委托处理、共同处理网络数据，以及网络数据接收方处理网络数据的目的、方式、范围等是否合法、正当、必要；

（二）提供、委托处理、共同处理的网络数据遭到篡改、破坏、泄露或者非法获取、非法利用的风险，以及对国家安全、公共利益或者个人、组织合法权益带来的风险；

（三）网络数据接收方的诚信、守法等情况；

（四）与网络数据接收方订立或者拟订立的相关合同中关于网络数据安全的要求能否有效约束网络数据接收方履行网络数据安全保护义务；

（五）采取或者拟采取的技术和管理措施等能否有效防范网络数据遭到篡改、破坏、泄露或者非法获取、非法利用等风险；

（六）有关主管部门规定的其他评估内容。

第三十二条　重要数据的处理者因合并、分立、解散、破产等可能影响重要数据安全的，应当采取措施保障网络数据安全，并向省级以上有关主管部门报告重要数据处置方案、接收方的名称或者姓名和联系方式等；主管部门不明确的，应当向省级以上数据安全工作协调机制报告。

第三十三条　重要数据的处理者应当每年度对其网络数据处理活动开展风险评估，并向省级以上有关主管部门报送风险评估报告，有关主管部门应当及时通报同级网信部门、公安机关。

风险评估报告应当包括下列内容：

（一）网络数据处理者基本信息、网络数据安全管理机构信息、网络数据安全负责人姓名和联系方式等；

（二）处理重要数据的目的、种类、数量、方式、范围、存储期限、存储地点等，开展网络数据处理活动的情况，不包括网络数据内容本身；

（三）网络数据安全管理制度及实施情况，加密、备份、标签标识、访问控制、安全认证等技术措施和其他必要措施及其有效性；

（四）发现的网络数据安全风险，发生的网络数据安全事件及处置情况；

（五）提供、委托处理、共同处理重要数据的风险评估情况；

（六）网络数据出境情况；

（七）有关主管部门规定的其他报告内容。

处理重要数据的大型网络平台服务提供者报送的风险评估报告，除包括前款规定的内容外，还应当充分说明关键业务和供应链网络数据安全等情况。

重要数据的处理者存在可能危害国家安全的重要数据处理活动的，省级以上有关主管部门应当责令其采取整改或者停止处理重要数据等措施。重要数据的处理者应当按照有关要求立即采取措施。

第五章 网络数据跨境安全管理

第三十四条 国家网信部门统筹协调有关部门建立国家数据出境安全管理专项工作机制，研究制定国家网络数据出境安全管理相关政策，协调处理网络数据出境安全重大事项。

第三十五条 符合下列条件之一的，网络数据处理者可以向境外提供个人信息：

（一）通过国家网信部门组织的数据出境安全评估；

（二）按照国家网信部门的规定经专业机构进行个人信息保护认证；

（三）符合国家网信部门制定的关于个人信息出境标准合同的规定；

（四）为订立、履行个人作为一方当事人的合同，确需向境外提供个人信息；

（五）按照依法制定的劳动规章制度和依法签订的集体合同实施跨境人力资源管理，确需向境外提供员工个人信息；

（六）为履行法定职责或者法定义务，确需向境外提供个人信息；

（七）紧急情况下为保护自然人的生命健康和财产安全，确需向境外提供个人信息；

（八）法律、行政法规或者国家网信部门规定的其他条件。

第三十六条 中华人民共和国缔结或者参加的国际条约、协定对向中华人民共和国境外提供个人信息的条件等有规定的，可以按照其规定执行。

第三十七条 网络数据处理者在中华人民共和国境内运营中收集和产生的重要数据确需向境外提供的，应当通过国家网信部门组织的数据出境安全评估。网络数据处理者按照国家有关规定识别、申报重要数据，但未被相关地区、部门告知或者公开发布为重要数据的，不需要将其作为重要数据申报数据出境安全评估。

第三十八条 通过数据出境安全评估后，网络数据处理者向境外提供个人信息和重要数据的，不得超出评估时明确的数据出境目的、方式、范围和种类、规模等。

第三十九条　国家采取措施，防范、处置网络数据跨境安全风险和威胁。任何个人、组织不得提供专门用于破坏、避开技术措施的程序、工具等；明知他人从事破坏、避开技术措施等活动的，不得为其提供技术支持或者帮助。

第六章　网络平台服务提供者义务

第四十条　网络平台服务提供者应当通过平台规则或者合同等明确接入其平台的第三方产品和服务提供者的网络数据安全保护义务，督促第三方产品和服务提供者加强网络数据安全管理。

预装应用程序的智能终端等设备生产者，适用前款规定。

第三方产品和服务提供者违反法律、行政法规的规定或者平台规则、合同约定开展网络数据处理活动，对用户造成损害的，网络平台服务提供者、第三方产品和服务提供者、预装应用程序的智能终端等设备生产者应当依法承担相应责任。

国家鼓励保险公司开发网络数据损害赔偿责任险种，鼓励网络平台服务提供者、预装应用程序的智能终端等设备生产者投保。

第四十一条　提供应用程序分发服务的网络平台服务提供者，应当建立应用程序核验规则并开展网络数据安全相关核验。发现待分发或者已分发的应用程序不符合法律、行政法规的规定或者国家标准的强制性要求的，应当采取警示、不予分发、暂停分发或者终止分发等措施。

第四十二条　网络平台服务提供者通过自动化决策方式向个人进行信息推送的，应当设置易于理解、便于访问和操作的个性化推荐关闭选项，为用户提供拒绝接收推送信息、删除针对其个人特征的用户标签等功能。

第四十三条　国家推进网络身份认证公共服务建设，按照政府引导、用户自愿原则进行推广应用。

鼓励网络平台服务提供者支持用户使用国家网络身份认证公共服务登记、核验真实身份信息。

第四十四条　大型网络平台服务提供者应当每年度发布个人信息保护社会责任报告，报告内容包括但不限于个人信息保护措施和成效、个人行使权利的申请受理情况、主要由外部成员组成的个人信息保护监督机构履行职责情况等。

第四十五条　大型网络平台服务提供者跨境提供网络数据，应当遵守国家数据跨境安全管理要求，健全相关技术和管理措施，防范网络数据跨境安全风险。

第四十六条　大型网络平台服务提供者不得利用网络数据、算法以及平台规则等从事下列活动：

（一）通过误导、欺诈、胁迫等方式处理用户在平台上产生的网络数据；

（二）无正当理由限制用户访问、使用其在平台上产生的网络数据；

（三）对用户实施不合理的差别待遇，损害用户合法权益；

（四）法律、行政法规禁止的其他活动。

第七章　监督管理

第四十七条　国家网信部门负责统筹协调网络数据安全和相关监督管理工作。

公安机关、国家安全机关依照有关法律、行政法规和本条例的规定，在各自职责范围内承担网络数据安全监督管理职责，依法防范和打击危害网络数据安全的违法犯罪活动。

国家数据管理部门在具体承担数据管理工作中履行相应的网络数据安全职责。

各地区、各部门对本地区、本部门工作中收集和产生的网络数据及网络数据安全负责。

第四十八条　各有关主管部门承担本行业、本领域网络数据安全监督管理职责，应当明确本行业、本领域网络数据安全保护工作机构，统筹制定并组织实施本行业、本领域网络数据安全事件应急预案，定期组织开展本行业、本领域网络数据安全风险评估，对网络数据处理者履行网络数据安全保护义务情况进行监督检查，指导督促网络数据处理者及时对存在的风险隐患进行整改。

第四十九条　国家网信部门统筹协调有关主管部门及时汇总、研判、共享、发布网络数据安全风险相关信息，加强网络数据安全信息共享、网络数据安全风险和威胁监测预警以及网络数据安全事件应急处置工作。

第五十条　有关主管部门可以采取下列措施对网络数据安全进行监督检查：

（一）要求网络数据处理者及其相关人员就监督检查事项作出说明；

（二）查阅、复制与网络数据安全有关的文件、记录；

（三）检查网络数据安全措施运行情况；

（四）检查与网络数据处理活动有关的设备、物品；

（五）法律、行政法规规定的其他必要措施。

网络数据处理者应当对有关主管部门依法开展的网络数据安全监督检查予以配合。

第五十一条　有关主管部门开展网络数据安全监督检查，应当客观公正，不得向被检查单位收取费用。

有关主管部门在网络数据安全监督检查中不得访问、收集与网络数据安全无关的业务信息，获取的信息只能用于维护网络数据安全的需要，不得用于其他用途。

有关主管部门发现网络数据处理者的网络数据处理活动存在较大安全风险的，可以按照规定的权限和程序要求网络数据处理者暂停相关服务、修改平台规则、完善技术措施等，消除网络数据安全隐患。

第五十二条　有关主管部门在开展网络数据安全监督检查时，应当加强协同配合、信息沟通，合理确定检查频次和检查方式，避免不必要的检查和交叉重复检查。

个人信息保护合规审计、重要数据风险评估、重要数据出境安全评估等应当加强衔接，避免重复评估、审计。重要数据风险评估和网络安全等级测评的内容重合的，相关结果可以互相采信。

第五十三条　有关主管部门及其工作人员对在履行职责中知悉的个人隐私、个人信息、商业秘密、保密商务信息等网络数据应当依法予以保密，不得泄露或者非法向他人提供。

第五十四条　境外的组织、个人从事危害中华人民共和国国家安全、公共利益，或者侵害中华人民共和国公民的个人信息权益的网络数据处理活动的，国家网信部门会同有关主管部门可以依法采取相应的必要措施。

第八章　法律责任

第五十五条　违反本条例第十二条、第十六条至第二十条、第二十二条、第四十条第一款和第二款、第四十一条、第四十二条规定的，由网信、电信、公安等主管部门依据各自职责责令改正，给予警告，没收违法所得；拒不改正或者情节严重的，处 100 万元以下罚款，并可以责令暂停相关业务、停业整顿、吊销相关业务许可证或者吊销营业执照，对直接负责的主管人员和其他直接责任人员可以处 1 万元以上 10 万元以下罚款。

第五十六条　违反本条例第十三条规定的，由网信、电信、公安、国家安全等主管部门依据各自职责责令改正，给予警告，可以并处 10 万元以上 100 万元以下罚款，对直接负责的主管人员和其他直接责任人员可以处 1 万元以上 10 万元以下罚款；拒不改正或者情节严重的，处 100 万元以上 1000 万元以下罚款，并可以责令暂停相关业务、停业整顿、吊销相关业务许可证或者吊销营业执照，对直接负责的主管人员和其他直接责任人员处 10 万元以上 100 万元以下罚款。

第五十七条　违反本条例第二十九条第二款、第三十条第二款和第三款、第三十一条、第三十二条规定的，由网信、电信、公安等主管部门依据各自职责责令改正，给予警告，可以并处 5 万元以上 50 万元以下罚款，对直接负责的主管人员和其他直接责任人员可以处 1 万元以上 10 万元以下罚款；拒不改正或者造成大量数据泄露等严重后果的，处 50 万元以上 200 万元以下罚款，并可以责令暂停相关业务、停业整顿、吊销相关业务许可证或者吊销营业执照，对直接负责的主管人员和其他直接责任人员处 5 万元以上 20 万元以下罚款。

第五十八条　违反本条例其他有关规定的，由有关主管部门依照《中华人民共和国网络安全法》《中华人民共和国数据安全法》《中华人民共和国个人信息保护法》等法律的有关规定追究法律责任。

第五十九条　网络数据处理者存在主动消除或者减轻违法行为危害后果、违法行为轻微并及时改正且没有造成危害后果或者初次违法且危害后果轻微并及时改正等情形的，依照《中华人民共和国行政处罚法》的规定从轻、减轻或者不予行政处罚。

第六十条　国家机关不履行本条例规定的网络数据安全保护义务的，由其上级机关或者有关主管部门责令改正；对直接负责的主管人员和其他直接责任人员依法给予处分。

第六十一条　违反本条例规定，给他人造成损害的，依法承担民事责任；构成违反治安管理行为的，依法给予治安管理处罚；构成犯罪的，依法追究刑事责任。

第九章　附则

第六十二条　本条例下列用语的含义：

（一）网络数据，是指通过网络处理和产生的各种电子数据。

（二）网络数据处理活动，是指网络数据的收集、存储、使用、加工、传输、提供、公开、删除等活动。

（三）网络数据处理者，是指在网络数据处理活动中自主决定处理目的和处理方式的个人、组织。

（四）重要数据，是指特定领域、特定群体、特定区域或者达到一定精度和规模，一旦遭到篡改、破坏、泄露或者非法获取、非法利用，可能直接危害国家安全、经济运行、社会稳定、公共健康和安全的数据。

（五）委托处理，是指网络数据处理者委托个人、组织按照约定的目的和方式开展的网络数据处理活动。

（六）共同处理，是指两个以上的网络数据处理者共同决定网络数据的处理目的和处理方式的网络数据处理活动。

（七）单独同意，是指个人针对其个人信息进行特定处理而专门作出具体、明确的同意。

（八）大型网络平台，是指注册用户 5000 万以上或者月活跃用户 1000 万以上，业务类型复杂，网络数据处理活动对国家安全、经济运行、国计民生等具有重要影响的网络平台。

第六十三条 开展核心数据的网络数据处理活动,按照国家有关规定执行。

自然人因个人或者家庭事务处理个人信息的,不适用本条例。

开展涉及国家秘密、工作秘密的网络数据处理活动,适用《中华人民共和国保守国家秘密法》等法律、行政法规的规定。

第六十四条 本条例自2025年1月1日起施行。

热点问答

【热点问题1】

数字经济时代,国内数据安全工作应依从怎样的法律法规体系架构?

数字经济时代,数据作为新型生产关系中的关键生产要素,属于国家基础性战略资源,其重要性不言而喻。当前,我国陆续出台了数据安全相关规章制度以构建数据基础制度体系、推动数据安全应用进程,保护数据处理各环节各类主体的合法权益。目前已形成的"三法一典一条例"的数据安全法律架构,是我国各行业各类型机构开展数据安全工作的主要法律依据。

其中,《中华人民共和国网络安全法》(以下简称《网络安全法》)作为我国首部网络安全领域国家法律,在强调保护网络和信息安全的同时,也涵盖了从数据保护、个人信息保护角度出发的基本要求,为后续数据安全、个人信息保护专项法律法规的出台做铺垫。《中华人民共和国数据安全法》(以下简称《数据安全法》)从规范数据处理活动及数据处理等角度出发进行了全面制度统筹。我国个人信息保护意识启蒙较早,发展过程从此前散落于《中华人民共和国民法典》(以下简称《民法典》)、《网络安全法》、《中华人民共和国消费者权益保护法》(以下简称《消费者权益保护法》)等法律条款,到集中体现在专项法律《中华人民共和国个人信息保护法》(以下简称《个人信息保护法》),个人信息保护的核心与基本准则得到进一步的明确,在综合考量国际、国内个人信息保护规制做法的同时,结合我国实际情况,强调法律规制的可落地性和可操作性。《个人信息保护法》重视主体权益的同时,通过增加其他合法性基础场景的方式,为个人数据处理者提供合法性依据和基础。以上法规共同支撑当前我国数据安全保护工作的基本法律框架,形成我国当前数据安全保护工作有法可依、有规可循的良好局面。

【热点问题2】

我国公民如何依法保护个人信息权益？

自然人的个人信息受法律保护，公民维护个人信息权益可以依从的法律也比较丰富，要根据具体场景、行为等进行违法行为的甄别和确认，法律依据包括民事领域的《民法典》《个人信息保护法》等，刑事领域的《中华人民共和国刑法》（以下简称《刑法》），也就是说，侵害个人信息权益情节严重的可以追究其刑事责任。日常生活中，我国公民个人信息权益的保护案例也很多，侵害个人信息权益的违法行为包括非法收集、使用、加工、传输他人个人信息，非法买卖、提供或者公开他人个人信息，以及从事危害国家安全、公共利益的个人信息处理活动等。《个人信息保护法》明确个人主体享有知情权、决定权，有权限制或者拒绝他人对其个人信息的处理。任何组织或者个人均需依法获取和处理他人个人信息。《刑法》作为我国最为严厉的法律，第二百五十三条对侵犯公民个人信息罪作出了明确规定，违反国家有关规定向他人提供或者出售公民个人信息的行为均属于犯罪行为，特定场景还有从重处罚的规定，根据情节不同处以罚金以及有期徒刑。

【热点问题3】

按照我国现行法律法规规定，数据处理者应履行哪些数据保护义务？

《数据安全法》作为数据安全领域专项法律，是数据处理者开展数据处理活动的主要法律依据。本法对数据处理者提出包括建立健全全流程数据安全管理制度、采取有效技术和其他必要措施保障数据安全等一般性数据安全义务，还规定开展数据处理活动应当加强风险监测，发现数据安全缺陷、漏洞等风险时，应当立即采取补救措施；发生数据安全事件时，应当立即采取处置措施，按照规定及时告知用户并向有关主管部门报告。同时，利用信息网络开展数据处理活动的，应当在网络安全等级保护制度的基础上，履行前述数据安全保护义务。《网络安全法》《个人信息保护法》分别就网络运营者如何按照网络安全等级保护的要求履行安全保护义务，以及个人信息处理者如何保护个人信息安全作出了具体的规定，是数据处理者开展数据处理活动过程中的必要法律依据。综上，数据处理者开展数据处理活动至少应履行以下四项基本义务：(1) 建立健全全流程数据安全管理制度；(2) 组织开展数据安全教育培训；(3) 采取有效的数据安全保护措施；(4) 开展风险监测，并具备及时的补救和处置措施。

【热点问题4】

关键信息基础设施处理者如何依法做好关键信息基础设施的数据安全工作？

依据我国相关法律法规的规定，关键信息基础设施保护工作由国家网信部门统筹协调、国务院公安部门指导监督。各行业主管部门和其他有关部门依照有关法律、行政法规的规定，在各自职责范围内负责关键信息基础设施安全保护和监督管理工作。省级人民政府有关部门依据各自职责对关键信息基础设施实施安全保护和监督管理。关键信息基础设施处理者应依照《关键信息基础设施安全保护条例》和有关法律、行政法规的规定以及国家标准的强制性要求，在网络安全等级保护的基础上，采取技术保护措施和其他必要措施，加强数据安全和新技术新应用风险管控，防范网络攻击和违法犯罪活动，保障关键信息基础设施安全稳定运行，维护数据的完整性、保密性和可用性。

关键信息基础设施处理者法定义务主要包括：一是建立健全网络安全保护制度和责任制，实行"一把手负责制"，明确运营者主要负责人负总责，保障"人财物"的投入；二是设置专门安全管理机构，履行安全保护职责，参与本单位与网络安全和信息化有关的决策，并对机构负责人和关键岗位人员进行安全背景审查；三是对关键信息基础设施每年进行网络安全检测和风险评估，及时整改问题并按要求向保护工作部门报送情况；四是关键信息基础设施发生重大网络安全事件或者发现重大网络安全威胁时,按规定向保护工作部门、公安机关报告;五是优先采购安全可信的网络产品和服务,并与提供者签订安全保密协议,可能影响国家安全的,应当按规定通过安全审查。

【热点问题5】

企业如何依法履行数据安全保护的道德责任?

道德责任是指企业基于社会公德和伦理原则,主动履行对用户的隐私和数据的保护义务。按照我国数据安全保护法律法规,数据处理者在数据保护方面不仅承担着采取有效措施保护数据安全的义务,还承担着重要的道德责任。企业作为主要参与主体,履行道德责任具有深远意义,既能够彰显其对用户隐私的尊重和对社会责任的担当,也能够提升企业的社会形象,增强其信誉度和公信力。

企业在履行道德责任的过程中,第一,应从战略层面认识到数据安全保护的重要性,并将其纳入企业社会责任体系。通过培训和宣传,提高员工对数据安全的重视程度,培养其职业道德和社会责任感。此外,企业还应积极参与社会公益活动,以实际行动展示其履行社会责任的决心。第二,企业应建立一套完善的内部数据安全管理制度,明确各部门在数据保护方面的职责。同时,加强对数据处理全过程的监管,确保数据的合规收集、存储、传输和使用。此外,企业还应设立专门的数据安全审计部门,定期对数据处理活动进行审查和评估。第三,企业应加强与用户的沟通,确保用户对数据的知情权、同意权和监督权。在收集用户数据时,企业应明确告知用户收集数据的用途和目的,并征得用户同意。同时,企业应建立有效的投诉和申诉机制,及时处理用户对数据处理的异议和问题。第四,企业应积极参与行业自律倡议,推动整个行业的数据安全生态建设。通过与其他企业、行业组织和社会团体合作,共同制定并遵守数据安全保护的行业规范和标准。此外,企业还应加强对供应链合作伙伴的数据安全审查,确保整个价值链的数据安全。

第二章 部门规章制度及热点问答

当前我国各行业、各领域主管部门从数据安全治理及合理利用、数字经济发展等视角,均已纷纷出台数据安全监督及指导文件,逐步明确数据安全利用监管红线,向上承接国家法律法规有关规划和要求,向下衔接各行业各领域特有发展需求及业务特色,指导顶层设计在具体应用场景的落地路径和推广方向,对具体业务领域中数据思路拓展和实践指导意义。本文梳理并列举其中数据安全相关典型规章制度,呈现我国部门监管规章制度体系的整体框架结构及整体发展态势,并为相关工作者研阅政及其落地应用提供便利。

《工业数据分类分级指南(试行)》

施行日期:2020/2/27

发布情况:工业和信息化部办公厅 2020 年 2 月 27 日发布,工信厅信发〔2020〕6 号

内容概要:本指南规定企业应结合工业数据分级情况,做好防护工作。企业针对三级数据采取的防护措施,应能抵御来自国家级敌对组织的大规模恶意攻击;针对二级数据采取的防护措施,应能抵御大规模、较强恶意攻击;针对一级数据采取的防护措施,应能抵御一般恶意攻击。

第一章　总则

第一条　为贯彻《促进大数据发展行动纲要》《大数据产业发展规划（2016—2020年）》有关要求，更好推动《数据管理能力成熟度评估模型》（GB/T 36073—2018）贯标和《工业控制系统信息安全防护指南》落实，指导企业提升工业数据管理能力，促进工业数据的使用、流动与共享，释放数据潜在价值，赋能制造业高质量发展，制定本指南。

第二条　本指南所指工业数据是工业领域产品和服务全生命周期产生和应用的数据，包括但不限于工业企业在研发设计、生产制造、经营管理、运维服务等环节中生成和使用的数据，以及工业互联网平台企业（以下简称平台企业）在设备接入、平台运行、工业APP应用等过程中生成和使用的数据。

第三条　本指南适用于工业和信息化主管部门、工业企业、平台企业等开展工业数据分类分级工作。涉及国家秘密信息的工业数据，应遵守保密法律法规的规定，不适用本指南。

第四条　工业数据分类分级以提升企业数据管理能力为目标，坚持问题导向、目标导向和结果导向相结合，企业主体、行业指导和属地监管相结合，分类标识、逐类定级和分级管理相结合。

第二章　数据分类

第五条　工业企业结合生产制造模式、平台企业结合服务运营模式，分析梳理业务流程和系统设备，考虑行业要求、业务规模、数据复杂程度等实际情况，对工业数据进行分类梳理和标识，形成企业工业数据分类清单。

第六条　工业企业工业数据分类维度包括但不限于研发数据域（研发设计数据、开发测试数据等）、生产数据域（控制信息、工况状态、工艺参数、系统日志等）、运维数据域（物流数据、产品售后服务数据等）、管理数据域（系统设备资产信息、客户与产品信息、产品供应链数据、业务统计数据等）、外部数据域（与其他主体共享的数据等）。

第七条 平台企业工业数据分类维度包括但不限于平台运营数据域（物联采集数据、知识库模型库数据、研发数据等）和企业管理数据域（客户数据、业务合作数据、人事财务数据等）。

第三章 数据分级

第八条 根据不同类别工业数据遭篡改、破坏、泄露或非法利用后，可能对工业生产、经济效益等带来的潜在影响，将工业数据分为一级、二级、三级等3个级别。

第九条 潜在影响符合下列条件之一的数据为三级数据：

（一）易引发特别重大生产安全事故或突发环境事件，或造成直接经济损失特别巨大；

（二）对国民经济、行业发展、公众利益、社会秩序乃至国家安全造成严重影响。

第十条 潜在影响符合下列条件之一的数据为二级数据：

（一）易引发较大或重大生产安全事故或突发环境事件，给企业造成较大负面影响，或直接经济损失较大；

（二）引发的级联效应明显，影响范围涉及多个行业、区域或者行业内多个企业，或影响持续时间长，或可导致大量供应商、客户资源被非法获取或大量个人信息泄露；

（三）恢复工业数据或消除负面影响所需付出的代价较大。

第十一条 潜在影响符合下列条件之一的数据为一级数据：

（一）对工业控制系统及设备、工业互联网平台等的正常生产运行影响较小；

（二）给企业造成负面影响较小，或直接经济损失较小；

（三）受影响的用户和企业数量较少、生产生活区域范围较小、持续时间较短；

（四）恢复工业数据或消除负面影响所需付出的代价较小。

第四章 分级管理

第十二条 工业和信息化部负责制定工业数据分类分级制度规范，指导、协调开展工业数据分类分级工作。各地工业和信息化主管部门负责指导和推动辖区内工业数据分类分级工作。有关行业、领域主管部门可参考本指南，指导和推动本行业、本领域工业数据分类分级工作。

第十三条　工业企业、平台企业等企业承担工业数据管理的主体责任，要建立健全相关管理制度，实施工业数据分类分级管理并开展年度复查，并在企业系统、业务等发生重大变更时应及时更新分类分级结果。有条件的企业可结合实际设立数据管理机构，配备专职人员。

第十四条　企业应按照《工业控制系统信息安全防护指南》等要求，结合工业数据分级情况，做好防护工作。

企业针对三级数据采取的防护措施，应能抵御来自国家级敌对组织的大规模恶意攻击；针对二级数据采取的防护措施，应能抵御大规模、较强恶意攻击；针对一级数据采取的防护措施，应能抵御一般恶意攻击。

第十五条　鼓励企业在做好数据管理的前提下适当共享一、二级数据，充分释放工业数据的潜在价值。二级数据只对确需获取该级数据的授权机构及相关人员开放。三级数据原则上不共享，确需共享的应严格控制知悉范围。

第十六条　工业数据遭篡改、破坏、泄露或非法利用时，企业应根据事先制定的应急预案立即进行应急处置。涉及三级数据时，还应将事件及时上报数据所在地的省级工业和信息化主管部门，并于应急工作结束后30日内补充上报事件处置情况。

《中国银保监会监管数据安全管理办法（试行）》

施行日期：2020/9/23

发布情况：中国银保监会2020年9月23日发布，银保监发〔2020〕43号

内容概要：本管理办法对银保监会监管数据安全管理工作进行规范，内容包括构建数据治理架构、建立数据分类分级标准、强化数据安全管理、建立健全安全技术保护体系、加强个人信息保护、完善数

据安全风险监测与处置机制，以及明确监督管理责任等方面，旨在提高监管数据安全保护能力，防范监管数据安全风险。

第一章　总则

第一条　为规范银保监会监管数据安全管理工作，提高监管数据安全保护能力，防范监管数据安全风险，依据《中华人民共和国网络安全法》《中华人民共和国银行业监督管理法》《中华人民共和国保险法》《工作秘密管理暂行办法》等法律法规及有关规定，制定本办法。

第二条　本办法所称监管数据是指银保监会在履行监管职责过程中，依法定期采集，经监管信息系统记录、生成和存储的，或经银保监会各业务部门认定的数字、指标、报表、文字等各类信息。

本办法所称监管信息系统是指以满足监管需求为目的开发建设的，具有数据采集、处理、存储等功能的信息系统。

第三条　本办法所称监管数据安全是指监管数据在采集、处理、存储、使用等活动（以下简称监管数据活动）中，处于可用、完整和可审计状态，未发生泄露、篡改、损毁、丢失或非法使用等情况。

第四条　银保监会及受托机构开展监管数据活动，适用本办法。

本办法所称受托机构是指受银保监会委托或委派，为银保监会提供监管数据采集、处理或存储服务的企事业单位。

第五条　开展监管数据活动，必须遵守相关法律和行政法规。任何单位和个人对在监管数据活动中知悉的国家秘密、工作秘密、商业秘密和个人信息，应当依照相关规定予以保密。

第六条　银保监会建立健全监管数据安全协同管理体系，推动银保监会有关业务部门、各级派出机构、受托机构等共同参与监管数据安全保护工作，加强培训教育，形成共同维护监管数据安全的良好环境。

第二章　工作职责

第七条　监管数据安全管理实行归口管理，建立统筹协调、分工负责的管理机制。

银保监会统计信息部门是归口管理部门，负责统筹监管数据安全管理工作。银保监会各业务部门负责本部门监管数据安全管理工作。

第八条　归口管理部门具体职责包括：

（一）制定监管数据安全工作规则和管理流程；

（二）制定监管数据安全技术防护措施；

（三）组织实施监管数据安全评估和监督检查。

第九条　各业务部门具体职责包括：

（一）规范本部门监管数据安全使用，明确具体工作要求，落实相关责任；

（二）组织开展本部门监管数据安全管理工作；

（三）协助归口管理部门实施监管数据安全监督检查。

第三章　监管数据采集、存储和加工处理

第十条　监管数据的采集应按照安全、准确、完整和依法合规的原则进行，避免重复、过度采集。

第十一条　监管数据应通过监管工作网或金融专网进行传输。因客观条件限制需要通过物理介质、互联网或其他网络传输的，应经归口管理部门评估同意。

第十二条　监管数据应存储在银保监会机房，并具有完备的备份措施。确有必要存储在受托机构机房的，应经归口管理部门评估同意。

第十三条　监管数据存储期限、存储介质管理应按照国家和银保监会有关规定执行。

第十四条　监管数据的加工处理应在监管工作权限或受托范围内进行。未经归口管理部门同意，任何单位和个人不得将代码、接口、算法模型和开发工具等接入监管信息系统。

第十五条　监管数据采集、传输、存储、加工处理、转移交换、销毁，以及用于系统开发测试等活动，应根据监管数据类型和管理要求采取分级分类安全技术防护措施。

第四章　监管数据使用

第十六条　监管数据仅限于银保监会履行监管工作职责使用。纪

检监察、司法、审计等党政机关为履行工作职责需要使用监管数据时，按照有关规定办理。

第十七条　监管数据的使用行为应通过管理和技术手段确保可追溯。监管数据用于信息系统开发测试以及对外展示时，应经过脱敏处理。

第十八条　使用未公开披露的监管数据，原则上应在不可连接互联网的台式机或笔记本等银保监会工作机中进行。因客观条件限制需采取虚拟专用网络等方式使用监管数据时，应经归口管理部门评估同意。

第十九条　因工作需要下载的监管数据，仅可存储于银保监会的工作机中。承载监管数据的使用介质应妥善保管，防止数据泄露。

第二十条　在使用监管数据过程中产生的加工数据、汇总结果等信息应视同监管数据进行安全管理。

第二十一条　监管数据对外披露应由指定业务部门按照有关规定和流程实施。

第二十二条　各业务部门因工作需要向非党政机关单位、个人提供监管数据时，应充分评估数据安全风险，经本部门主要负责人同意后实施，必要时与对方签订备忘录和保密协议并报归口管理部门备案。

与境外监管机构或国际组织共享监管数据时，应由国际事务部门依照银保监会签署的监管合作谅解备忘录、合作协议等约定或其他有关工作安排进行管理。

法律法规另有规定的，从其规定。

第二十三条　各业务部门因工作需要和系统下线停用监管数据时，应及时对其采取封存或销毁措施。

第五章　监管数据委托服务管理

第二十四条　各业务部门监管数据采集涉及受托机构提供服务时，应事先与归口管理部门沟通并会签同意。受托机构的技术服务方案，应通过归口管理部门的安全评估。技术服务方案发生变更的，应事先报归口管理部门进行安全评估。

安全评估不通过的，不得开展委托服务或建立委派关系。

第二十五条 为银保监会提供监管数据服务的受托机构，应满足以下基本条件：

（一）具备从事监管数据工作所需系统的自主研发及运维能力；

（二）具备相关信息安全管理资质认证；

（三）拥有自主产权或已签订长期租赁合同的机房；

（四）网络和信息系统具备有效的安全保护和稳定运行措施，三年内未发生网络安全重大事件；

（五）具备有效的监管数据安全管理措施，能够保障银保监会各部门对监管数据的访问和控制；

（六）具有监管数据备份体系、应急组织体系和业务连续性计划。

第二十六条 银保监会通过与受托机构签订协议，确立监管数据委托服务关系。协议应明确服务项目、期限、安全管理责任和终止事由等内容。

银保监会通过委派方式确立监管数据服务关系的，应下达委派任务书。

第二十七条 因有关政策调整导致原委托或委派事项无需继续履行，或发现受托机构监管数据服务出现重大安全问题的，银保监会有权终止委托或委派关系。

委托或委派关系终止时，受托机构应及时、完整地移交监管数据，并销毁因委托或委派事项而获取的监管数据，不得保留相关数据备份等内容。

第六章　监督管理

第二十八条 各业务部门及受托机构应按照监管数据安全工作规则定期开展自查，发现监管数据安全缺陷、漏洞等风险时，应立即采取补救措施。

第二十九条 归口管理部门应定期对各业务部门及受托机构开展监管数据安全管理评估检查工作。

各业务部门及受托机构对于评估和检查中发现的问题应制定整改措施，及时整改，并向归口管理部门报送整改报告。

第三十条 各业务部门及受托机构发生以下监管数据重大安全风

险事项时,应立即采取应急处置措施,及时消除安全隐患,防止危害扩大,并于48小时内向归口管理部门报告。

(一)监管数据发生泄露或非法使用;

(二)监管数据发生损毁或丢失;

(三)承载监管数据的信息系统或网络发生系统性故障造成服务中断4小时以上;

(四)承载监管数据的信息系统或网络遭受非法入侵、发生有害信息或计算机病毒的大规模传播等破坏;

(五)监管数据安全事件引发舆情;

(六)《网络安全重大事件判定指南》列明的其他影响监管数据安全的网络安全重大事件。

辖区发生以上监管数据重大安全风险事项时,各银保监局应立即采取补救措施,并于48小时内向银保监会归口管理部门报告。

第三十一条 归口管理部门应建立监管数据安全事件通报工作机制,及时通报监管数据安全事件。

第七章 附则

第三十二条 涉密监管数据按照国家和银保监会保密管理有关规定进行管理。

第三十三条 各银保监局承担辖区监管数据安全管理责任,参照本办法制定辖区监管数据安全管理办法,明确职责和管理要求,强化监管数据安全保护。

第三十四条 本办法自印发之日起施行。

《网络安全审查办法》

施行日期:2022/2/15

发布情况:2021年12月28日发布,国家互联网信息办公室、中华人民共和国国家发展和改革委员会、中华人民共和国工业和信息化部、中华人民共和国公安部、中华人民共和国国家安全部、中华人民共和国财政部、中华人民共和国商务部、中国人民银行、国家市场监督管理总局、国家广播电视总局、中国证券监督管理委员会、国家保密局、国家密码管理局令（第8号）

内容概要：网络安全审查制度是确保关键信息基础设施供应链安全、维护国家安全的重要措施，依据《中华人民共和国国家安全法》《中华人民共和国网络安全法》等相关法律法规制定。主要针对关键信息基础设施运营者采购网络产品和服务的情况，以及网络平台运营者开展数据处理活动可能影响国家安全的情形。审查过程坚持防范安全风险与促进先进技术应用相结合、过程公正透明与知识产权相结合、事前审查与持续监管相结合、企业承诺与社会监督相结合的原则，从产品和服务的安全性、可能带来的国家安全风险等方面进行审查。

第一条 为了确保关键信息基础设施供应链安全，保障网络安全和数据安全，维护国家安全，根据《中华人民共和国国家安全法》《中华人民共和国网络安全法》《中华人民共和国数据安全法》《关键信息基础设施安全保护条例》，制定本办法。

第二条 关键信息基础设施运营者采购网络产品和服务，网络平台运营者开展数据处理活动，影响或者可能影响国家安全的，应当按照本办法进行网络安全审查。

前款规定的关键信息基础设施运营者、网络平台运营者统称为当事人。

第三条 网络安全审查坚持防范网络安全风险与促进先进技术应用相结合、过程公正透明与知识产权保护相结合、事前审查与持续监管相结合、企业承诺与社会监督相结合，从产品和服务以及数据处理活动安全性、可能带来的国家安全风险等方面进行审查。

第四条 在中央网络安全和信息化委员会领导下，国家互联网信息办公室会同中华人民共和国国家发展和改革委员会、中华人民共和国工业和信息化部、中华人民共和国公安部、中华人民共和国国家安全部、中华人民共和国财政部、中华人民共和国商务部、中国人民银行、国家市场监督管理总局、国家广播电视总局、中国证券监督管理委员会、国家保密局、国家密码管理局建立国家网络安全审查工作机制。

网络安全审查办公室设在国家互联网信息办公室，负责制定网络安全审查相关制度规范，组织网络安全审查。

第五条　关键信息基础设施运营者采购网络产品和服务的，应当预判该产品和服务投入使用后可能带来的国家安全风险。影响或者可能影响国家安全的，应当向网络安全审查办公室申报网络安全审查。

关键信息基础设施安全保护工作部门可以制定本行业、本领域预判指南。

第六条　对于申报网络安全审查的采购活动，关键信息基础设施运营者应当通过采购文件、协议等要求产品和服务提供者配合网络安全审查，包括承诺不利用提供产品和服务的便利条件非法获取用户数据、非法控制和操纵用户设备，无正当理由不中断产品供应或者必要的技术支持服务等。

第七条　掌握超过 100 万用户个人信息的网络平台运营者赴国外上市，必须向网络安全审查办公室申报网络安全审查。

第八条　当事人申报网络安全审查，应当提交以下材料：

（一）申报书；

（二）关于影响或者可能影响国家安全的分析报告；

（三）采购文件、协议、拟签订的合同或者拟提交的首次公开募股（IPO）等上市申请文件；

（四）网络安全审查工作需要的其他材料。

第九条　网络安全审查办公室应当自收到符合本办法第八条规定的审查申报材料起 10 个工作日内，确定是否需要审查并书面通知当事人。

第十条　网络安全审查重点评估相关对象或者情形的以下国家安全风险因素：

（一）产品和服务使用后带来的关键信息基础设施被非法控制、遭受干扰或者破坏的风险；

（二）产品和服务供应中断对关键信息基础设施业务连续性的危害；

（三）产品和服务的安全性、开放性、透明性、来源的多样性，供

应渠道的可靠性以及因为政治、外交、贸易等因素导致供应中断的风险;

(四)产品和服务提供者遵守中国法律、行政法规、部门规章情况;

(五)核心数据、重要数据或者大量个人信息被窃取、泄露、毁损以及非法利用、非法出境的风险;

(六)上市存在关键信息基础设施、核心数据、重要数据或者大量个人信息被外国政府影响、控制、恶意利用的风险,以及网络信息安全风险;

(七)其他可能危害关键信息基础设施安全、网络安全和数据安全的因素。

第十一条 网络安全审查办公室认为需要开展网络安全审查的,应当自向当事人发出书面通知之日起 30 个工作日内完成初步审查,包括形成审查结论建议和将审查结论建议发送网络安全审查工作机制成员单位、相关部门征求意见;情况复杂的,可以延长 15 个工作日。

第十二条 网络安全审查工作机制成员单位和相关部门应当自收到审查结论建议之日起 15 个工作日内书面回复意见。

网络安全审查工作机制成员单位、相关部门意见一致的,网络安全审查办公室以书面形式将审查结论通知当事人;意见不一致的,按照特别审查程序处理,并通知当事人。

第十三条 按照特别审查程序处理的,网络安全审查办公室应当听取相关单位和部门意见,进行深入分析评估,再次形成审查结论建议,并征求网络安全审查工作机制成员单位和相关部门意见,按程序报中央网络安全和信息化委员会批准后,形成审查结论并书面通知当事人。

第十四条 特别审查程序一般应当在 90 个工作日内完成,情况复杂的可以延长。

第十五条 网络安全审查办公室要求提供补充材料的,当事人、产品和服务提供者应当予以配合。提交补充材料的时间不计入审查时间。

第十六条 网络安全审查工作机制成员单位认为影响或者可能影响国家安全的网络产品和服务以及数据处理活动,由网络安全审查办公室按程序报中央网络安全和信息化委员会批准后,依照本办法的规定进行审查。

为了防范风险,当事人应当在审查期间按照网络安全审查要求采取预防和消减风险的措施。

第十七条　参与网络安全审查的相关机构和人员应当严格保护知识产权,对在审查工作中知悉的商业秘密、个人信息,当事人、产品和服务提供者提交的未公开材料,以及其他未公开信息承担保密义务;未经信息提供方同意,不得向无关方披露或者用于审查以外的目的。

第十八条　当事人或者网络产品和服务提供者认为审查人员有失客观公正,或者未能对审查工作中知悉的信息承担保密义务的,可以向网络安全审查办公室或者有关部门举报。

第十九条　当事人应当督促产品和服务提供者履行网络安全审查中作出的承诺。

网络安全审查办公室通过接受举报等形式加强事前事中事后监督。

第二十条　当事人违反本办法规定的,依照《中华人民共和国网络安全法》、《中华人民共和国数据安全法》的规定处理。

第二十一条　本办法所称网络产品和服务主要指核心网络设备、重要通信产品、高性能计算机和服务器、大容量存储设备、大型数据库和应用软件、网络安全设备、云计算服务,以及其他对关键信息基础设施安全、网络安全和数据安全有重要影响的网络产品和服务。

第二十二条　涉及国家秘密信息的,依照国家有关保密规定执行。

国家对数据安全审查、外商投资安全审查另有规定的,应当同时符合其规定。

第二十三条　本办法自2022年2月15日起施行。2020年4月13日公布的《网络安全审查办法》(国家互联网信息办公室、国家发展和改革委员会、工业和信息化部、公安部、国家安全部、财政部、商务部、中国人民银行、国家市场监督管理总局、国家广播电视总局、国家保密局、国家密码管理局令第6号)同时废止。

《数据出境安全评估办法》

施行日期：2022/9/1

发布情况：2022年5月19日国家互联网信息办公室2022年第10次室务会议审议通过并发布

内容概要：对数据出境活动及其安全管理要求和安全评估提出要求，并明确了4种应当申报数据出境安全评估的情形：一是数据处理者向境外提供重要数据；二是关键信息基础设施运营者和处理100万人以上个人信息的数据处理者向境外提供个人信息；三是自上年1月1日起累计向境外提供10万人个人信息或者1万人敏感个人信息的数据处理者向境外提供个人信息；四是国家网信部门规定的其他情形。

第一条　为了规范数据出境活动，保护个人信息权益，维护国家安全和社会公共利益，促进数据跨境安全、自由流动，根据《中华人民共和国网络安全法》、《中华人民共和国数据安全法》、《中华人民共和国个人信息保护法》等法律法规，制定本办法。

第二条　数据处理者向境外提供在中华人民共和国境内运营中收集和产生的重要数据和个人信息的安全评估，适用本办法。法律、行政法规另有规定的，依照其规定。

第三条　数据出境安全评估坚持事前评估和持续监督相结合、风险自评估与安全评估相结合，防范数据出境安全风险，保障数据依法有序自由流动。

第四条　数据处理者向境外提供数据，有下列情形之一的，应当通过所在地省级网信部门向国家网信部门申报数据出境安全评估：

（一）数据处理者向境外提供重要数据；

（二）关键信息基础设施运营者和处理100万人以上个人信息的数据处理者向境外提供个人信息；

（三）自上年1月1日起累计向境外提供10万人个人信息或者1万人敏感个人信息的数据处理者向境外提供个人信息；

（四）国家网信部门规定的其他需要申报数据出境安全评估的情形。

第五条　数据处理者在申报数据出境安全评估前，应当开展数据出境风险自评估，重点评估以下事项：

（一）数据出境和境外接收方处理数据的目的、范围、方式等的合法性、正当性、必要性；

（二）出境数据的规模、范围、种类、敏感程度，数据出境可能对国家安全、公共利益、个人或者组织合法权益带来的风险；

（三）境外接收方承诺承担的责任义务，以及履行责任义务的管理和技术措施、能力等能否保障出境数据的安全；

（四）数据出境中和出境后遭到篡改、破坏、泄露、丢失、转移或者被非法获取、非法利用等的风险，个人信息权益维护的渠道是否通畅等；

（五）与境外接收方拟订立的数据出境相关合同或者其他具有法律效力的文件等（以下统称法律文件）是否充分约定了数据安全保护责任义务；

（六）其他可能影响数据出境安全的事项。

第六条　申报数据出境安全评估，应当提交以下材料：

（一）申报书；

（二）数据出境风险自评估报告；

（三）数据处理者与境外接收方拟订立的法律文件；

（四）安全评估工作需要的其他材料。

第七条　省级网信部门应当自收到申报材料之日起 5 个工作日内完成完备性查验。申报材料齐全的，将申报材料报送国家网信部门；申报材料不齐全的，应当退回数据处理者并一次性告知需要补充的材料。

国家网信部门应当自收到申报材料之日起 7 个工作日内，确定是否受理并书面通知数据处理者。

第八条　数据出境安全评估重点评估数据出境活动可能对国家安全、公共利益、个人或者组织合法权益带来的风险，主要包括以下事项：

（一）数据出境的目的、范围、方式等的合法性、正当性、必要性；

（二）境外接收方所在国家或者地区的数据安全保护政策法规和网络安全环境对出境数据安全的影响；境外接收方的数据保护水平是否达到中华人民共和国法律、行政法规的规定和强制性国家标准的要求；

（三）出境数据的规模、范围、种类、敏感程度，出境中和出境后遭到篡改、破坏、泄露、丢失、转移或者被非法获取、非法利用等的风险；

（四）数据安全和个人信息权益是否能够得到充分有效保障；

（五）数据处理者与境外接收方拟订立的法律文件中是否充分约定了数据安全保护责任义务；

（六）遵守中国法律、行政法规、部门规章情况；

（七）国家网信部门认为需要评估的其他事项。

第九条 数据处理者应当在与境外接收方订立的法律文件中明确约定数据安全保护责任义务，至少包括以下内容：

（一）数据出境的目的、方式和数据范围，境外接收方处理数据的用途、方式等；

（二）数据在境外保存地点、期限，以及达到保存期限、完成约定目的或者法律文件终止后出境数据的处理措施；

（三）对于境外接收方将出境数据再转移给其他组织、个人的约束性要求；

（四）境外接收方在实际控制权或者经营范围发生实质性变化，或者所在国家、地区数据安全保护政策法规和网络安全环境发生变化以及发生其他不可抗力情形导致难以保障数据安全时，应当采取的安全措施；

（五）违反法律文件约定的数据安全保护义务的补救措施、违约责任和争议解决方式；

（六）出境数据遭到篡改、破坏、泄露、丢失、转移或者被非法获取、非法利用等风险时，妥善开展应急处置的要求和保障个人维护其个人信息权益的途径和方式。

第十条 国家网信部门受理申报后,根据申报情况组织国务院有关部门、省级网信部门、专门机构等进行安全评估。

第十一条 安全评估过程中,发现数据处理者提交的申报材料不符合要求的,国家网信部门可以要求其补充或者更正。数据处理者无正当理由不补充或者更正的,国家网信部门可以终止安全评估。

数据处理者对所提交材料的真实性负责,故意提交虚假材料的,按照评估不通过处理,并依法追究相应法律责任。

第十二条 国家网信部门应当自向数据处理者发出书面受理通知书之日起45个工作日内完成数据出境安全评估;情况复杂或者需要补充、更正材料的,可以适当延长并告知数据处理者预计延长的时间。

评估结果应当书面通知数据处理者。

第十三条 数据处理者对评估结果有异议的,可以在收到评估结果15个工作日内向国家网信部门申请复评,复评结果为最终结论。

第十四条 通过数据出境安全评估的结果有效期为2年,自评估结果出具之日起计算。在有效期内出现以下情形之一的,数据处理者应当重新申报评估:

(一)向境外提供数据的目的、方式、范围、种类和境外接收方处理数据的用途、方式发生变化影响出境数据安全的,或者延长个人信息和重要数据境外保存期限的;

(二)境外接收方所在国家或者地区数据安全保护政策法规和网络安全环境发生变化以及发生其他不可抗力情形、数据处理者或者境外接收方实际控制权发生变化、数据处理者与境外接收方法律文件变更等影响出境数据安全的;

(三)出现影响出境数据安全的其他情形。

有效期届满,需要继续开展数据出境活动的,数据处理者应当在有效期届满60个工作日前重新申报评估。

第十五条 参与安全评估工作的相关机构和人员对在履行职责中知悉的国家秘密、个人隐私、个人信息、商业秘密、保密商务信息等数据应当依法予以保密,不得泄露或者非法向他人提供、非法使用。

第十六条　任何组织和个人发现数据处理者违反本办法向境外提供数据的，可以向省级以上网信部门举报。

第十七条　国家网信部门发现已经通过评估的数据出境活动在实际处理过程中不再符合数据出境安全管理要求的，应当书面通知数据处理者终止数据出境活动。数据处理者需要继续开展数据出境活动的，应当按照要求整改，整改完成后重新申报评估。

第十八条　违反本办法规定的，依据《中华人民共和国网络安全法》、《中华人民共和国数据安全法》、《中华人民共和国个人信息保护法》等法律法规处理；构成犯罪的，依法追究刑事责任。

第十九条　本办法所称重要数据，是指一旦遭到篡改、破坏、泄露或者非法获取、非法利用等，可能危害国家安全、经济运行、社会稳定、公共健康和安全等的数据。

第二十条　本办法自 2022 年 9 月 1 日起施行。本办法施行前已经开展的数据出境活动，不符合本办法规定的，应当自本办法施行之日起 6 个月内完成整改。

《工业和信息化领域数据安全管理办法（试行）》

施行日期：2023/1/1

发布情况：工业和信息化部 2022 年 12 月 08 日发布，工信部网安〔2022〕166 号

内容概要：主要内容包括界定工业和信息化领域数据与数据处理者概念、明确监管范围和监管职责、确定数据分类分级管理、重要数据识别与备案相关要求、针对不同级别的数据提出相应的安全管理和保护要求、构建两级监管机制、实施数据分级保护原则、明确安全保护要求、建立数据安全风险监测预警工作机制，旨在加强数据安全管理，促进数据开发利用。

第一章　总则

第一条　为了规范工业和信息化领域数据处理活动，加强数据安

全管理，保障数据安全，促进数据开发利用，保护个人、组织的合法权益，维护国家安全和发展利益，根据《中华人民共和国数据安全法》《中华人民共和国网络安全法》《中华人民共和国个人信息保护法》《中华人民共和国国家安全法》《中华人民共和国民法典》等法律法规，制定本办法。

第二条 在中华人民共和国境内开展的工业和信息化领域数据处理活动及其安全监管，应当遵守相关法律、行政法规和本办法的要求。

第三条 工业和信息化领域数据包括工业数据、电信数据和无线电数据等。工业数据是指工业各行业各领域在研发设计、生产制造、经营管理、运行维护、平台运营等过程中产生和收集的数据。

电信数据是指在电信业务经营活动中产生和收集的数据。

无线电数据是指在开展无线电业务活动中产生和收集的无线电频率、台（站）等电波参数数据。

工业和信息化领域数据处理者是指数据处理活动中自主决定处理目的、处理方式的工业企业、软件和信息技术服务企业、取得电信业务经营许可证的电信业务经营者和无线电频率、台（站）使用单位等工业和信息化领域各类主体。工业和信息化领域数据处理者按照所属行业领域可分为工业数据处理者、电信数据处理者、无线电数据处理者等。数据处理活动包括但不限于数据收集、存储、使用、加工、传输、提供、公开等活动。

第四条 在国家数据安全工作协调机制统筹协调下，工业和信息化部负责督促指导各省、自治区、直辖市及计划单列市、新疆生产建设兵团工业和信息化主管部门，各省、自治区、直辖市通信管理局和无线电管理机构（以下统称地方行业监管部门）开展数据安全监管，对工业和信息化领域的数据处理活动和安全保护进行监督管理。

地方行业监管部门分别负责对本地区工业、电信、无线电数据处理者的数据处理活动和安全保护进行监督管理。

工业和信息化部及地方行业监管部门统称为行业监管部门。

行业监管部门按照有关法律、行政法规，依法配合有关部门开展的数据安全监管相关工作。

第五条 行业监管部门鼓励数据开发利用和数据安全技术研究，支持推广数据安全产品和服务，培育数据安全企业、研究和服务机构，发展数据安全产业，提升数据安全保障能力，促进数据的创新应用。

工业和信息化领域数据处理者研究、开发、使用数据新技术、新产品、新服务，应当有利于促进经济社会和行业发展，符合社会公德和伦理。

第六条 行业监管部门推进工业和信息化领域数据开发利用和数据安全标准体系建设，组织开展相关标准制修订及推广应用工作。

第二章 数据分类分级管理

第七条 工业和信息化部组织制定工业和信息化领域数据分类分级、重要数据和核心数据识别认定、数据分级防护等标准规范，指导开展数据分类分级管理工作，制定行业重要数据和核心数据具体目录并实施动态管理。

地方行业监管部门分别组织开展本地区工业和信息化领域数据分类分级管理及重要数据和核心数据识别工作，确定本地区重要数据和核心数据具体目录并上报工业和信息化部，目录发生变化的，应当及时上报更新。

工业和信息化领域数据处理者应当定期梳理数据，按照相关标准规范识别重要数据和核心数据并形成本单位的具体目录。

第八条 根据行业要求、特点、业务需求、数据来源和用途等因素，工业和信息化领域数据分类类别包括但不限于研发数据、生产运行数据、管理数据、运维数据、业务服务数据等。

根据数据遭到篡改、破坏、泄露或者非法获取、非法利用，对国家安全、公共利益或者个人、组织合法权益等造成的危害程度，工业和信息化领域数据分为一般数据、重要数据和核心数据三级。

工业和信息化领域数据处理者可在此基础上细分数据的类别和级别。

第九条 危害程度符合下列条件之一的数据为一般数据：

（一）对公共利益或者个人、组织合法权益造成较小影响，社会负面影响小；

（二）受影响的用户和企业数量较少、生产生活区域范围较小、持续时间较短，对企业经营、行业发展、技术进步和产业生态等影响较小；

（三）其他未纳入重要数据、核心数据目录的数据。

第十条 危害程度符合下列条件之一的数据为重要数据：

（一）对政治、国土、军事、经济、文化、社会、科技、电磁、网络、生态、资源、核安全等构成威胁，影响海外利益、生物、太空、极地、深海、人工智能等与国家安全相关的重点领域；

（二）对工业和信息化领域发展、生产、运行和经济利益等造成严重影响；

（三）造成重大数据安全事件或生产安全事故，对公共利益或者个人、组织合法权益造成严重影响，社会负面影响大；

（四）引发的级联效应明显，影响范围涉及多个行业、区域或者行业内多个企业，或者影响持续时间长，对行业发展、技术进步和产业生态等造成严重影响；

（五）经工业和信息化部评估确定的其他重要数据。

第十一条 危害程度符合下列条件之一的数据为核心数据：

（一）对政治、国土、军事、经济、文化、社会、科技、电磁、网络、生态、资源、核安全等构成严重威胁，严重影响海外利益、生物、太空、极地、深海、人工智能等与国家安全相关的重点领域；

（二）对工业和信息化领域及其重要骨干企业、关键信息基础设施、重要资源等造成重大影响；

（三）对工业生产运营、电信网络和互联网运行服务、无线电业务开展等造成重大损害，导致大范围停工停产、大面积无线电业务中断、大规模网络与服务瘫痪、大量业务处理能力丧失等；

（四）经工业和信息化部评估确定的其他核心数据。

第十二条 工业和信息化领域数据处理者应当将本单位重要数据和核心数据目录向本地区行业监管部门备案。备案内容包括但不限于数据来源、类别、级别、规模、载体、处理目的和方式、使用范围、责任主体、对外共享、跨境传输、安全保护措施等基本情况，不包括数据内容本身。

地方行业监管部门应当在工业和信息化领域数据处理者提交备案申请的二十个工作日内完成审核工作，备案内容符合要求的，予以备案，同时将备案情况报工业和信息化部；不予备案的应当及时反馈备案申请人并说明理由。备案申请人应当在收到反馈情况后的十五个工作日内再次提交备案申请。

备案内容发生重大变化的，工业和信息化领域数据处理者应当在发生变化的三个月内履行备案变更手续。重大变化是指某类重要数据和核心数据规模（数据条目数量或者存储总量等）变化30%以上，或者其他备案内容发生变化。

第三章 数据全生命周期安全管理

第十三条 工业和信息化领域数据处理者应当对数据处理活动负安全主体责任，对各类数据实行分级防护，不同级别数据同时被处理且难以分别采取保护措施的，应当按照其中级别最高的要求实施保护，确保数据持续处于有效保护和合法利用的状态。

（一）建立数据全生命周期安全管理制度，针对不同级别数据，制定数据收集、存储、使用、加工、传输、提供、公开等环节的具体分级防护要求和操作规程；

（二）根据需要配备数据安全管理人员，统筹负责数据处理活动的安全监督管理，协助行业监管部门开展工作；

（三）合理确定数据处理活动的操作权限，严格实施人员权限管理；

（四）根据应对数据安全事件的需要，制定应急预案，并开展应急演练；

（五）定期对从业人员开展数据安全教育和培训；

（六）法律、行政法规等规定的其他措施。

工业和信息化领域重要数据和核心数据处理者，还应当：

（一）建立覆盖本单位相关部门的数据安全工作体系，明确数据安全负责人和管理机构，建立常态化沟通与协作机制。本单位法定代表人或者主要负责人是数据安全第一责任人，领导团队中分管数据安全的成员是直接责任人；

（二）明确数据处理关键岗位和岗位职责，并要求关键岗位人员签署数据安全责任书，责任书内容包括但不限于数据安全岗位职责、义务、处罚措施、注意事项等内容；

（三）建立内部登记、审批等工作机制，对重要数据和核心数据的处理活动进行严格管理并留存记录。

第十四条 工业和信息化领域数据处理者收集数据应当遵循合法、正当的原则，不得窃取或者以其他非法方式收集数据。

数据收集过程中，应当根据数据安全级别采取相应的安全措施，加强重要数据和核心数据收集人员、设备的管理，并对收集来源、时间、类型、数量、频度、流向等进行记录。

通过间接途径获取重要数据和核心数据的，工业和信息化领域数据处理者应当与数据提供方通过签署相关协议、承诺书等方式，明确双方法律责任。

第十五条 工业和信息化领域数据处理者应当按照法律、行政法规规定和用户约定的方式、期限进行数据存储。存储重要数据和核心数据的，应当采用校验技术、密码技术等措施进行安全存储，并实施数据容灾备份和存储介质安全管理，定期开展数据恢复测试。

第十六条 工业和信息化领域数据处理者利用数据进行自动化决策的，应当保证决策的透明度和结果公平合理。使用、加工重要数据和核心数据的，还应当加强访问控制。

工业和信息化领域数据处理者提供数据处理服务，涉及经营电信业务的，应当按照相关法律、行政法规规定取得电信业务经营许可。

第十七条 工业和信息化领域数据处理者应当根据传输的数据类型、级别和应用场景，制定安全策略并采取保护措施。传输重要数据和核心数据的，应当采取校验技术、密码技术、安全传输通道或者安全传输协议等措施。

第十八条 工业和信息化领域数据处理者对外提供数据，应当明确提供的范围、类别、条件、程序等。提供重要数据和核心数据的，应当与数据获取方签订数据安全协议，对数据获取方数据安全保护能力进行核验，采取必要的安全保护措施。

第十九条　工业和信息化领域数据处理者应当在数据公开前分析研判可能对国家安全、公共利益产生的影响，存在重大影响的不得公开。

第二十条　工业和信息化领域数据处理者应当建立数据销毁制度，明确销毁对象、规则、流程和技术等要求，对销毁活动进行记录和留存。个人、组织按照法律规定、合同约定等请求销毁的，工业和信息化领域数据处理者应当销毁相应数据。

工业和信息化领域数据处理者销毁重要数据和核心数据后，不得以任何理由、任何方式对销毁数据进行恢复，引起备案内容发生变化的，应当履行备案变更手续。

第二十一条　工业和信息化领域数据处理者在中华人民共和国境内收集和产生的重要数据和核心数据，法律、行政法规有境内存储要求的，应当在境内存储，确需向境外提供的，应当依法依规进行数据出境安全评估。

工业和信息化部根据有关法律和中华人民共和国缔结或者参加的国际条约、协定，或者按照平等互惠原则，处理外国工业、电信、无线电执法机构关于提供工业和信息化领域数据的请求。非经工业和信息化部批准，工业和信息化领域数据处理者不得向外国工业、电信、无线电执法机构提供存储于中华人民共和国境内的工业和信息化领域数据。

第二十二条　工业和信息化领域数据处理者因兼并、重组、破产等原因需要转移数据的，应当明确数据转移方案，并通过电话、短信、邮件、公告等方式通知受影响用户。涉及重要数据和核心数据备案内容发生变化的，应当履行备案变更手续。

第二十三条　工业和信息化领域数据处理者委托他人开展数据处理活动的，应当通过签订合同协议等方式，明确委托方与受托方的数据安全责任和义务。委托处理重要数据和核心数据的，应当对受托方的数据安全保护能力、资质进行核验。

除法律、行政法规等另有规定外，未经委托方同意，受托方不得将数据提供给第三方。

第二十四条　跨主体提供、转移、委托处理核心数据的，工业和信息化领域数据处理者应当评估安全风险，采取必要的安全保护措施，并由本地区行业监管部门审查后报工业和信息化部。工业和信息化部按照有关规定进行审查。

第二十五条　工业和信息化领域数据处理者应当在数据全生命周期处理过程中，记录数据处理、权限管理、人员操作等日志。日志留存时间不少于六个月。

第四章　数据安全监测预警与应急管理

第二十六条　工业和信息化部建立数据安全风险监测机制，组织制定数据安全监测预警接口和标准，统筹建设数据安全监测预警技术手段，形成监测、预警、处置、溯源等能力，与相关部门加强信息共享。

地方行业监管部门分别建设本地区数据安全风险监测预警机制，组织开展数据安全风险监测，按照有关规定及时发布预警信息，通知本地区工业和信息化领域数据处理者及时采取应对措施。

工业和信息化领域数据处理者应当开展数据安全风险监测，及时排查安全隐患，采取必要的措施防范数据安全风险。

第二十七条　工业和信息化部建立数据安全风险信息上报和共享机制，统一汇集、分析、研判、通报数据安全风险信息，鼓励安全服务机构、行业组织、科研机构等开展数据安全风险信息上报和共享。

地方行业监管部门分别汇总分析本地区数据安全风险，及时将可能造成重大及以上安全事件的风险上报工业和信息化部。

工业和信息化领域数据处理者应当及时将可能造成较大及以上安全事件的风险向本地区行业监管部门报告。

第二十八条　工业和信息化部制定工业和信息化领域数据安全事件应急预案，组织协调重要数据和核心数据安全事件应急处置工作。

地方行业监管部门分别组织开展本地区数据安全事件应急处置工作。涉及重要数据和核心数据的安全事件，应当立即上报工业和信息化部，并及时报告事件发展和处置情况。

工业和信息化领域数据处理者在数据安全事件发生后，应当按照应急预案，及时开展应急处置，涉及重要数据和核心数据的安全事件，第一时间向本地区行业监管部门报告，事件处置完成后在规定期限内形成总结报告，每年向本地区行业监管部门报告数据安全事件处置情况。

工业和信息化领域数据处理者对发生的可能损害用户合法权益的数据安全事件，应当及时告知用户，并提供减轻危害措施。

第二十九条 工业和信息化部委托相关行业组织建立工业和信息化领域数据安全违法行为投诉举报渠道，地方行业监管部门分别建立本地区数据安全违法行为投诉举报机制或渠道，依法接收、处理投诉举报，根据工作需要开展执法调查。鼓励工业和信息化领域数据处理者建立用户投诉处理机制。

第五章　数据安全检测、认证、评估管理

第三十条 工业和信息化部指导、鼓励具备相应资质的机构，依据相关标准开展行业数据安全检测、认证工作。

第三十一条 工业和信息化部制定行业数据安全评估管理制度，开展评估机构管理工作。制定行业数据安全评估规范，指导评估机构开展数据安全风险评估、出境安全评估等工作。

地方行业监管部门分别负责组织开展本地区数据安全评估工作。

工业和信息化领域重要数据和核心数据处理者应当自行或委托第三方评估机构，每年对其数据处理活动至少开展一次风险评估，及时整改风险问题，并向本地区行业监管部门报送风险评估报告。

第六章　监督检查

第三十二条 行业监管部门对工业和信息化领域数据处理者落实本办法要求的情况进行监督检查。

工业和信息化领域数据处理者应当对行业监管部门监督检查予以配合。

第三十三条 工业和信息化部在国家数据安全工作协调机制指导下，开展工业和信息化领域数据安全审查相关工作。

第三十四条 行业监管部门及其委托的数据安全评估机构工作人员对在履行职责中知悉的个人信息和商业秘密等，应当严格保密，不得泄露或者非法向他人提供。

第七章　法律责任

第三十五条　行业监管部门在履行数据安全监督管理职责中,发现数据处理活动存在较大安全风险的,可以按照规定权限和程序对工业和信息化领域数据处理者进行约谈,并要求采取措施进行整改,消除隐患。

第三十六条　有违反本办法规定行为的,由行业监管部门按照相关法律法规,根据情节严重程度给予没收违法所得、罚款、暂停业务、停业整顿、吊销业务许可证等行政处罚;构成犯罪的,依法追究刑事责任。

第八章　附则

第三十七条　中央企业应当督促指导所属企业,在重要数据和核心数据目录备案、核心数据跨主体处理风险评估、风险信息上报、年度数据安全事件处置报告、重要数据和核心数据风险评估等工作中履行属地管理要求,还应当全面梳理汇总企业集团本部、所属公司的数据安全相关情况,并及时报送工业和信息化部。

第三十八条　开展涉及个人信息的数据处理活动,还应当遵守有关法律、行政法规的规定。

第三十九条　涉及军事、国家秘密信息等数据处理活动,按照国家有关规定执行。

第四十条　工业和信息化领域政务数据处理活动的具体办法,由工业和信息化部另行规定。

第四十一条　国防科技工业、烟草领域数据安全管理由国家国防科技工业局、国家烟草专卖局负责,具体制度参照本办法另行制定。

第四十二条　本办法自 2023 年 1 月 1 日起施行。

 热点问答

【热点问题1】

当前工业领域数据安全管理规制问题极具讨论性，那么工业领域如何做好数据安全管理？

在数字产业化和产业数字化双重影响下，工业领域数据安全已成为工业系统建设的核心议题。在"数据二十条"及《数字中国建设整体布局规划》出台后，如何做好工业数据的分类分级、如何有重点地保护海量工业数据、如何确保数据安全有序流动、如何有效地发现和处理风险、如何确保数据出境合规与安全等等，都是当前在工业领域数据安全管理中需要攻克的"硬骨头"。

首先，工业领域数据"有哪些、有多少、在哪里、归谁管、谁在使用"等问题，大多数企业往往面临"理不清、抓不住、搞不懂"的困境。数据分类分级是做好数据安全工作最基础且最重要的一项工作，同时也是一项工作量大且实施难度较高的任务。依托我国现行数据安全相关法律法规及《工业数据分类分级指南（试行）》《工业和信息化领域数据安全管理办法（试行）》《关于加强车联网网络安全和数据安全工作的通知》《汽车数据安全管理若干规定（试行）》等文件及标准，明确数据安全总体方针、安全责任，确定防护边界，明确业务及数据属性，摸清数据资产家底、理清数据资产清单，并开展差异化的数据安全防护体系建设。其次，以数据分类分级、数据分级保护策略为基础，围绕数据生命周期全过程的安全管理，跨部门、多体系开展有效的数据安全综合治理，推动工业领域数据安全合规建设、数据安全风险防范和数据业务健康发展。

【热点问题 2】

当前金融行业数据安全监管总体态势是什么？

2023 年，金融监管组织体系经历了较大变革，中央金融委员会、中央金融工作委员会组建，是金融领域的最高决策层，国家金融监督管理总局设立，原"一行两会"监管体系变更为"一行一会一局"，国家金融监督管理总局（以下简称"金监局"）、中国人民银行和中国证券监督管理委员会（以下简称"证监会"）共同形成"多重监管、协作执法"的监管模式。

中国人民银行金融数据安全应用制度建设工作起步较早，目前在数据分类分级、数据生命周期保护、个人金融信息保护等方面均有规定。标准层面，从 2020 年起我国陆续发布了《个人金融信息保护技术规范》（JR/T 0171—2020）、《金融数据安全 数据安全分级指南》（JR/T 0197—2020）、《金融数据安全 数据生命周期安全规范》（JR/T 0223—2021）等金融标准，对金融数据的管理和保护提供了切实的指导。部门法规层面，2023 年 7 月 24 日中国人民银行公开发布《中国人民银行业务领域数据安全管理办法（征求意见稿）》，衔接上位法要求，填补了中国人民银行业务领域数据安全管理的法规空白，补齐了金融数据基础制度体系的重要板块。金监局则于 2024 年 3 月 22 日公开发布《银行保险机构数据安全管理办法（征求意见稿）》，对监管部门和职责、数据处理活动、个人信息保护等提出了明确要求。同时，证券期货行业也在不断完善本领域数据安全管理制度体系。2023 年 5 月 1 日证监会印发的《证券期货业网络和信息安全管理办法》正式生效，对证券期货业的网络和信息安全管理进行了规定，与《证券期货业数据安全风险防控 数据分类分级指引》（GB/T 42775—2023）、《证券期货业信息安全运营管理指南》（JR/T 0295—2023）等行业标准相互补充，进一步奠定证券期货领域的数据安全管理基石。

整体上，金融领域的数据安全行业规章、标准等呈现广度和深度双维度发展的特点。一方面，随着全球数据治理的深化和新兴技术的兴起，数据监管的规则得以深入探索和讨论，监管体系在不断健全并落地。另一方面，行业主管部门的强监管趋势越发明显，监管与执法动作趋于持续、密集和常态化。随着我国金融数据基础制度体系建设发展，聚焦重点及新兴领域、与时俱进的金融数据安全利用法治建设稳步推进，同时，中央金融委员会等协调机制的建立，大大加强了金融监管过程跨部门信息沟通和协同作战能力，促进系统、整体、协调的良好监管生态建设。

【热点问题3】

我国在数据出境方面执行怎样的安全管理策略？

随着数字经济的蓬勃发展，数据跨境活动日益频繁，数据处理者的数据出境需求快速增长。在数据跨境流通过程中，涉及公民的财产信息、行踪轨迹、政府数据、重要数据、核心数据等形式多样、类型复杂的数据，数据泄露、非法利用等数据安全事件一旦发生可能危害国家安全。世界主要国家和地区均高度关注和重视数据跨境安全问题。

我国对数据出境的立法也在近年来不断地发展变化，探索数据跨境流动的中国方案。2016年至2021年，《网络安全法》《数据安全法》《个人信息保护法》对数据出境活动做出了框架性的安全管理规定，主要围绕关键信息基础设施运营者、重要数据、个人信息三个主要要素进行制度设计。现阶段，我国数据出境的法律框架已初步形成，数据出境可根据拟出境数据的类型选择适当的数据出境路径。

为了进一步细化和落实上述法规中明确的出境策略和要求，国家互联网信息办公室（以下简称国家网信办）在2022年至2023年先后公布了《数据出境安全评估办法》和《个人信息出境标准合同办法》。国家网信办还联合国家市场监督管理总局公布了《关于实施个人信息保护认证的公告》，完成数据出境安全管理制度的初步搭建。同时，国家网信办也公布了配套文件《数据出境安全评估申报指南》和《个人信息出境标准合同备案指南》，对安全评估申报和标准合同备案的具体操作要求进行了说明。随后，安全评估申报和标准合同备案等工作陆续实施落地，各行业各领域均积极响应数据出境管控机制，对自身数据出境情况进行梳理和报备，各类型机构通过跨境数据安全评估的案例越来越多，数据跨境的安全实践方案和路径也越来越清晰。

2024年3月22日，国家网信办公布《促进和规范数据跨境流动规定》并于公布之日施行，同日也公布了《数据出境安全评估申报指南（第二版）》和《个人信息出境标准合同备案指南（第二版）》，在结合前期制度落地的实践基础上，明确对现有数据出境制度的实施和衔接，放宽了数据跨境流动条件。这两个指南的发布也标志着我国数据出境安全管理制度进入全新的发展阶段，数据出境安全实践进一步向着更细化、更安全可行和更符合我国发展需要的方向演进。

【热点问题4】

当前规制下，数据处理者如何实现数据的安全合规出境？

我国数据出境的基本逻辑建构在数据类型和规模的基础之上。我国现行法律法规对数据的分类包括多种维度和视角，有国家秘密、核心数据、重要数据、个人信息（包括敏感个人信息）、企业数据、一般数据等多种分类形式。这些数据的分类标准各不相同，相互之间存在包含、交叉关系。相关法规针对不同类型、不同规模的数据创设了不同的出境路径。如果我们所在的实体涉及数据出境，那么我们的思路是，判断拟出境数据的关键业务场景和全量数据类型，据此初步判断相应的出境路径，在此基础上对拟出境数据的规模、内容、用途等进行进一步的分析，对相应出境路径进行进一步的明确和修正。

如果拟出境数据为国家秘密，则应当报国务院有关主管部门或者省、自治区、直辖市人民政府有关主管部门批准，并与对方签订保密协议。如果拟出境数据为重要数据，则根据《数据出境安全评估办法》和《网络数据安全管理条例》的要求，重要数据的出境应当通过网信部门组织的数据出境安全评估。关于核心数据的出境，《工业和信息化领域数据安全管理办法（试行）》规定，法律、行政法规有境内存储要求的,应当在境内存储,确需向境外提供的,应当依法依规进行数据出境安全评估。虽然目前就核心数据出境规定不多,但是按照立法的基本逻辑,核心数据的管控要求应是高于重要数据的,或者至少应等同于重要数据,因此核心数据的出境至少应在事前的数据出境安全评估通过的基础上进行考虑。

如果拟出境数据为个人信息,根据《个人信息保护法》《数据出境安全评估办法》等法律法规的要求,个人信息的出境目前主要有三种路径:安全评估路径、安全认证路径和标准合同路径。根据《数据出境安全评估办法》,关键信息基础设施运营者和处理100万人以上个人信息的数据处理者,以及自上年1月1日起累计向境外提供10万人个人信息或者1万人敏感个人信息的数据处理者向境外提供个人信息的,应申报数据出境安全评估。对于不属于需要申请网信部门进行安全评估的个人信息出境情形,数据处理者可以选择安全认证或签订标准合同的方式实现个人信息出境。安全认证的方式适用于跨国公司或者同一经济、事业实体下属子公司或关联公司之间的个人信息跨境处理活动;在不需要进行安全评估的情况下,个人信息处理者也可以选择签订标准合同的方式作为个人信息出境的合规方式。

对于其他数据,根据《数据出境安全评估办法》第四条第(四)项,如存在国家网信部门规定的其他需要申报数据出境安全评估的情形,仍应进行安全评估。此外,如果其他法律、行政法规就相关数据规定了出境相关要求的,亦应遵守该相关要求。此外,对于法律、行政法规没有特别规定的其他一般数据,例如企业一般的经营信息、商业秘密等则可以根据数据处理者的需要自由出境。

【热点问题5】

在当前法律规制下,金融机构如何有效开展数据安全合规工作?

数据安全逐步成为金融稳定甚至国家安全的重要影响因素。现今数据资产作为金融业的重要财富,是金融机构的核心竞争力之一,海量数据中蕴含着大量个人隐私,一旦发生泄露事件,会给用户和金融机构带来负面影响、经济损失，甚至面临法律责任。金融机构应在监管规范和标准之下，紧密结合自身实际开展数据安全治理工作，从健全数据安全组织、提升数据安全管控、推进数据安全分级和强化金融科技支撑等方面，平衡好数据在安全可控与发掘应用之间的关系，优化发展规划、组织架构、制度规范，提升技术管控能力，以便更好地应对数据安全风险带来的挑战。

金融领域历来重视数据安全问题，中国人民银行于2020年至2021年先后发布《个人金融信息保护技术规范》《金融数据安全 数据安全分级指南》《金融数据安全 数据生命周期安全规范》金融行业标准，并于2023年发布《中国人民银行业务领域数据安全管理办法（征求意见稿）》。以上《征求意见稿》在充分调研总结行业数据安全成熟经验做法基础上，全面衔接《数据安全法》，细化明确中国人民银行业务领域数据安全合规底线要求，填补金融领域数据安全管理制度保障空白，指导数据处理者优质高效合规开展中国人民银行业务领域数据处理活动，履行数据安全保护义务，保障消费者和企业用户的合法权益，促进数据要素市场高质量发展；国家金融监督管理总局2024年发布《银行保险机构数据安全管理办法（征求意见稿）》，要求银行保险机构建立数据安全责任制，指定归口管理部门负责本机构的数据安全工作；按照"谁管业务、谁管业务数据、谁管数据安全"的原则，明确各业务领域的数据安全管理责任，落实数据安全保护管理要求，并要求银行保险机构制定数据分类分级保护制度，建立数据目录和分类分级规范，动态管理和维护数据目录，并采取差异化的安全保护措施。

首先，金融机构应重视并加强组织架构及制度建设，建立自上而下的覆盖决策、管理、执行、监督四个层面的数据安全管理体系，形成体系化的数据安全组织、岗位及责任架构。各业务部门要主动承担相应的安全管理职能，严格执行数据安全的各项规章制度，并根据金融科技和金融业务发展持续、动态完善有关制度。其次，数据安全管理是一项从上而下的、多方配合开展的工作。管理层必须高度重视数据安全问题，明确金融数据保护是所有员工的职责，从而全面推动数据安全管理工作的执行和落地，以保证数据安全的合法合规，并长效推动业务的发展和稳定运行。最后，金融机构应持续关注并高度重视风险控制和业务效率之间的平衡，应基于风险评估结论及业务部门的风险承受能力，并根据机构自身特点、科技能力、行业管理制度等建立适当的风控机制和补偿措施。

第三章 地方性法规及热点问答

近年来,各地加快数据立法步伐,多地数据条例设数据安全专章。自《数据安全法》开始施行后,浙江省、上海市、江苏省、山东省等多省市纷纷出台数据相关条例(包括大数据条例、数据条例、数字经济条例,统称为"数据条例"),对数据赋能产业、数据安全保护、数据共享等内容进行规制,以促进当地数字经济高质量发展,目前已有31个省市公布了相关数据条例。其中贵州省、天津市、海南省、山西省、吉林省、安徽省、山东省、福建省、黑龙江省和辽宁省出台了大数据条例,深圳市、上海市、重庆市和浙江省出台了数据条例。此外,四川省、广西省、江西省、河南省等地公布了相关数据条例的草案。本章梳理从2016年至2024年3月这一时间段内与数据安全利用相关的主要地方性法规文件,摘选并汇总成表,以便相关工作人员参阅使用,请参见下表。

序号	名称	施行时间
1	贵州省大数据发展应用促进条例	2016/3/1
2	贵州省大数据安全保障条例	2019/10/1
3	天津市促进大数据发展应用条例	2019/1/1
4	海南省大数据开发利用应用条例	2019/11/1
5	贵州省政府数据共享开放条例	2020/12/1
6	安徽省大数据发展条例	2021/5/1
7	广东省数字经济促进条例	2021/9/1
8	浙江省公共数据条例	2022/3/1
9	深圳市经济特区数据条例	2022/1/1

续表

序号	名称	施行时间
10	深圳市经济特区数字经济产业促进条例	2022/11/1
11	上海市数据条例	2022/1/1
12	山东省大数据发展促进条例	2022/1/1
13	福建省大数据发展条例	2022/2/1
14	重庆市数据条例	2022/7/1
15	河北省数字经济促进条例	2022/7/1
16	黑龙江省促进大数据发展应用条例	2022/7/1
17	江苏省数字经济促进条例	2022/8/1
18	辽宁省大数据发展条例	2022/8/1
19	四川省数据条例	2023/1/1
20	北京市数字经济促进条例	2023/1/1
21	陕西省大数据条例	2023/1/1
22	广西壮族自治区大数据发展条例	2023/1/1
23	厦门经济特区数据条例	2023/3/1
24	山西省政务数据安全管理办法	首次 2020/1/1 修订后 2023/7/1
25	吉林省大数据条例	首次 2021/1/1 修订后 2024/1/1
26	江西省数据应用条例（草案）	2024/3/1

同时，在此基础上，本章进一步摘选与数据安全相关性较大、规范体例较为完善、参考性较强、发布时间较久、较为典型的 10 个地方性法规全文列编。

《深圳经济特区数据条例》

施行日期：2022/1/1

发布情况：2021 年 6 月 29 日深圳市第七届人民代表大会常务委员会第二次会议通过，2021 年 7 月 6 日发布内容概述：数据处理者应当依照法律、法规规定，建立健全数据分类分级、风险监测、安全评估、安全教育等安全管理制度，落实保障措施，不断提升技术手段，确保数据安全。

第一章 总则

第一条 为了规范数据处理活动，保护自然人、法人和非法人组织的合法权益，促进数据作为生产要素开放流动和开发利用，加快建设数字经济、数字社会、数字政府，根据有关法律、行政法规的基本原则，结合深圳经济特区实际，制定本条例。

第二条 本条例中下列用语的含义：

（一）数据，是指任何以电子或者其他方式对信息的记录。

（二）个人数据，是指载有可识别特定自然人信息的数据，不包括匿名化处理后的数据。

（三）敏感个人数据，是指一旦泄露、非法提供或者滥用，可能导致自然人受到歧视或者人身、财产安全受到严重危害的个人数据，具体范围依照法律、行政法规的规定确定。

（四）生物识别数据，是指对自然人的身体、生理、行为等生物特征进行处理而得出的能够识别自然人独特标识的个人数据，包括自然人的基因、指纹、声纹、掌纹、耳廓、虹膜、面部识别特征等数据。

（五）公共数据，是指公共管理和服务机构在依法履行公共管理职责或者提供公共服务过程中产生、处理的数据。

（六）数据处理，是指数据的收集、存储、使用、加工、传输、提供、开放等活动。

（七）匿名化，是指个人数据经过处理无法识别特定自然人且不能复原的过程。

（八）用户画像，是指为了评估自然人的某些条件而对个人数据进行自动化处理的活动，包括为了评估自然人的工作表现、经济状况、健康状况、个人偏好、兴趣、可靠性、行为方式、位置、行踪等进行的自动化处理。

（九）公共管理和服务机构，是指本市国家机关、事业单位和其他依法管理公共事务的组织，以及提供教育、卫生健康、社会福利、供水、供电、供气、环境保护、公共交通和其他公共服务的组织。

第三条　自然人对个人数据享有法律、行政法规及本条例规定的人格权益。

处理个人数据应当具有明确、合理的目的，并遵循最小必要和合理期限原则。

第四条　自然人、法人和非法人组织对其合法处理数据形成的数据产品和服务享有法律、行政法规及本条例规定的财产权益。但是，不得危害国家安全和公共利益，不得损害他人的合法权益。

第五条　处理公共数据应当遵循依法收集、统筹管理、按需共享、有序开放、充分利用的原则，充分发挥公共数据资源对优化公共管理和服务、提升城市治理现代化水平、促进经济社会发展的积极作用。

第六条　市人民政府应当建立健全数据治理制度和标准体系，统筹推进个人数据保护、公共数据共享开放、数据要素市场培育及数据安全监督管理工作。

第七条　市人民政府设立市数据工作委员会，负责研究、协调本市数据管理工作中的重大事项。市数据工作委员会的日常工作由市政务服务数据管理部门承担。

市数据工作委员会可以设立若干专业委员会。

第八条　市网信部门负责统筹协调本市个人数据保护、网络数据安全、跨境数据流通等相关监督管理工作。

市政务服务数据管理部门负责本市公共数据管理的统筹、指导、协调和监督工作。

市发展改革、工业和信息化、公安、财政、人力资源保障、规划和自然资源、市场监管、审计、国家安全等部门依照有关法律、法规，在各自职责范围内履行数据监督管理相关职能。

市各行业主管部门负责本行业数据管理工作的统筹、指导、协调和监督。

第二章 个人数据

第一节 一般规定

第九条 处理个人数据应当充分尊重和保障自然人与个人数据相关的各项合法权益。

第十条 处理个人数据应当符合下列要求：

（一）处理个人数据的目的明确、合理，方式合法、正当；

（二）限于实现处理目的所必要的最小范围、采取对个人权益影响最小的方式，不得进行与处理目的无关的个人数据处理；

（三）依法告知个人数据处理的种类、范围、目的、方式等，并依法征得同意；

（四）保证个人数据的准确性和必要的完整性，避免因个人数据不准确、不完整给当事人造成损害；

（五）确保个人数据安全，防止个人数据泄露、毁损、丢失、篡改和非法使用。

第十一条 本条例第十条第二项所称限于实现处理目的所必要的最小范围、采取对个人权益影响最小的方式，包括但是不限于下列情形：

（一）处理个人数据的种类、范围应当与处理目的有直接关联，不处理该个人数据则处理目的无法实现；

（二）处理个人数据的数量应当为实现处理目的所必需的最少数量；

（三）处理个人数据的频率应当为实现处理目的所必需的最低频率；

（四）个人数据存储期限应当为实现处理目的所必需的最短时间，超出存储期限的，应当对个人数据予以删除或者匿名化，法律、法规另有规定或者经自然人同意的除外；

（五）建立最小授权的访问控制策略，使被授权访问个人数据的人员仅能访问完成职责所需的最少个人数据，且仅具备完成职责所需的最少数据处理权限。

第十二条 数据处理者不得以自然人不同意处理个人数据为由，

拒绝向其提供相关核心功能或者服务。但是，该个人数据为提供相关核心功能或者服务所必需的除外。

第十三条　市网信部门应当会同市工业和信息化、公安、市场监管等部门以及相关行业主管部门建立健全个人数据保护监督管理联合工作机制，加强对个人数据保护和相关监督管理工作的统筹和指导；建立个人数据保护投诉举报处理机制，依法处理相关投诉举报。

第二节　告知与同意

第十四条　处理个人数据应当在处理前以通俗易懂、明确具体、易获取的方式向自然人完整、真实、准确地告知下列事项：

（一）数据处理者的姓名或者名称以及联系方式；

（二）处理个人数据的种类和范围；

（三）处理个人数据的目的和方式；

（四）存储个人数据的期限；

（五）处理个人数据可能存在的安全风险以及对其个人数据采取的安全保护措施；

（六）自然人依法享有的相关权利以及行使权利的方式；

（七）法律、法规规定应当告知的其他事项。

处理敏感个人数据的，应当依照前款规定，以更加显著的标识或者突出显示的形式告知处理敏感个人数据的必要性以及对自然人可能产生的影响。

第十五条　紧急情况下为了保护自然人的人身、财产安全等重大合法权益，无法依照本条例第十四条规定进行事前告知的，应当在紧急情况消除后及时告知。

处理个人数据有法律、行政法规规定应当保密或者无需告知情形的，不适用本条例第十四条规定。

第十六条　数据处理者应当在处理个人数据前，征得自然人的同意，并在其同意范围内处理个人数据，但是法律、行政法规以及本条例另有规定的除外。

前款规定应当征得同意的事项发生变更的，应当重新征得同意。

第十七条　数据处理者不得通过误导、欺骗、胁迫或者其他违背自然人真实意愿的方式获取其同意。

第十八条　处理敏感个人数据的，应当在处理前征得该自然人的明示同意。

第十九条　处理生物识别数据的，应当在征得该自然人明示同意时，提供处理其他非生物识别数据的替代方案。但是，处理生物识别数据为处理个人数据目的所必需，且不能为其他个人数据所替代的除外。

基于特定目的处理生物识别数据的，未经自然人明示同意，不得将该生物识别数据用于其他目的。

生物识别数据具体管理办法由市人民政府另行制定。

第二十条　处理未满十四周岁的未成年人个人数据的，按照处理敏感个人数据的有关规定执行，并应当在处理前征得其监护人的明示同意。

处理无民事行为能力或者限制民事行为能力的成年人个人数据的，应当在处理前征得其监护人的明示同意。

第二十一条　处理个人数据有下列情形之一的，可以在处理前不征得自然人的同意：

（一）处理自然人自行公开或者其他已经合法公开的个人数据，且符合该个人数据公开时的目的；

（二）为了订立或者履行自然人作为一方当事人的合同所必需；

（三）数据处理者因人力资源管理、商业秘密保护所必需，在合理范围内处理其员工个人数据；

（四）公共管理和服务机构为了依法履行公共管理职责或者提供公共服务所必需；

（五）新闻单位依法进行新闻报道所必需；

（六）法律、行政法规规定的其他情形。

第二十二条　自然人有权撤回部分或者全部其处理个人数据的同意。

自然人撤回同意的，数据处理者不得继续处理该自然人撤回同意范围内的个人数据。但是，不影响数据处理者在自然人撤回同意前基于同意进行的合法数据处理。法律、法规另有规定的，从其规定。

第二十三条　处理个人数据应当采用易获取的方式提供自然人撤回其同意的途径，不得利用服务协议或者技术等手段对自然人撤回同意进行不合理限制或者附加不合理条件。

第三节　个人数据处理

第二十四条　个人数据不准确或者不完整的，数据处理者应当根据自然人的要求及时补充、更正。

第二十五条　有下列情形之一的，数据处理者应当及时删除个人数据：

（一）法律、法规规定或者约定的存储期限届满；

（二）处理个人数据的目的已经实现或者处理个人数据对于处理目的已经不再必要；

（三）自然人撤回同意且要求删除个人数据；

（四）数据处理者违反法律、法规规定或者双方约定处理数据，自然人要求删除；

（五）法律、法规规定的其他情形。

有前款第一项、第二项规定情形，但是法律、法规另有规定或者经自然人同意的，数据处理者可以保留相关个人数据。

数据处理者根据本条第一款规定删除个人数据的，可以留存告知和同意的证据，但是不得超过其履行法定义务或者处理纠纷需要的必要限度。

第二十六条　数据处理者向他人提供其处理的个人数据，应当对个人数据进行去标识化处理，使得被提供的个人数据在不借助其他数据的情况下无法识别特定自然人。法律、法规规定或者自然人与数据处理者约定应当匿名化的，数据处理者应当依照法律、法规规定或者双方约定进行匿名化处理。

第二十七条　数据处理者向他人提供其处理的个人数据有下列情形之一的，可以不进行去标识化处理：

（一）应公共管理和服务机构依法履行公共管理职责或者提供公共服务的需要且书面要求提供的；

（二）基于自然人的同意向他人提供相关个人数据的；

（三）为了订立或者履行自然人作为一方当事人的合同所必需的；

（四）法律、行政法规规定的其他情形。

第二十八条　自然人可以向数据处理者要求查阅、复制其个人数据，数据处理者应当按照有关规定及时提供，并不得收取费用。

第二十九条　数据处理者基于提升产品或者服务质量的目的，对自然人进行用户画像的，应当向其明示用户画像的具体用途和主要规则。

自然人可以拒绝数据处理者根据前款规定对其进行用户画像或者基于用户画像推荐个性化产品或者服务，数据处理者应当以易获取的方式向其提供拒绝的有效途径。

第三十条　数据处理者不得基于用户画像向未满十四周岁的未成年人推荐个性化产品或者服务。但是，为了维护其合法权益并征得其监护人明示同意的除外。

第三十一条　数据处理者应当建立自然人行使相关权利和投诉举报的处理机制，并以易获取的方式提供有效途径。

数据处理者收到行使权利要求或者投诉举报的，应当及时受理，并依法采取相应处理措施；拒绝要求事项或者投诉的，应当说明理由。

第三章　公共数据

第一节　一般规定

第三十二条　市数据工作委员会设立公共数据专业委员会，负责研究、协调公共数据管理工作中的重大事项。

市政务服务数据管理部门承担市公共数据专业委员会日常工作，并负责统筹全市公共数据管理工作，建立和完善公共数据资源管理体系，推进公共数据共享、开放和利用。

区政务服务数据管理部门在市政务服务数据管理部门指导下，负责统筹本区公共数据管理工作。

第三十三条　市人民政府应当建立城市大数据中心，建立健全其建设运行管理机制，实现对全市公共数据资源统一、集约、安全、高效管理。

各区人民政府可以按照全市统一规划，建设城市大数据中心分中心，将公共数据资源纳入城市大数据中心统一管理。

城市大数据中心包括公共数据资源和支撑其管理的软硬件基础设施。

第三十四条　市政务服务数据管理部门负责推动公共数据向城市大数据中心汇聚，组织公共管理和服务机构依托城市大数据中心开展公共数据共享、开放和利用。

第三十五条　实行公共数据分类管理制度。

市政务服务数据管理部门负责统筹本市公共数据资源体系整体规划、建设和管理，并会同相关部门建设和管理人口、法人、房屋、自然资源与空间地理、电子证照、公共信用等基础数据库。

各行业主管部门应当按照公共数据资源体系整体规划和相关制度规范要求，规划本行业公共数据资源体系，建设并管理相关主题数据库。

公共管理和服务机构应当按照公共数据资源体系整体规划、行业专项规划和相关制度规范要求，建设、管理本机构业务数据库。

第三十六条　实行公共数据目录管理制度。

市政务服务数据管理部门负责建立全市统一的公共数据资源目录体系，制定公共数据资源目录编制规范，组织公共管理和服务机构按照公共数据资源目录编制规范要求编制目录、处理各类公共数据，明确数据来源部门和管理职责。

公共管理和服务机构应当按照公共数据资源目录编制规范要求，对本机构的公共数据进行目录管理。

第三十七条　公共管理和服务机构收集数据应当符合下列要求：

（一）为依法履行公共管理职责或者提供公共服务所必需，且在其履行的公共管理职责或者提供的公共服务范围内；

（二）收集数据的种类和范围与其依法履行的公共管理职责或者提供的公共服务相适应；

（三）收集程序符合法律、法规相关规定。

公共管理和服务机构可以通过共享方式获得的数据，不得另行向自然人、法人和非法人组织收集。

第三十八条　公共管理和服务机构应当按照有关规定保存公共数据处理的过程记录。

第三十九条　市政务服务数据管理部门应当组织制定公共数据质量管理制度和规范，建立健全质量监测和评估体系，并组织实施。

公共管理和服务机构应当按照公共数据质量管理制度和规范，建立和完善本机构数据质量管理体系，加强数据质量管理，保障数据真实、准确、完整、及时、可用。

市公共数据专业委员会应当定期对公共管理和服务机构数据管理工作进行评价，并向市数据工作委员会报告评价结果。

第四十条　市人民政府应当加强公共数据共享、开放和利用体制机制和技术创新，不断提高公共数据共享、开放和利用的质量与效率。

第二节　公共数据共享

第四十一条　公共数据应当以共享为原则，不共享为例外。

市政务服务数据管理部门应当建立以公共数据资源目录体系为基础的公共数据共享需求对接机制和相关管理制度。

第四十二条　纳入公共数据共享目录的公共数据，应当按照有关规定通过城市大数据中心的公共数据共享平台在有需要的公共管理和服务机构之间及时、准确共享，法律、法规另有规定的除外。

公共数据共享目录由市政务服务数据管理部门另行制定，并及时调整。

第四十三条　公共管理和服务机构可以根据依法履行公共管理职责或者提供公共服务的需要提出公共数据共享申请，明确数据使用的依据、目的、范围、方式及相关需求，并按照本级政务服务数据管理部门和数据提供部门的要求，加强共享数据使用管理，不得超出使用范围或者用于其他目的。

公共数据提供部门应当在规定时间内，回应公共数据使用部门的共享需求，并提供必要的数据使用指导和技术支持。

第四十四条　公共管理和服务机构依法履行公共管理职责或者提供公共服务所需要的数据，无法通过公共数据共享平台共享获得的，可以由市人民政府统一对外采购，并按照有关规定纳入公共数据共享目录，具体工作由市政务服务数据管理部门统筹。

第三节　公共数据开放

第四十五条　本条例所称公共数据开放，是指公共管理和服务机构通过公共数据开放平台向社会提供可机器读取的公共数据的活动。

第四十六条　公共数据开放应当遵循分类分级、需求导向、安全可控的原则，在法律、法规允许范围内最大限度开放。

第四十七条　依照法律、法规规定开放公共数据，不得收取任何费用。法律、行政法规另有规定的，从其规定。

第四十八条　公共数据按照开放条件分为无条件开放、有条件开放和不予开放三类。

无条件开放的公共数据，是指应当无条件向自然人、法人和非法人组织开放的公共数据；有条件开放的公共数据，是指按照特定方式向自然人、法人和非法人组织平等开放的公共数据；不予开放的公共数据，是指涉及国家安全、商业秘密和个人隐私，或者法律、法规等规定不得开放的公共数据。

第四十九条　市政务服务数据管理部门应当建立以公共数据资源目录体系为基础的公共数据开放管理制度，编制公共数据开放目录并及时调整。

有条件开放的公共数据，应当在编制公共数据开放目录时明确开放方式、使用要求及安全保障措施等。

第五十条　市政务服务数据管理部门应当依托城市大数据中心建设统一、高效的公共数据开放平台，并组织公共管理和服务机构通过该平台向社会开放公共数据。

公共数据开放平台应当根据公共数据开放类型，提供数据下载、应用程序接口和安全可信的数据综合开发利用环境等多种数据开放服务。

第四节　公共数据利用

第五十一条　市人民政府应当加快推进数字政府建设，深化数据在经济调节、市场监管、社会管理、公共服务、生态环境保护中的应用，建立和完善运用数据管理的制度规则，创新政府决策、监管及服务模式，实现主动、精准、整体式、智能化的公共管理和服务。

第五十二条　市人民政府应当依托城市大数据中心建设基于统一架构的业务中枢、数据中枢和能力中枢，形成统一的城市智能中枢平台体系，为公共管理和服务以及各区域各行业应用提供统一、全面的数字化服务，促进技术融合、业务融合、数据融合。

市人民政府可以依托城市智能中枢平台建设政府管理服务指挥中心，建立和完善运行管理机制，推动政府整体数字化转型，深化跨层级、跨地域、跨系统、跨部门、跨业务的数据共享和业务协同，建立统一指挥、一体联动、智能精准、科学高效的政府运行体系。

各行业主管部门应当依托城市智能中枢平台建设本行业管理服务平台，推动本行业管理服务全面数字化。

各区人民政府应当依托城市智能中枢平台，以服务基层为目标，整合数据资源、优化业务流程、创新管理模式，推进基层治理与服务科学化、精细化、智能化。

第五十三条　市人民政府应当依托城市智能中枢平台，推动业务整合和流程再造，深化前台统一受理、后台协同审批、全市一体运作的整体式政务服务模式创新。

市政务服务数据管理部门应当推动公共管理和服务机构加强公共数据在公共管理和服务过程中的创新应用，精简办事材料、环节，优化办事流程；对于可以通过数据比对作出审批决定的事项，可以开展无人干预智能审批。

第五十四条　市人民政府应当依托城市智能中枢平台，加强监管数据和信用数据归集、共享，充分利用公共数据和各领域监管系统，推行非现场监管、信用监管、风险预警等新型监管模式，提升监管水平。

第五十五条　市政务服务数据管理部门可以组织建设数据融合应用服务平台，向社会提供安全可信的数据综合开发利用环境，共同开展智慧城市应用创新。

第四章　数据要素市场

第一节　一般规定

第五十六条　市人民政府应当统筹规划，加快培育数据要素市场，推动构建数据收集、加工、共享、开放、交易、应用等数据要素市场体系，促进数据资源有序、高效流动与利用。

第五十七条　市场主体开展数据处理活动，应当落实数据管理主体责任，建立健全数据治理组织架构、管理制度和自我评估机制，对数据实施分类分级保护和管理，加强数据质量管理，确保数据的真实性、准确性、完整性、时效性。

第五十八条　市场主体对合法处理数据形成的数据产品和服务，可以依法自主使用，取得收益，进行处分。

第五十九条　市场主体向第三方开放或者提供使用个人数据的，应当遵守本条例第二章的有关规定；向特定第三方开放、委托处理、提供使用个人数据的，应当签订相关协议。

第六十条　使用、传输、受委托处理其他市场主体的数据产品和服务，涉及个人数据的，应当遵守本条例第二章的规定以及相关协议的约定。

第二节　市场培育

第六十一条　市人民政府应当组织制定数据处理活动合规标准、数据产品和服务标准、数据质量标准、数据安全标准、数据价值评估标准、数据治理评估标准等地方标准。

支持数据相关行业组织制定团体标准和行业规范，提供信息、技术、培训等服务，引导和督促市场主体规范其数据行为，促进行业健康发展。

鼓励市场主体制定数据相关企业标准，参与制定相关地方标准和团体标准。

第六十二条　数据处理者可以委托第三方机构进行数据质量评估认证；第三方机构应当按照独立、公开、公正原则，开展数据质量评估认证活动。

第六十三条　鼓励数据价值评估机构从实时性、时间跨度、样本覆盖面、完整性、数据种类级别和数据挖掘潜能等方面，探索构建数据资产定价指标体系，推动制定数据价值评估准则。

第六十四条　市统计部门应当探索建立数据生产要素统计核算制度，明确统计范围、统计指标和统计方法，准确反映数据生产要素的资产价值，推动将数据生产要素纳入国民经济核算体系。

第六十五条　市人民政府应当推动建立数据交易平台，引导市场主体通过数据交易平台进行数据交易。

市场主体可以通过依法设立的数据交易平台进行数据交易，也可以由交易双方依法自行交易。

第六十六条　数据交易平台应当建立安全、可信、可控、可追溯的数据交易环境，制定数据交易、信息披露、自律监管等规则，并采取有效措施保护个人数据、商业秘密和国家规定的重要数据。

第六十七条　市场主体合法处理数据形成的数据产品和服务，可以依法交易。但是，有下列情形之一的除外：

（一）交易的数据产品和服务包含个人数据未依法获得授权的；

（二）交易的数据产品和服务包含未经依法开放的公共数据的；

（三）法律、法规规定禁止交易的其他情形。

第三节　公平竞争

第六十八条　市场主体应当遵守公平竞争原则，不得实施下列侵害其他市场主体合法权益的行为：

（一）使用非法手段获取其他市场主体的数据；

（二）利用非法收集的其他市场主体数据提供替代性产品或者服务；

（三）法律、法规规定禁止的其他行为。

第六十九条　市场主体不得利用数据分析，对交易条件相同的交易相对人实施差别待遇，但是有下列情形之一的除外：

（一）根据交易相对人的实际需求，且符合正当的交易习惯和行业惯例，实行不同交易条件的；

（二）针对新用户在合理期限内开展优惠活动的；

（三）基于公平、合理、非歧视规则实施随机性交易的；

（四）法律、法规规定的其他情形。

前款所称交易条件相同，是指交易相对人在交易安全、交易成本、信用状况、交易环节、交易持续时间等方面不存在实质性差别。

第七十条　市场主体不得通过达成垄断协议、滥用在数据要素市场的支配地位、违法实施经营者集中等方式，排除、限制竞争。

第五章　数据安全

第一节　一般规定

第七十一条　数据安全管理遵循政府监管、责任主体负责、积极防御、综合防范的原则，坚持安全和发展并重，鼓励研发数据安全技术，保障数据全生命周期安全。

市人民政府应当统筹全市数据安全管理工作，建立和完善数据安全综合治理体系。

第七十二条　数据处理者应当依照法律、法规规定，建立健全数据分类分级、风险监测、安全评估、安全教育等安全管理制度，落实保障措施，不断提升技术手段，确保数据安全。

数据处理者因合并、分立、收购等变更的，由变更后的数据处理者继续落实数据安全管理责任。

第七十三条　处理敏感个人数据或者国家规定的重要数据的，应当按照有关规定设立数据安全管理机构、明确数据安全管理责任人，并实施特别技术保护。

第七十四条　市网信部门应当统筹协调相关主管部门和行业主管部门按照国家数据分类分级保护制度制定本部门、本行业的重要数据具体目录，对列入目录的数据进行重点保护。

第二节　数据安全管理

第七十五条　数据处理者应当对其数据处理全流程进行记录，保障数据来源合法以及处理全流程清晰、可追溯。

第七十六条　数据处理者应当依照法律、法规规定以及国家标准的要求，对所收集的个人数据进行去标识化或者匿名化处理，并与可用于恢复识别特定自然人的数据分开存储。

数据处理者应当针对敏感个人数据、国家规定的重要数据制定并实施去标识化或者匿名化处理等安全措施。

第七十七条　数据处理者应当对数据存储进行分域分级管理，选择安全性能、防护级别与安全等级相匹配的存储载体；对敏感个人数据和国家规定的重要数据还应当采取加密存储、授权访问或者其他更加严格的安全保护措施。

第七十八条　数据处理者应当对数据处理过程实施安全技术防护，并建立重要系统和核心数据的容灾备份制度。

第七十九条　数据处理者共享、开放数据的，应当建立数据共享、开放安全管理制度，建立和完善对外数据接口的安全管理机制。

第八十条　数据处理者应当建立数据销毁规程，对需要销毁的数据实施有效销毁。

数据处理者终止或者解散，没有数据承接方的，应当及时有效销毁其控制的数据。法律、法规另有规定的除外。

第八十一条　数据处理者委托他人代为处理数据的，应当与其订立数据安全保护合同，明确双方安全保护责任。

受托方完成处理任务后，应当及时有效销毁其存储的数据，但是法律、法规另有规定或者双方另有约定的除外。

第八十二条　数据处理者向境外提供个人数据或者国家规定的重要数据，应当按照有关规定申请数据出境安全评估，进行国家安全审查。

第八十三条　数据处理者应当落实与数据安全防护级别相适应的监测预警措施，对数据泄露、毁损、丢失、篡改等异常情况进行监测和预警。

监测到发生或者可能发生数据泄露、毁损、丢失、篡改等数据安全事件的，数据处理者应当立即采取补救、预防措施。

第八十四条　处理敏感个人数据或者国家规定的重要数据，应当按照有关规定定期开展风险评估，并向有关主管部门报送风险评估报告。

第八十五条　数据处理者应当建立数据安全应急处置机制，制定数据安全应急预案。数据安全应急预案应当按照危害程度、影响范围等因素对数据安全事件进行分级，并规定相应的应急处置措施。

第八十六条　发生数据泄露、毁损、丢失、篡改等数据安全事件的，数据处理者应当立即启动应急预案，采取相应的应急处置措施，及时告知相关权利人，并按照有关规定向市网信、公安部门和有关行业主管部门报告。

第三节 数据安全监督

第八十七条 市网信部门应当依照有关法律、行政法规以及本条例规定负责统筹协调数据安全和相关监督工作,并会同市公安、国家安全等部门和有关行业主管部门建立健全数据安全监督机制,组织数据安全监督检查。

第八十八条 市网信部门应当会同有关主管部门加强数据安全风险分析、预测、评估,收集相关信息;发现可能导致较大范围数据泄露、毁损、丢失、篡改等数据安全事件的,应当及时发布预警信息,提出防范应对措施,指导、监督数据处理者做好数据安全保护工作。

第八十九条 市网信部门以及其他履行数据安全监督职责的部门可以委托第三方机构,按照法律、法规规定和相关标准要求,对数据处理者开展数据安全管理认证以及数据安全评估工作,并对其进行安全等级评定。

第九十条 市网信部门以及其他履行数据安全监督职责的部门在履行职责过程中,发现数据处理者未按照规定落实安全管理责任的,应当按照规定约谈数据处理者,督促其整改。

第九十一条 市网信部门以及其他数据监督管理部门及其工作人员,应当对在履行职责过程中知悉的个人数据、商业秘密和需要保守秘密的其他数据严格保密,不得泄露、出售或者非法向他人提供。

第六章 法律责任

第九十二条 违反本条例规定处理个人数据的,依照个人信息保护有关法律、法规规定处罚。

第九十三条 公共管理和服务机构违反本条例有关规定的,由上级主管部门或者有关主管部门责令改正;拒不改正或者造成严重后果的,依法追究法律责任;因此给自然人、法人、非法人组织造成损失的,应当依法承担赔偿责任。

第九十四条 违反本条例第六十七条规定交易数据的,由市市场监督管理部门或者相关行业主管部门按照职责责令改正,没收违法所得,交易金额不足一万元的,处五万元以上二十万元以下罚款;交易金额一万元以上的,处二十万元以上一百万元以下罚款;并可以依法给予法律、行政法规规定的其他行政处罚。法律、行政法规另有规定的，从其规定。

第九十五条　违反本条例第六十八条、第六十九条规定，侵害其他市场主体、消费者合法权益的，由市市场监督管理部门或者相关行业主管部门按照职责责令改正，没收违法所得；拒不改正的，处五万元以上五十万元以下罚款；情节严重的，处上一年度营业额百分之五以下罚款，最高不超过五千万元；并可以依法给予法律、行政法规规定的其他行政处罚。法律、行政法规另有规定的，从其规定。

市场主体违反本条例第七十条规定，有不正当竞争行为或者垄断行为的，依照反不正当竞争或者反垄断有关法律、法规规定处罚。

第九十六条　数据处理者违反本条例规定，未履行数据安全保护责任的，依照数据安全有关法律、法规规定处罚。

第九十七条　履行数据监督管理职责的部门以及公共管理和服务机构不履行或者不正确履行本条例规定职责的，对直接负责的主管人员和其他直接责任人员依法给予处分；构成犯罪的，依法追究刑事责任。

第九十八条　违反本条例规定处理数据，致使国家利益或者公共利益受到损害的，法律、法规规定的组织可以依法提起民事公益诉讼。法律、法规规定的组织提起民事公益诉讼，人民检察院认为有必要的，可以支持起诉。

法律、法规规定的组织未提起民事公益诉讼的，人民检察院可以依法提起民事公益诉讼。

人民检察院发现履行数据监督管理职责的部门违法行使职权或者不作为，致使国家利益或者公共利益受到损害的，应当向有关行政机关提出检察建议；行政机关不依法履行职责的，人民检察院可以依法提起行政公益诉讼。

第九十九条　数据处理者违反本条例规定处理数据，给他人造成损害的，应当依法承担民事责任；构成违反治安管理行为的，依法给予治安管理处罚；构成犯罪的，依法追究刑事责任。

第七章　附则

第一百条　本条例自 2022 年 1 月 1 日起施行。

《上海市数据条例》

施行日期：2022/1/1

发布情况：2021 年 11 月 25 日上海市第十五届人民代表大会常务委员会第三十七次会议通过

内容概要：该条例设置"数据安全"专章明确实行数据安全责任制，开展数据处理活动应当履行的义务，以及要求建立健全集中统一的数据安全风险评估、报告、信息共享、监测预警机制，并创设公共数据授权运营机制，是盘活上海市公共数据的特色策略。

第一章 总则

第一条 为了保护自然人、法人和非法人组织与数据有关的权益，规范数据处理活动，促进数据依法有序自由流动，保障数据安全，加快数据要素市场培育，推动数字经济更好服务和融入新发展格局，根据《中华人民共和国数据安全法》《中华人民共和国个人信息保护法》等法律、行政法规，结合本市实际，制定本条例。

第二条 本条例中下列用语的含义：

（一）数据，是指任何以电子或者其他方式对信息的记录。

（二）数据处理，包括数据的收集、存储、使用、加工、传输、提供、公开等。

（三）数据安全，是指通过采取必要措施，确保数据处于有效保护和合法利用的状态，以及具备保障持续安全状态的能力。

（四）公共数据，是指本市国家机关、事业单位，经依法授权具有管理公共事务职能的组织，以及供水、供电、供气、公共交通等提供公共服务的组织（以下统称公共管理和服务机构），在履行公共管理和服务职责过程中收集和产生的数据。

第三条 本市坚持促进发展和监管规范并举，统筹推进数据权益保护、数据流通利用、数据安全管理，完善支持数字经济发展的体制机制，充分发挥数据在实现治理体系和治理能力现代化、推动经济社会发展中的作用。

第四条　市人民政府应当将数据开发利用和产业发展、数字经济发展纳入国民经济和社会发展规划，建立健全数据治理和流通利用体系，促进公共数据社会化开发利用，协调解决数据开发利用、产业发展和数据安全工作中的重大问题，推动数字经济发展和城市数字化转型。

区人民政府应当按照全市总体要求和部署，做好本行政区域数据发展和管理相关工作，创新推广数字化转型应用场景。

乡镇人民政府、街道办事处应当在基层治理中，推进数据的有效应用，提升治理效能。

第五条　市政府办公厅负责统筹规划、综合协调全市数据发展和管理工作，促进数据综合治理和流通利用，推进、指导、监督全市公共数据工作。

市发展改革部门负责统筹本市新型基础设施规划建设和数字经济发展，推进本市数字化重大体制机制改革、综合政策制定以及区域联动等工作。

市经济信息化部门负责协调推进本市公共数据开放、社会经济各领域数据开发应用和产业发展，统筹推进信息基础设施规划、建设和发展，推动产业数字化、数字产业化等工作。

市网信部门负责统筹协调本市个人信息保护、网络数据安全和相关监管工作。

市公安、国家安全机关在各自职责范围内承担数据安全监管职责。

市财政、人力资源社会保障、市场监管、统计、物价等部门在各自职责范围内履行相关职责。

市大数据中心具体承担本市公共数据的集中统一管理，推动数据的融合应用。

第六条　本市实行数据工作与业务工作协同管理，管区域必须管数字化转型、管行业必须管数字化转型，加强运用数字化手段，提升治理能力和治理水平。

本市鼓励各区、各部门、各企业事业单位建立首席数据官制度。

首席数据官由本区域、本部门、本单位相关负责人担任。

第七条　市人民政府设立由高校、科研机构、企业、相关部门的专家组成的数据专家委员会。数据专家委员会开展数据权益保护、数据流通利用、数据安全管理等方面的研究、评估，为本市数据发展和管理工作提供专业意见。

第八条　本市加强数字基础设施规划和布局，提升电子政务云、电子政务外网等的服务能力，建设新一代通信网络、数据中心、人工智能平台等重大基础设施，建立完善网络、存储、计算、安全等数字基础设施体系。

第九条　市、区有关部门应当将数据领域高层次、高学历、高技能以及紧缺人才纳入人才支持政策体系；完善专业技术职称体系，创新数据人才评价与激励机制，健全数据人才服务和保障机制。

本市加强数据领域相关知识和技术的宣传、教育、培训，提升公众数字素养和数字技能，将数字化能力培养纳入公共管理和服务机构教育培训体系。

第十条　市标准化行政主管部门应当会同市政府办公厅、市有关部门加强数据标准体系的统筹建设和管理。

市数据标准化技术组织应当推动建立和完善本市数据基础性、通用性地方标准。

第十一条　本市支持数据相关行业协会和组织发展。行业协会和组织应当依法制定并推动实施相关团体标准和行业规范，反映会员合理诉求和建议，加强行业自律，提供信息、技术、培训等服务，引导会员依法开展数据处理活动，配合有关部门开展行业监管，促进行业健康发展。

第二章　数据权益保障

第一节　一般规定

第十二条　本市依法保护自然人对其个人信息享有的人格权益。

本市依法保护自然人、法人和非法人组织在使用、加工等数据处理活动中形成的法定或者约定的财产权益，以及在数字经济发展中有关数据创新活动取得的合法财产权益。

第十三条　自然人、法人和非法人组织可以通过合法、正当的方式收集数据。收集已公开的数据，不得违反法律、行政法规的规定或者侵犯他人的合法权益。法律、行政法规对数据收集的目的和范围有规定的，应当在法律、行政法规规定的目的和范围内收集。

第十四条　自然人、法人和非法人组织对其合法取得的数据，可以依法使用、加工。法律、行政法规另有规定或者当事人另有约定的除外。

第十五条　自然人、法人和非法人组织可以依法开展数据交易活动。法律、行政法规另有规定的除外。

第十六条　市、区人民政府及其有关部门可以依法要求相关自然人、法人和非法人组织提供突发事件处置工作所必需的数据。

要求自然人、法人和非法人组织提供数据的，应当在其履行法定职责的范围内依照法定的条件和程序进行，并明确数据使用的目的、范围、方式、期限。收集的数据不得用于与突发事件处置工作无关的事项。对在履行职责中知悉的个人隐私、个人信息、商业秘密、保密商务信息等应当依法予以保密，不得泄露或者非法向他人提供。

第十七条　自然人、法人和非法人组织开展数据处理活动、行使相关数据权益，应当遵守法律、法规，尊重社会公德和伦理，遵守商业道德，诚实守信，不得危害国家安全和公共利益，不得损害他人的合法权益。

第二节　个人信息特别保护

第十八条　除法律、行政法规另有规定外，处理个人信息的，应当取得个人同意。个人信息的处理目的、处理方式和处理的个人信息种类发生变更的，应当重新取得个人同意。

处理个人自行公开或者其他已经合法公开的个人信息，应当依法在合理的范围内进行；个人明确拒绝的除外。处理已公开的个人信息，对个人权益有重大影响的，应当依法取得个人同意。

第十九条　基于个人同意处理个人信息的，应当保证个人在充分知情的前提下自愿、明确作出同意，不得通过误导、欺诈、胁迫等违背其真实意愿的方式取得同意。法律、行政法规规定处理个人信息应当取得个人单独同意或者书面同意的，从其规定。

处理者在提供产品或者服务时，不得以个人不同意处理其个人信息或者撤回同意为由，拒绝提供产品或者服务；处理个人信息属于提供产品或者服务所必需的除外。

第二十条　处理个人信息前，应当向个人告知下列事项：

（一）处理者的名称或者姓名和联系方式；

（二）处理个人信息的目的、方式；

（三）处理的个人信息种类、保存期限；

（四）个人依法享有的权利以及行使权利的方式和程序；

（五）法律、行政法规规定应当告知的其他事项。

处理者应当以显著方式、清晰易懂的语言真实、准确、完整地告知前款事项。

第二十一条　个人发现其个人信息不准确或者不完整的，有权请求处理者更正、补充。

有下列情形之一的，处理者应当主动删除个人信息；处理者未删除的，个人有权请求删除：

（一）处理目的已实现、无法实现或者为实现处理目的不再必要；

（二）处理者停止提供产品或者服务，或者保存期限已届满；

（三）个人撤回同意的；

（四）处理者违反法律、行政法规或者违反约定处理个人信息；

（五）法律、行政法规规定的其他情形。

对属于本条第一款、第二款情形的，处理者应当分别予以更正、补充、删除。法律、行政法规另有规定的，从其规定。

第二十二条　处理自然人生物识别信息的，应当具有特定的目的和充分的必要性，并采取严格的保护措施。处理生物识别信息应当取得个人的单独同意；法律、行政法规另有规定的，从其规定。

第二十三条　在本市商场、超市、公园、景区、公共文化体育场馆、宾馆等公共场所，以及居住小区、商务楼宇等区域，安装图像采集、个人身份识别设备，应当为维护公共安全所必需，遵守国家有关规定，并设置显著标识。

所收集的个人图像、身份识别信息，只能用于维护公共安全的目的，不得用于其他目的；取得个人单独同意的除外。

本条第一款规定的公共场所或者区域,不得以图像采集、个人身份识别技术作为出入该场所或者区域的唯一验证方式。

第二十四条 利用个人信息进行自动化决策,应当遵循合法、正当、必要、诚信的原则,保证决策的透明度和结果的公平、公正,不得对个人在交易价格等交易条件上实行不合理的差别待遇。

通过自动化决策方式向个人进行信息推送、商业营销的,应当同时提供不针对其个人特征的选项,或者向个人提供便捷的拒绝方式。

通过自动化决策方式作出对个人权益有重大影响的决定,个人有权要求处理者予以说明,并有权拒绝处理者仅通过自动化决策的方式作出决定。

第三章 公共数据

第一节 一般规定

第二十五条 本市健全公共数据资源体系,加强公共数据治理,提高公共数据共享效率,扩大公共数据有序开放,构建统一协调的公共数据运营机制,推进公共数据和其他数据融合应用,充分发挥公共数据在推动城市数字化转型和促进经济社会发展中的驱动作用。

第二十六条 负责本系统、行业公共数据管理的市级部门(以下简称市级责任部门)应当依据业务职能,制定本系统、行业公共数据资源规划,完善管理制度和标准规范,组织开展本系统、行业数据的收集、归集、治理、共享、开放、应用及其相关质量和安全管理。公共数据管理涉及多个部门或者责任不明确的,由市政府办公厅指定市级责任部门。

区人民政府明确的公共数据主管部门,负责统筹开展本行政区域公共数据管理工作,接受市政府办公厅的业务指导。

第二十七条 市大数据资源平台和区大数据资源分平台(以下统称大数据资源平台)是本市依托电子政务云实施全市公共数据归集、整合、共享、开放、运营的统一基础设施,由市大数据中心负责统一规划。

本市财政资金保障运行的公共管理和服务机构不得新建跨部门、跨层级的公共数据资源平台、共享和开放渠道;已经建成的,应当按照有关规定进行整合。

第二十八条　本市建立全市统一的公共数据目录管理体系。公共管理和服务机构在依法履行公共管理和服务职责过程中收集和产生的数据，以及依法委托第三方收集和产生的数据，应当纳入公共数据目录。

市政府办公厅负责制定目录编制规范。市级责任部门应当按照数据与业务对应的原则，编制本系统、行业公共数据目录，明确公共数据的来源、更新频率、安全等级、共享开放属性等要素。区公共数据主管部门可以根据实际需要，对未纳入市级责任部门公共数据目录的公共数据编制区域补充目录。

第二十九条　本市对公共数据实行分类管理。市大数据中心应当根据公共数据的通用性、基础性、重要性和数据来源属性等制定公共数据分类规则和标准，明确不同类别公共数据的管理要求，在公共数据全生命周期采取差异化管理措施。

市级责任部门应当按照公共数据分类规则和标准确定公共数据类别，落实差异化管理措施。

第三十条　公共管理和服务机构收集数据应当符合本单位法定职责，遵循合法、正当、必要的原则。可以通过共享方式获取的公共数据，不得重复收集。

需要依托区有关部门收集的视频、物联等数据量大、实时性强的公共数据，由区公共数据主管部门根据市级责任部门需求统筹开展收集，并依托区大数据资源分平台存储。

第三十一条　通过市大数据资源平台治理的公共数据，可以按照数据的区域属性回传至大数据资源分平台，支持各区开展数据应用。

第三十二条　本市财政资金保障运行的公共管理和服务机构为依法履行职责，可以申请采购非公共数据。市政府办公厅负责统筹市级公共管理和服务机构的非公共数据采购需求，市大数据中心负责统一实施。区公共数据主管部门负责统筹本行政区域个性化采购需求，自行组织采购。

第三十三条　本市国家机关、事业单位以及经依法授权具有管理公共事务职能的组织应当及时向大数据资源平台归集公共数据。其他公共管理和服务机构的公共数据可以按照逻辑集中、物理分散的方式实施归集，但具有公共管理和服务应用需求的公共数据应当向大数据资源平台归集。

市大数据中心根据公共数据分类管理要求对相关数据实施统一归集，保障数据向大数据资源平台归集的实时性、完整性和准确性。

已归集的公共数据发生变更、失效等情形的，公共管理和服务机构应当及时更新。

第三十四条　市大数据中心应当统筹规划并组织实施自然人、法人、自然资源和空间地理等基础数据库建设。

市级责任部门应当按照本市公共数据管理要求，规划和建设本系统、行业业务应用专题库，并会同相关部门规划和建设重点行业领域主题库。

第三十五条　市级责任部门应当建立健全本系统、行业公共数据质量管理体系，加强数据质量管控。

市大数据中心应当按照市政府办公厅明确的监督管理规则，组织开展公共数据的质量监督，对数据质量进行实时监测和定期评估，并建立异议与更正管理制度。

第三十六条　市政府办公厅应当建立日常公共数据管理工作监督检查机制，对公共管理和服务机构的公共数据目录编制工作、质量管理、共享、开放等情况开展监督检查。

市政府办公厅应当对市级责任部门和各区开展公共数据工作的成效情况定期组织考核评价，考核评价结果纳入各级领导班子和领导干部年度绩效考核。

第三十七条　本市财政资金保障运行的公共管理和服务机构开展公共数据收集、归集、治理、共享、开放及其质量和安全管理等工作涉及的经费，纳入市、区财政预算。

第二节　公共数据共享和开放

第三十八条　公共管理和服务机构之间共享公共数据，应当以共享为原则，不共享为例外。公共数据应当通过大数据资源平台进行共享。

公共管理和服务机构应当根据履职需要，提出数据需求清单；根据法定职责，明确本单位可以共享的数据责任清单；对法律、法规明确规定不能共享的数据，经市政府办公厅审核后，列入负面清单。

市政府办公厅应当建立以共享需求清单、责任清单和负面清单为基础的公共数据共享机制。

第三十九条　公共管理和服务机构提出共享需求的，应当明确应用场景，并承诺其真实性、合规性、安全性。对未列入负面清单的公共数据，可以直接共享，但不得超出依法履行职责的必要范围；对未列入公共数据目录的公共数据，市级责任部门应当在收到共享需求之日起十五个工作日内进行确认后编入公共数据目录并提供共享。

公共管理和服务机构超出依法履行职责的必要范围，通过大数据资源平台获取其他机构共享数据的，市大数据中心应当在发现后立即停止其获取超出必要范围的数据。

第四十条　公共管理和服务机构向自然人、法人和非法人组织提供服务时，需要使用其他部门数据的，应当使用大数据资源平台提供的最新数据。

公共管理和服务机构应当建立共享数据管理机制，通过共享获取的公共数据，应当用于本单位依法履行职责的需要，不得以任何形式提供给第三方，也不得用于其他任何目的。

第四十一条　本市以需求导向、分级分类、公平公开、安全可控、统一标准、便捷高效为原则，推动公共数据面向社会开放，并持续扩大公共数据开放范围。

公共数据按照开放类型分为无条件开放、有条件开放和非开放三类。涉及个人隐私、个人信息、商业秘密、保密商务信息，或者法律、法规规定不得开放的，列入非开放类；对数据安全和处理能力要求较高、时效性较强或者需要持续获取的公共数据，列入有条件开放类；其他公共数据列入无条件开放类。

非开放类公共数据依法进行脱密、脱敏处理，或者相关权利人同意开放的，可以列入无条件开放或者有条件开放类。对有条件开放类公共数据，自然人、法人和非法人组织可以通过市大数据资源平台提出数据开放请求，相关公共管理和服务机构应当按照规定处理。

第四十二条　本市依托市大数据资源平台向社会开放公共数据。

市级责任部门、区人民政府以及其他公共管理和服务机构分别负责本系统、行业、本行政区域和本单位的公共数据开放,在公共数据目录范围内制定公共数据开放清单,明确数据的开放范围、开放类型、开放条件和更新频率等,并动态调整。

公共数据开放具体规则,由市经济信息化部门制定。

第四十三条　本市制定相关政策,组织开展公共数据开放和开发利用的创新试点,鼓励自然人、法人和非法人组织对公共数据进行深度加工和增值使用。

第三节　公共数据授权运营

第四十四条　本市建立公共数据授权运营机制,提高公共数据社会化开发利用水平。

市政府办公厅应当组织制定公共数据授权运营管理办法,明确授权主体,授权条件、程序、数据范围,运营平台的服务和使用机制,运营行为规范,以及运营评价和退出情形等内容。市大数据中心应当根据公共数据授权运营管理办法对被授权运营主体实施日常监督管理。

第四十五条　被授权运营主体应当在授权范围内,依托统一规划的公共数据运营平台提供的安全可信环境,实施数据开发利用,并提供数据产品和服务。

市政府办公厅应当会同市网信等相关部门和数据专家委员会,对被授权运营主体规划的应用场景进行合规性和安全风险等评估。

授权运营的数据涉及个人隐私、个人信息、商业秘密、保密商务信息的,处理该数据应当符合相关法律、法规的规定。

市政府办公厅、市大数据中心、被授权运营主体等部门和单位,应当依法履行数据安全保护义务。

第四十六条　通过公共数据授权运营形成的数据产品和服务,可以依托公共数据运营平台进行交易撮合、合同签订、业务结算等;通过其他途径签订合同的,应当在公共数据运营平台备案。

第四章　数据要素市场

第一节　一般规定

第四十七条　市人民政府应当按照国家要求,深化数据要素市场化配置改革，制定促进政策，培育公平、开放、有序、诚信的数据要素市场，建立资产评估、登记结算、交易撮合、争议解决等市场运营体系，促进数据要素依法有序流动。

第四十八条　市政府办公厅应当制定政策，鼓励和引导市场主体依法开展数据共享、开放、交易、合作，促进跨区域、跨行业的数据流通利用。

第四十九条　本市制定政策，培育数据要素市场主体，鼓励研发数据技术、推进数据应用，深度挖掘数据价值，通过实质性加工和创新性劳动形成数据产品和服务。

第五十条　本市探索构建数据资产评估指标体系，建立数据资产评估制度，开展数据资产凭证试点，反映数据要素的资产价值。

第五十一条　市相关主管部门应当建立健全数据要素配置的统计指标体系和评估评价指南，科学评价各区、各部门、各领域的数据对经济社会发展的贡献度。

第五十二条　市场主体应当加强数据质量管理，确保数据真实、准确、完整。

市场主体对数据的使用应当遵守反垄断、反不正当竞争、消费者权益保护等法律、法规的规定。

第二节　数据交易

第五十三条　本市支持数据交易服务机构有序发展，为数据交易提供数据资产、数据合规性、数据质量等第三方评估以及交易撮合、交易代理、专业咨询、数据经纪、数据交付等专业服务。

本市建立健全数据交易服务机构管理制度，加强对服务机构的监管，规范服务人员的执业行为。

第五十四条　数据交易服务机构应当建立规范透明、安全可控、可追溯的数据交易服务环境，制定交易服务流程、内部管理制度，并采取有效措施保护数据安全，保护个人隐私、个人信息、商业秘密、保密商务信息。

第五十五条　本市鼓励数据交易活动，有下列情形之一的，不得交易：

（一）危害国家安全、公共利益，侵害个人隐私的；

（二）未经合法权利人授权同意的；

（三）法律、法规规定禁止交易的其他情形。

第五十六条　市场主体可以通过依法设立的数据交易所进行数据交易，也可以依法自行交易。

第五十七条　从事数据交易活动的市场主体可以依法自主定价。

市相关主管部门应当组织相关行业协会等制订数据交易价格评估导则，构建交易价格评估指标。

第五章　数据资源开发和应用

第五十八条　本市支持数据资源开发和应用，发挥海量数据和丰富应用场景优势，鼓励和引导全社会参与经济、生活、治理等领域全面数字化转型，提升城市软实力。

第五十九条　本市通过标准制定、政策支持等方式，支持数据基础研究和关键核心技术攻关，发展高端数据产品和服务。

本市培育壮大数据收集存储、加工处理、交易流通等数据核心产业，发展大数据、云计算、人工智能、区块链、高端软件、物联网等产业。

第六十条　本市促进数据技术与实体经济深度融合，推动数据赋能经济数字化转型，支持传统产业转型升级，催生新产业、新业态、新模式。本市鼓励各类企业开展数据融合应用，加快生产制造、科技研发、金融服务、商贸流通、航运物流、农业等领域的数据赋能，推动产业互联网和消费互联网贯通发展。

第六十一条　本市促进数据技术和服务业深度融合，推动数据赋能生活数字化转型，提高公共卫生、医疗、教育、养老、就业等基本民生领域和商业、文娱、体育、旅游等质量民生领域的数字化水平。本市制定政策，支持网站、手机应用程序、智慧终端设施、各类公共服务设施面向残疾人和老年人开展适应性数字化改造。

第六十二条　本市促进数据技术与政府管理、服务、运行深度融合，推动数据赋能治理数字化转型，深化政务服务"一网通办"、城市运行"一网统管"建设，推进经济治理、社会治理、城市治理领域重点综合场景应用体系构建，通过治理数字化转型驱动超大城市治理模式创新。

第六十三条　本市鼓励重点领域产业大数据枢纽建设，融合数据、算法、算力，建设综合性创新平台和行业数据中心。

本市推动国家和地方大数据实验室、产业创新中心、技术创新中心、工程研究中心、企业技术中心，以及研发与转化功能型平台、新型研发组织等建设。

第六十四条　本市建设数字化转型示范区，支持新城等重点区域同步规划关键信息基础设施，完善产业空间、生活空间、城市空间等领域数据资源的全生命周期管理机制。

市、区人民政府应当根据本市产业功能布局，推动园区整体数字化转型，发展智能制造、在线新经济、大数据、人工智能等数字产业园区。

第六章　浦东新区数据改革

第六十五条　本市支持浦东新区高水平改革开放、打造社会主义现代化建设引领区，推进数据权属界定、开放共享、交易流通、监督管理等标准制定和系统建设。

第六十六条　本市支持浦东新区探索与海关、统计、税务、人民银行、银保监等国家有关部门建立数据共享使用机制，对浦东新区相关的公共数据实现实时共享。

浦东新区应当结合重大风险防范、营商环境提升、公共服务优化等重大改革创新工作，明确数据应用场景需求。

浦东新区应当健全各区级公共管理和服务机构之间的公共数据共享机制。

第六十七条　本市按照国家要求，在浦东新区设立数据交易所并运营。

数据交易所应当按照相关法律、行政法规和有关主管部门的规定，为数据交易提供场所与设施，组织和监管数据交易。

数据交易所应当制订数据交易规则和其他有关业务规则，探索建立分类分层的新型数据综合交易机制，组织对数据交易进行合规性审查、登记清算、信息披露，确保数据交易公平有序、安全可控、全程可追溯。

浦东新区鼓励和引导市场主体依法通过数据交易所进行交易。

第六十八条　本市根据国家部署,推进国际数据港建设,聚焦中国(上海)自由贸易试验区临港新片区(以下简称临港新片区),构建国际互联网数据专用通道、功能型数据中心等新型基础设施,打造全球数据汇聚流转枢纽平台。

第六十九条　本市依照国家相关法律、法规的规定,在临港新片区内探索制定低风险跨境流动数据目录,促进数据跨境安全、自由流动。在临港新片区内依法开展跨境数据活动的自然人、法人和非法人组织,应当按照要求报送相关信息。

第七十条　本市按照国家相关要求,采取措施,支持浦东新区培育国际化数据产业,引进相关企业和项目。

本市支持浦东新区建立算法评价标准体系,推动算法知识产权保护。

本市支持在浦东新区建设行业性数据枢纽,打造基础设施和平台,促进重大产业链供应链数据互联互通。

第七十一条　本市支持浦东新区加强数据交易相关的数字信任体系建设,创新融合大数据、区块链、零信任等技术,构建数字信任基础设施,保障可信数据交易服务。

第七章　长三角区域数据合作

第七十二条　本市按照国家部署,协同长三角区域其他省建设全国一体化大数据中心体系长三角国家枢纽节点,优化数据中心和存算资源布局,引导数据中心集约化、规模化、绿色化发展,推动算力、数据、应用资源集约化和服务化创新,全面支撑长三角区域各行业数字化升级和产业数字化转型。

第七十三条　本市与长三角区域其他省共同开展长三角区域数据标准化体系建设,按照区域数据共享需要,共同建立数据资源目录、基础库、专题库、主题库、数据共享、数据质量和安全管理等基础性标准和规范,促进数据资源共享和利用。

第七十四条　本市依托全国一体化政务服务平台建设长三角数据共享交换平台,支撑长三角区域数据共享共用、业务协同和场景应用建设,推动数据有效流动和开发利用。

本市与长三角区域其他省共同推动建立以需求清单、责任清单和共享数据资源目录为基础的长三角区域数据共享机制。

第七十五条　本市与长三角区域其他省共同推动建立跨区域数据异议核实与处理、数据对账机制，确保各省级行政区域提供的数据与长三角数据共享交换平台数据的一致性，实现数据可对账、可校验、可稽核，问题可追溯、可处理。

第七十六条　本市与长三角区域其他省共同促进数字认证体系、电子证照等的跨区域互认互通，支撑政务服务和城市运行管理跨区域协同。

第七十七条　本市与长三角区域其他省共同推动区块链、隐私计算等数据安全流通技术的利用，建立跨区域的数据融合开发利用机制，发挥数据在跨区域协同发展中的创新驱动作用。

第八章　数据安全

第七十八条　本市实行数据安全责任制，数据处理者是数据安全责任主体。

数据同时存在多个处理者的，各数据处理者承担相应的安全责任。

数据处理者发生变更的，由新的数据处理者承担数据安全保护责任。

第七十九条　开展数据处理活动，应当履行以下义务，保障数据安全：

（一）依照法律、法规的规定，建立健全全流程数据安全管理制度和技术保护机制；

（二）组织开展数据安全教育培训；

（三）采取相应的技术措施和其他的必要措施，确保数据安全，防止数据篡改、泄露、毁损、丢失或者非法获取、非法利用；

（四）加强风险监测，发现数据安全缺陷、漏洞等风险时，应当立即采取补救措施；

（五）发生数据安全事件时，应当立即采取处置措施，按照规定及时告知用户并向有关主管部门报告；

（六）利用互联网等信息网络开展数据处理活动，应当在网络安全等级保护制度的基础上，履行上述数据安全保护义务；

（七）法律、法规规定的其他数据安全保护义务。

第八十条　本市按照国家要求，建立健全数据分类分级保护制度，推动本地区数据安全治理工作。

本市建立重要数据目录管理机制，对列入目录的数据进行重点保护。重要数据的具体目录由市政府办公厅会同市网信等部门编制，并按照规定报送国家有关部门。

第八十一条　重要数据处理者应当明确数据安全责任人和管理机构，按照规定定期对其数据处理活动开展风险评估，并依法向有关主管部门报送风险评估报告。

处理重要数据应当按照法律、行政法规及国家有关规定执行。

第八十二条　市级责任部门应当制定本系统、行业公共数据安全管理制度，并根据国家和本市数据分类分级相关要求对公共数据进行分级，在数据收集、使用和人员管理等业务环节承担安全责任。

属于市大数据中心实施信息化工作范围的，市大数据中心应当对公共数据的传输、存储、加工等技术环节承担安全责任，并按照数据等级采取安全防护措施。

第八十三条　本市按照国家统一部署，建立健全集中统一的数据安全风险评估、报告、信息共享、监测预警机制，加强本地区数据安全风险信息的获取、分析、研判、预警工作。

第八十四条　本市按照国家统一部署，建立健全数据安全应急处置机制。发生数据安全事件，市网信部门应当会同市公安机关依照相关应急预案，采取应急处置措施，防止危害扩大，消除安全隐患，并及时向社会发布与公众有关的警示信息。

第八十五条　本市支持数据安全检测评估、认证等专业机构依法开展服务活动。

本市支持有关部门、行业组织、企业、教育和科研机构、有关专业机构等在数据安全风险评估、防范、处置等方面开展协作。

第九章　法律责任

第八十六条　违反本条例规定，法律、行政法规有规定的，从其规定。

第八十七条　国家机关、履行公共管理和服务职责的事业单位及其工作人员有下列行为之一的，由本级人民政府或者上级主管部门责令改正；情节严重的，由有权机关对直接负责的主管人员和其他直接责任人员依法给予处分：

（一）未按照本条例第十六条第二款规定收集或者使用数据的；

（二）违反本条例第二十七条第二款规定，擅自新建跨部门、跨层级的数据资源平台、共享、开放渠道，或者未按规定进行整合的；

（三）未按照本条例第二十八条规定编制公共数据目录的；

（四）未按照本条例第三十条、第三十三条、第三十八条、第三十九条、第四十条、第四十二条规定收集、归集、共享、开放公共数据的；

（五）未按照本条例第三十五条第一款规定履行公共数据质量管理义务的；

（六）未通过公共数据开放或者授权运营等法定渠道，擅自将公共数据提供给市场主体的。

第八十八条　违反本条例规定，依法受到行政处罚的，相关信息纳入本市公共信用信息服务平台，由有关部门依法开展联合惩戒。

第八十九条　违反本条例规定处理个人信息，侵害众多个人的权益的，人民检察院、市消费者权益保护委员会，以及由国家网信部门确定的组织，可以依法向人民法院提起诉讼。

第十章　附则

第九十条　除本条例第二条第四项规定的公共管理和服务机构外，运行经费由本市各级财政保障的单位、中央国家机关派驻本市的相关管理单位以及通信、民航、铁路等单位在依法履行公共管理和服务职责过程中收集和产生的各类数据，参照公共数据的有关规定执行。法律、行政法规另有规定的，从其规定。

第九十一条 本条例自 2022 年 1 月 1 日起施行。

《重庆市数据条例》

施行日期：2022/7/1

发布情况：2022 年 3 月 30 日重庆市第五届人民代表大会常务委员会第三十三次会议通过

内容概述：该条例的主要内容是对数据处理和安全、数据资源、数据要素市场、发展应用、区域协同、法律责任等进行了规定，明确数据的收集、存储、使用、加工、传输、提供等，并明确了数据处理规则和数据安全责任，确立了"数据安全责任制"，确定了公共数据的范围，包括政务数据和公共服务数据两大类，还明确了数据要素市场框架制度。

第一章 总则

第一条 为了规范数据处理，保障数据安全，保护个人、组织的合法权益，培育数据要素市场，促进数据应用，推动数字经济发展，根据《中华人民共和国数据安全法》《中华人民共和国个人信息保护法》等法律、行政法规，结合本市实际，制定本条例。

第二条 本市行政区域内数据处理和安全管理，数据资源汇聚、共享和开放，数据要素市场培育，数据发展应用和区域协同等活动适用本条例。

第三条 本条例中下列用语的含义：

（一）数据，是指以电子或者其他方式对信息的记录。

（二）数据处理，包括数据的收集、存储、使用、加工、传输、提供、公开等。

（三）数据安全，是指通过采取必要措施，确保数据处于有效保护和合法利用的状态，以及具备保障持续安全状态的能力。

（四）政务数据，是指国家机关和法律、法规授权的具有管理公共事务职能的组织（以下称政务部门）为履行法定职责收集、制作的数据。

（五）公共服务数据，是指医疗、教育、供水、供电、供气、通信、文旅、体育、环境保护、交通运输等公共企业事业单位（以下称公共服务组织）在提供公共服务过程中收集、制作的涉及公共利益的数据。

（六）公共数据共享，是指政务部门、公共服务组织因履行法定职责或者提供公共服务需要，依法获取其他政务部门、公共服务组织公共数据的行为。

（七）公共数据开放，是指向自然人、法人或者非法人组织依法提供公共数据的公共服务行为。

政务数据和公共服务数据统称公共数据。

第四条　市、区县（自治县）人民政府应当加强对数据工作的领导，将数据开发利用、数字经济等纳入国民经济和社会发展规划，建立协调机制统筹推进数据安全、数据要素市场、数据应用和区域协同等工作，发挥数据促进经济发展、服务改善民生、完善社会治理的作用。

第五条　市数据主管部门负责协调、指导、监督全市数据管理工作和数据安全体系建设，建立数据标准体系并组织实施，推动全市数据资源建设和管理、建立和培育数据要素市场。区县（自治县）数据主管部门负责协调、指导、监督本行政区域内数据管理具体工作。

发展改革部门负责统筹推进数字经济工作；网信部门依法负责个人信息保护、网络数据安全管理等数据相关工作；公安机关、国家安全机关等部门依法在各自职责范围内负责数据安全等数据相关工作。

各行业主管部门在各自职责范围内负责本行业、本领域的数据安全、数据管理、数据应用等数据相关工作。

第六条　行业组织应当按照章程，指导会员依法开展数据处理活动、加强数据安全保护。

第二章　数据处理和安全

第七条　开展数据处理活动，应当遵守法律法规和强制性国家标准，遵守公序良俗，不得实施以下行为：

（一）危害国家安全、荣誉和利益，泄露国家秘密；

（二）侵害他人名誉权、隐私权、著作权、商业秘密和其他合法权益；

（三）通过窃取或者其他非法方式获取数据；

（四）非法出售或者以其他非法方式向他人提供数据；

（五）制作、发布、复制、传播违法信息；

（六）法律、行政法规禁止的其他行为。

第八条　本市实行数据安全责任制。数据处理者是数据安全责任主体，同时存在多个数据处理者的，分别承担各自安全责任。

开展数据处理活动应当依法履行下列数据安全保护义务：

（一）建立健全全流程数据安全管理制度；

（二）组织开展数据安全教育培训；

（三）制定数据安全应急预案，开展应急演练；

（四）发生数据安全事件时，立即采取处置措施，启动应急预案，及时告知可能受到影响的用户，并按照规定向有关主管部门报告；

（五）加强风险监测，发现数据安全缺陷、漏洞等风险时，立即采取补救措施；

（六）采取安全保护技术措施，对数据进行分类分级管理，防止数据丢失、篡改、破坏和泄露，保障数据安全；

（七）利用互联网等信息网络开展数据处理活动时，落实网络安全等级保护制度，保障数据安全；

（八）法律、法规规定的其他安全保护义务。

重要数据的处理者应当明确数据安全责任人和管理机构，定期对其数据处理活动开展风险评估，并向有关主管部门报送风险评估报告。

国家核心数据的管理按照法律、行政法规以及国家有关规定执行。

第九条　处理涉及个人信息的数据应当遵循合法、正当、必要原则，遵守法律、行政法规规定的个人信息处理规则，履行个人信息处理者的法定义务。

第十条　本市行政区域内涉及个人信息的数据、重要数据向境外提供的，应当按照国家规定开展安全评估。

第十一条　政务部门、公共服务组织收集数据应当符合下列要求：

（一）为依法履行公共管理职责或者提供公共服务所必需，且收集数据的种类和范围与其履行的公共管理职责或者提供的公共服务范围相适应；

（二）可以通过共享方式获得的数据，不得通过其他方式重复收集；

（三）自然人数据以有效身份号码作为标识进行收集，法人以及非法人组织数据以统一社会信用代码作为标识进行收集，自然资源和空间地理数据以地理编码作为标识进行收集；

（四）收集程序符合法律、法规相关规定。

法律、行政法规对政务部门、公共服务组织收集数据另有规定的，适用其规定。

第十二条　政务部门、公共服务组织应当建立健全数据质量管控体系，加强数据质量事前、事中和事后监督检查，实现问题数据可追溯、可定责，保证数据及时、准确、完整。

自然人、法人、非法人组织发现与其相关的公共数据不准确、不完整的，可以向相关政务部门、公共服务组织提出校核申请，相关政务部门、公共服务组织应当及时依法处理并反馈。

第十三条　发生突发事件，市、区县（自治县）人民政府及有关部门可以依法要求相关自然人、法人、非法人组织提供突发事件应对工作所必需的数据。

市、区县（自治县）人民政府及有关部门要求自然人、法人、非法人组织提供突发事件应对工作相关的数据，应当明确数据使用的目的、范围、方式。对在履行职责中知悉的个人隐私、个人信息、商业秘密、保密商务信息等数据应当依法予以保密，不得泄露或者非法向他人提供。

第十四条　市数据主管部门组织建立健全数据安全风险评估、报告、信息共享、监测预警、应急处置和分类分级保护制度，加强本市数据安全风险信息的获取、分析、研判、预警工作。

市数据主管部门应当会同市网信等部门按照国家规定编制本市重要数据目录，对列入目录的数据进行重点保护。

第十五条　网信部门负责统筹协调有关部门建立健全个人信息保护的投诉、举报制度，公布接受投诉、举报的联系方式，依法调查、处理。

第十六条　数据主管部门应当会同网信、公安、国家安全等部门，建立数据安全监督检查协作机制，依法处理数据安全事件。

第十七条　委托他人建设、维护政务信息系统以及委托他人存储、加工政务数据的，应当依法按照相关规定履行审批程序，监督受托方履行法律法规规定以及合同约定的数据安全保护义务，不得向受托方转移数据安全管理责任、数据归属关系。

第十八条　接受委托开展政务信息系统建设、维护以及存储、加工政务数据的，应当依照法律、法规的规定和合同约定履行数据安全保护义务，建立数据安全管理制度，确定专门的数据安全管理机构和人员，采取必要安全防护措施，确保政务信息系统和政务数据安全，不得擅自留存、使用、泄露或者向他人提供政务数据。

法律、行政法规规定提供数据处理相关服务应当取得行政许可的，服务提供者应当依法取得许可。

第十九条　本市支持数据安全检测评估、认证等专业机构依法开展数据服务活动。

数据主管部门、网信部门和有关主管部门在履行数据安全监管职责中按照法律、法规的规定，可以委托第三方机构按照相关标准对数据处理者开展数据安全检测评估、认证。

第三章　数据资源

第二十条　本市按照国家统一部署，建立健全公共数据资源体系，推进各类数据依法汇聚融合，有序共享开放。

政务数据、公共服务数据按照本条例规定纳入公共数据资源体系。

鼓励自然人、法人和非法人组织将数据依法汇聚到公共数据资源体系。

第二十一条　公共数据资源管理平台是本市实施公共数据资源汇聚、共享、开放的平台，由市数据主管部门负责建设和维护。

市数据主管部门应当会同有关部门建立和完善自然人、法人、信用、电子证照、自然资源和空间地理、物联感知等基础数据库，以及跨地域、跨部门主题数据库，依托公共数据资源管理平台建立统一的公共数据共享、开放系统。

政务部门和财政资金保障运行的公共服务组织不得新建其他公共数据资源管理平台、共享和开放系统；已经建成的，应当按照规定进行整合。

第二十二条　公共数据资源实行目录管理。公共数据资源目录分为政务数据目录和公共服务数据目录，应当包含数据的汇聚范围，数据共享和开放的类型、条件等内容。

市数据主管部门统筹推进本市公共数据资源目录建设，制定统一的目录编制规范，组织编制、发布全市公共数据资源目录并适时更新。

市数据主管部门应当组织政务部门按照国家和本市规定编制本市政务数据目录。相关政务部门应当按照政务数据目录将政务数据汇聚到公共数据资源管理平台。

市数据主管部门应当组织相关行业主管部门、公共服务组织、行业协会，根据全市数字化发展和相关行业数字化发展的需要编制公共服务数据目录。相关公共服务组织应当按照公共服务数据目录将公共服务数据汇聚到公共数据资源管理平台。

第二十三条　政务部门和财政资金保障运行的公共服务组织为依法履行职责或者提供公共服务需要向社会采购数据的，可以由同级数据主管部门统筹组织统一采购。

第二十四条　公共数据按照共享和开放的类型分为无条件共享、开放，有条件共享、开放，不予共享、开放三种类型。

政务部门、公共服务组织应当按照国家和本市有关规定对公共数据进行评估，科学合理确定共享和开放的类型，并定期更新。

列入有条件共享、开放，不予共享、开放的公共数据，应当有法律、行政法规或者国家有关规定为依据。

第二十五条　公共数据应当以共享为原则，不共享为例外。

政务部门、公共服务组织之间共享公共数据的，可以通过公共数据共享系统向市数据主管部门提出共享申请。

政务部门、公共服务组织申请共享公共数据的，应当明确应用场景;共享获取的公共数据应当用于本单位依法履行职责或者提供公共服务的需要,不得超出使用范围或者用于其他目的,不得以任何形式提供给第三方。

第二十六条　市数据主管部门应当自收到共享申请之日起五个工作日内依据公共数据资源目录确定的共享类型和条件予以答复,同意共享的,应当予以共享;不同意共享的,应当说明理由,并提供依据。

市数据主管部门依据公共数据资源目录不能确定能否共享的,答复期限可以延长五个工作日,并应当向提供数据的政务部门或者公共服务组织征求意见。政务部门或者公共服务组织应当在三个工作日内答复市数据主管部门。

第二十七条　公共数据开放应当遵循公正、公平、便民、无偿的原则,依法最大限度向社会开放。

自然人、法人和非法人组织需要获取无条件开放公共数据的,可以通过统一的公共数据开放系统获取。

自然人、法人和非法人组织需要获取有条件开放公共数据的,可以通过统一的公共数据开放系统向市数据主管部门提出开放申请。

第二十八条　市数据主管部门应当自收到开放申请之日起五个工作日内依据公共数据资源目录确定的开放类型和条件予以答复,同意开放的,应当予以开放;不同意开放的,应当说明理由,并提供依据。

市数据主管部门依据公共数据资源目录不能确定能否开放的,答复期限可以延长五个工作日,并应当向提供数据的政务部门或者公共服务组织征求意见。政务部门或者公共服务组织应当在三个工作日内答复市数据主管部门。

第二十九条　有条件开放的公共数据经审核同意开放的,市数据主管部门应当与申请人签订开放利用协议,并抄送提供数据的政务部门或者公共服务组织。

开放利用协议应当约定拟使用数据的清单、用途、应用场景、安全保障措施、使用期限以及协议期满后数据的处置、数据使用情况反馈等内容。开放利用协议示范文本由市数据主管部门会同有关部门制定。

申请人应当按照开放利用协议采取安全保障措施,在约定的范围内使用数据，并向市数据主管部门反馈数据使用情况；不得违反约定将获取的公共数据用于约定使用范围之外的其他用途，不得篡改、破坏、泄露所获取的公共数据，不得以获取的公共数据危害国家安全、侵犯商业秘密或者个人隐私。

第三十条　使用公共数据形成研究报告、学术论文、知识产权、数据服务、应用产品等成果的，应当在成果中注明数据来源。

第三十一条　本市建立公共数据授权运营机制。

授权运营单位不得向第三方提供授权运营的公共数据，但是可以对授权运营的公共数据进行加工形成数据产品和服务，并依法获取收益。

公共数据授权运营具体办法由市人民政府另行制定。

第四章　数据要素市场

第三十二条　市人民政府统筹规划培育数据要素市场，建立市场运营体系，推进数据要素市场化配置改革，促进数据要素依法有序流动。

市数据主管部门应当支持、引导自然人、法人和非法人组织参与数据要素市场建设，鼓励市场主体研发数字技术、推进数据应用，发挥数据资源效益。

第三十三条　自然人、法人和非法人组织可以通过合法、正当的方式依法收集数据；对合法取得的数据，可以依法使用、加工；对依法加工形成的数据产品和服务，可以依法获取收益。

第三十四条　市场主体使用数据应当遵守反垄断、反不正当竞争、消费者权益保护等法律、法规的规定，不得滥用市场支配地位从事操纵市场、设置排他性合作条款等活动。

第三十五条　本市建立数据资产评估制度，制定反映数据要素资产价值的评估指标体系。

第三十六条　自然人、法人和非法人组织应当依法开展数据交易活动，遵循自愿、平等、公平和诚实守信原则，遵守法律法规和商业道德，履行数据安全保护、个人信息保护等义务，有下列情形之一的，不得交易：

（一）危害国家安全、公共利益，侵犯他人合法权益、个人隐私的；
（二）未经合法权利人授权同意的；
（三）法律、行政法规禁止的其他情形。

第三十七条　条本市支持数据交易中介服务机构有序发展，为数据交易提供专业咨询、资产评估、登记结算、交易撮合、争议仲裁等专业服务。

市数据主管部门应当建立健全数据交易管理制度，规范数据交易行为，加强对数据交易中介服务机构的监督管理。

数据交易中介服务机构应当建立规范透明、安全可控、可追溯的数据交易服务环境，制定交易服务流程、内部管理制度以及机构自律规则，采取有效措施保护个人隐私、商业秘密，并在提供服务中，遵守下列规定：

（一）要求数据提供方说明数据来源；
（二）审核数据交易双方的身份；
（三）留存相关审核、交易记录；
（四）监督数据交易、结算和交付；
（五）采取必要技术手段确保数据交易安全；
（六）其他法律、法规的规定。

第三十八条　本市按照国家规定，设立数据交易场所。

政务部门和财政资金保障运行的公共服务组织应当通过依法设立的数据交易场所开展数据交易；鼓励市场主体在依法设立的数据交易场所开展数据交易。

第五章　发展应用

第三十九条　市、区县（自治县）人民政府应当支持、引导数据资源开发应用，促进数据要素发挥作用，推动数字技术创新，提高数字经济、数字社会、数字政府建设水平。

第四十条　市、区县（自治县）人民政府及其有关部门应当推进数字技术与实体经济深度融合，推动数据赋能经济数字化转型，支持制造业、服务业、农业等产业转型升级，培育数字经济新技术、新产业、新业态、新模式。

市、区县（自治县）人民政府及其有关部门应当建立激励机制，支持互联网平台企业依法依规开放数据、算法、算力等资源，推动数据融合共享和资源配置优化，提高数据资源利用效率，培育协同共生的数字产业生态。

第四十一条　市统计部门应当有序推进数字经济统计监测工作，建立健全数字经济统计指标体系和监测机制，开展数字经济统计调查和监测分析，按照国家规定及时准确发布数字经济有关统计信息，反映数字经济发展运行状况。

第四十二条　市、区县（自治县）人民政府及其有关部门应当创新监管理念和方式，对数字经济领域的新技术、新产业、新业态和新模式等实行包容审慎监管，依法加强网络交易监督管理，促进数字经济健康发展。

网络交易平台经营者应当依法依约履行产品和服务质量保障、消费者权益保护、数据安全与个人信息保护、劳动者权益保护、公平竞争等方面的义务，建立健全平台规则、投诉举报等制度。

第四十三条　市、区县（自治县）人民政府及其有关部门应当促进数字技术和服务业深度融合，加快数字社会建设，推动数据赋能生活数字化转型，提高公共卫生、医疗、养老、抚幼、就业、旅游、文体等民生领域的数字化水平。

第四十四条　市、区县（自治县）人民政府及其有关部门应当促进数字技术和政府管理、服务、运行融合，加快数字政府建设，推动数据赋能治理数字化转型，推进智慧城市建设，全面提升城市运行管理数字化、智能化、精准化水平。

市人民政府应当建设重庆市新型智慧城市运行管理平台，构建城市信息模型，建设统一政务服务、政府办公平台，推进跨层级、跨地域、跨系统、跨部门、跨业务协同管理，实现城市运行"一网统管"、政务服务"一网通办"、基层服务"一网治理"。

第四十五条　市、区县（自治县）人民政府应当统筹规划数字基础设施建设，优先布局重大数字基础设施建设，加快市政、交通、能源、环保、水利、物流、园区等传统基础设施的数字化改造，在建设规划、土地供应、电力接引、能耗指标、设施保护等方面完善政策保障,推动数字基础设施共建共享、互联互通。

第四十六条 规划自然资源、住房城乡建设等部门应当将物联网感知系统等数字基础设施作为医疗卫生、教育、交通、水利、市政等公共设施和住宅小区、住宅建筑、商业建筑等民用场所的基础配套设施,根据相关建设标准和规范在规划设计方案时进行配建,预留数字基础设施所需场地、电力、传输等资源,并与主体工程同时设计、同时建设、同时验收、同时投用。

相关建设标准和规范由市住房城乡建设部门会同市数据主管部门、市规划自然资源部门等另行制定。

第四十七条 市、区县(自治县)人民政府应当推动政务信息化项目统一规划、统筹管理、集约建设,提高财政资金使用效益,避免重复建设。

政务信息化项目建设的具体办法由市人民政府另行制定。

第四十八条 市、区县(自治县)人民政府应当统筹设立大数据发展专项资金,健全多元化投融资服务体系,逐步提高数据发展管理投入总体水平。

第四十九条 本市加强数字化发展人才队伍建设,完善人才引进、培育、评价、激励机制。

支持和引导高等院校、职业学校开设数字化发展相关专业,逐步提高相关专业招生比例,培养数字化发展创新型、应用型、融合型人才。

第五十条 市、区县(自治县)人民政府及其有关部门应当将数字化发展相关知识纳入国家工作人员教育培训内容。

广播、电视、报刊、互联网等新闻媒体应当开展数字化发展公益性宣传。鼓励社会团体、企事业单位加强员工培训,提升个人信息和数据安全保护意识,提升应用、管理和服务水平。

第六章 区域协同

第五十一条 本市加强与其他省、自治区、直辖市数据交流合作,推动区域数据共享交换,促进数据资源有序流动。

第五十二条 本市依托全国一体化政务服务平台与其他省、自治区、直辖市共同促进数据共享交换平台建设，推动数据有效流动和开发利用。

本市与其他省、自治区、直辖市共同促进数字认证体系建设，推动电子证照等跨区域互认互通。

第五十三条　本市按照成渝地区双城经济圈建设等国家战略部署，根据区域数据共享需要，与四川省共同开展川渝地区数据标准化体系建设，共同建立数据基础性标准和规范，促进数据资源共享和利用。

本市与四川省协同建设全国一体化算力网络国家枢纽节点，优化数据中心和存算资源布局，引导数据中心集约化、规模化、绿色化发展，推动算力、算法、数据集约化和服务创新，加快融入全国一体化大数据中心协同创新体系。

第五十四条　本市支持开展数据跨境流动，依托中新（重庆）等国际互联网数据专用通道，推动国际数据港建设。

第七章　法律责任

第五十五条　数据主管部门、网信部门和有关主管部门在履行数据安全监管职责中，发现数据处理活动存在较大安全风险的，可以按照规定的权限和程序对有关组织、个人进行约谈，并要求有关组织、个人采取措施进行整改，消除隐患。

第五十六条　国家机关、履行公共管理和服务职责的事业单位有下列行为之一的，由数据主管部门按照管理权限责令限期整改；情节严重的，由有权机关对直接负责的主管人员和其他直接责任人员依法给予处分：

（一）未按照规定收集数据的；

（二）未按照规定编制公共数据目录的；

（三）未按照规定将数据汇聚至公共数据资源管理平台的；

（四）对自然人、法人、非法人组织的校核申请不及时依法处理的；

（五）未按照规定共享、开放数据的；

（六）未按照规定开展数据质量管理的；

（七）未依法履行数据安全监管职责的；

（八）篡改、破坏、泄露数据的；

（九）滥用职权、玩忽职守、徇私舞弊的。

第五十七条　自然人、法人和非法人组织违反本条例第二十九条规定，有下列行为之一的，由市数据主管部门责令限期改正；逾期未改正的或者造成严重后果的，处一万元以上十万元以下的罚款：

（一）未向市数据主管部门反馈数据使用情况的；

（二）超出约定使用范围使用公共数据的。

第五十八条　违反本条例规定的行为，法律、行政法规已有处罚规定的，从其规定。

第八章　附则

第五十九条　根据本市应用需求，税务、海关、金融监督管理等中央国家机关派驻重庆管理机构处理的数据，参照本条例公共数据有关规定执行。

第六十条　本条例自2022年7月1日起施行。

《四川省数据条例》

施行日期：2023/1/1

发布情况：2022年12月2日四川省第十三届人民代表大会常务委员会第三十八次会议通过

内容概述：该条例是四川省数据领域的第一部基础性法规，主要内容包括进一步理顺数据管理体制机制、推进数据资源统一管理、促进数据要素有序流通、推动数据资源高效开发利用、加强数据安全管理和个人信息保护、协同推进区域合作六大方面，明确要建立全省统一的公共数据资源体系，明确公共数据以共享为原则、不共享为例外，提出要建立数据安全常态化运行管理机制，鼓励开展数据融合应用。

第一章　总则

第一条　为了加强数据资源管理，规范数据处理活动，保护自然人、法人和非法人组织的合法权益，保障数据安全，促进数据依法有序流通和应用，推动以数据为关键要素的数字经济发展，根据《中华人民共和国数据安全法》《中华人民共和国个人信息保护法》等有关法律、行政法规，结合四川省实际，制定本条例。

第二条　四川省行政区域内数据资源管理、数据流通、数据应用、数据安全和区域合作等活动，适用本条例。

第三条　县级以上地方各级人民政府应当加强对数据工作的领导，统筹推进数据管理工作，建立协调机制和考核评价机制，将数据开发利用和产业发展纳入国民经济和社会发展规划，制定支持数据领域发展的政策措施，整合本行政区域数据领域发展资源，培育数据要素市场，发挥数据在促进经济发展、服务改善民生、完善社会治理等方面的作用。

第四条　县级以上地方各级人民政府应当明确数据管理机构负责本行政区域数据统筹管理、开发利用和监督检查，以及推进数据资源体系建设和数据要素市场培育等工作。

第五条　发展改革、经济和信息化等主管部门按照各自职责，做好数据领域发展促进工作。

网信部门负责统筹协调个人信息保护、网络数据安全和相关监管工作。公安、国家安全机关依法在各自职责范围内负责数据安全相关工作。

各行业主管部门在各自职责范围内负责本行业、本领域的数据相关工作。

第六条　县级以上地方各级人民政府应当加强数字基础设施建设的统筹协调，将数字基础设施的建设和布局纳入国土空间规划，结合实际编制和实施数字基础设施建设规划，并与交通运输、能源、水利、市政等基础设施专项规划相衔接。

县级以上地方各级人民政府及其有关部门应当提升电子政务云、电子政务外网等的服务能力，建设新一代通信网络、新型数据中心等重大基础设施，建立完善网络、存储、计算、安全等数字基础设施。

第七条　省人民政府标准化行政主管部门应当会同有关部门加强数据标准体系建设和管理，制定完善并推广数据收集、共享、开放、应用等标准规范。

鼓励企业、科研机构和社会团体等参与制定数据国家标准、行业标准、团体标准和地方标准等技术规范。

第八条　数据相关行业组织应当建立健全行业规范，主动接受相关主管部门的指导、监督，加强行业自律，推动行业诚信建设，监督、引导从业者依法开展数据相关活动，促进行业健康发展。

第九条　自然人的个人信息受法律保护，任何组织、个人不得侵害自然人的个人信息权益。

履行个人信息保护和数据安全管理职责的部门应当建立数据监管相关的投诉、举报制度，收到投诉、举报后及时依法处理，并对相关信息予以保密。

第二章　数据资源

第十条　省数据管理机构应当会同相关部门按照国家规定，建立全省统一的公共数据资源体系，推进公共数据资源依法采集汇聚、加工处理、共享开放、创新应用。

本条例所称公共数据，是指国家机关和法律、法规授权的具有管理公共事务职能的组织（以下统称政务部门）为履行法定职责收集、产生的政务数据，以及医疗、教育、供水、供电、供气、通信、文化旅游、体育、交通运输、环境保护等公共企业事业单位（以下统称公共服务组织）在提供公共服务过程中收集、产生的涉及公共利益的公共服务数据。

第十一条　省数据管理机构负责推动构建全省公共数据资源中心体系和建设公共数据资源管理平台，支撑公共数据汇聚、存储、共享、开放和安全管理等工作。

政务部门和财政资金保障运行的公共服务组织不得新建跨部门、跨层级的公共数据资源管理平台；已经建成的，应当按照规定进行整合。

第十二条　省数据管理机构会同有关部门，按照国家有关公共数据分类分级的要求，制定本省公共数据分类分级规则，促进公共数据分类分级管理。

省有关行业主管部门可以根据国家和省公共数据分类分级的相关规定，制定本行业公共数据分类分级实施细则。

第十三条　省数据管理机构应当会同有关部门建立和完善人口、法人、自然资源和空间地理、社会信用信息、电子证照等基础数据库，以及宏观经济、政务服务、社会治理、生态环境、民生保障等跨地区、跨部门、跨层级主题数据库。

第十四条　公共数据实行目录化管理。省数据管理机构应当统筹推进全省公共数据目录管理，制定统一的目录编制指南，组织编制、发布全省公共数据目录并动态更新。

市（州）、县（市、区）数据管理机构应当按照目录编制指南，组织编制本级公共数据子目录，报上一级数据管理机构审核。

政务部门和公共服务组织应当按照目录编制指南，编制本单位公共数据子目录，报同级数据管理机构审核。

第十五条　政务部门和公共服务组织应当按照一项数据有且只有一个法定数源部门的原则，依照法定的权限、程序和标准规范收集公共数据，不得超出履行法定职责所必需的范围和限度。

除法律、行政法规另有规定外，可以通过共享获取的公共数据，不得重复收集。

收集公共数据应当分别以下列号码或者代码作为必要标识：

（一）公民身份号码或者个人其他有效身份证件号码；

（二）法人统一社会信用代码；

（三）非法人组织统一社会信用代码或者其他识别代码；

（四）依据相关数据标准确定的代码标识。政务部门和公共服务组织收集数据时，已经通过有效身份证件验明身份的，不得强制通过收集指纹、虹膜、人脸等生物识别信息重复验证。法律、行政法规另有规定的除外。

第十六条　在商场、超市、公园、景区、公共文化体育场馆、宾馆等公共场所，以及居住小区、商务楼宇等公共区域，安装图像收集、个人身份识别设备，应当以维护公共安全为目的，遵守国家有关规定，并设置显著标识，不得以图像采集、个人身份识别技术作为出入该场所或者区域的唯一验证方式。

所收集的个人图像、身份识别信息只能用于维护公共安全的目的；取得个人授权的除外。

第十七条　发生突发事件时，县级以上地方各级人民政府及其有关部门可以按照应对突发事件有关法律、法规规定，要求相关自然人、法人和非法人组织提供应对突发事件所必需的数据。

要求自然人、法人和非法人组织提供前款所需数据的，应当依照法定条件和程序进行，并明确告知数据使用的目的、范围、方式和期限。对在履行职责中知悉的个人隐私、个人信息、商业秘密、保密商务信息等数据应当依法予以保密，不得泄露或者非法向他人提供。使用期限届满后，应当依法及时对数据进行删除、封存、匿名化处理等方式妥善处理，并关停相关数据应用。

第十八条　政务部门和财政资金保障运行的公共服务组织为依法履行职责或者提供公共服务需要的数据，不能通过共享方式获取的，经同级数据管理机构确认后可以通过采购获取。

第十九条　政务部门和公共服务组织应当依据公共数据目录，将本单位公共数据汇聚至省、市（州）数据资源中心；依照法律、行政法规规定未能汇聚的数据，应当经本级数据管理机构确认，并以适当方式进行数据共享和开放。

省公共数据资源中心汇聚的公共数据应当及时按照属地原则回流至市（州）公共数据资源中心。市（州）公共数据资源中心应当为县（市、区）、乡（镇）使用公共数据提供支撑。

第二十条　省数据管理机构会同有关部门建立健全以下公共数据治理工作机制：

（一）建立公共数据资源普查制度，编制公共数据资源清单，实现公共数据资源统一管理；

（二）建立公共数据质量管控制度，实现问题数据可追溯、可定责，保证数据及时、准确、完整；

（三）建立公共数据校核制度，自然人、法人和非法人组织发现涉及自身的公共数据不准确、不完整的，可以向政务部门或者公共服组织提出校核申请，相关政务部门、公共服务组织应当及时依法处理并反馈；

（四）建立公共数据使用情况统计反馈制度，由省数据管理机构统计并定期向数据来源部门反馈公共数据的归集、使用、交易等情况。

第二十一条　自然人、法人和非法人组织可以通过合法、正当的方式收集非公共数据。收集已公开的非公共数据，不得违反法律、行政法规的规定，不得侵犯他人的合法权益。法律、行政法规对非公共数据收集的目的和范围有规定的，从其规定。

自然人、法人和非法人组织在收集非公共数据时，不得实施下列侵害其他市场主体合法权益的行为：

（一）使用非法手段获取其他市场主体的数据；

（二）利用非法收集的其他市场主体数据提供替代性产品或者服务；

（三）法律、行政法规规定禁止的其他行为。

第三章　数据流通

第二十二条　省数据管理机构应当会同相关部门按照国家要求，深化数据要素市场化配置改革，培育公平、开放、有序、诚信的数据要素市场，推进公共数据共享、开放、授权运营，规范数据交易，促进数据要素依法有序流通。

第二十三条　公共数据以共享为原则、不共享为例外。

公共数据共享，是指政务部门和公共服务组织为履行法定职责或者提供公共服务需要，依法使用其他政务部门和公共服务组织的公共数据，以及为其他政务部门和公共服务组织提供公共数据的行为。

公共数据按照共享属性分为无条件共享、有条件共享、不予共享三类。

政务部门和公共服务组织应当按照国家和省有关规定对收集、产生的公共数据进行评估，科学合理确定共享属性，并定期更新。列入有条件共享数据的，应当说明理由并明确共享条件；列入不予共享数据的，应当提供明确的法律、法规、规章或者国家有关规定。

第二十四条　政务部门和公共服务组织需要获取无条件共享公

数据的，可以通过共享平台直接获取；需要获取有条件共享公共数据的，应当通过共享平台向本级数据管理机构提出共享申请，并列明理由、依据、用途等。

数据管理机构应当自收到申请之日起五个工作日内依据数据共享目录予以答复，可共享的，应当予以共享；不可共享的，应当说明理由，并提供依据；不能确定能否共享的，答复期限可以延长五个工作日，并应当通过平台向数据提供单位征求是否共享。

数据提供单位应当在三个工作日内答复数据管理机构。同意共享的，数据管理机构应当在两个工作日内予以共享；不同意共享的，应当说明理由，数据管理机构应当在两个工作日内完成审核，并告知数据申请单位。

第二十五条 政务部门和公共服务组织应当在授权使用的方式、范围和期限内，使用通过共享获取的公共数据，不得用于本单位履行职责之外的其他目的。

第二十六条 政务部门和公共服务组织向社会开放公共数据，应当遵循公正、公平、便民、安全的原则。公共数据开放，不得收取任何费用。

公共数据开放，是指政务部门和公共服务组织向社会依法提供公共数据的行为。

公共数据按照开放属性分为无条件开放、有条件开放、不予开放三类。

法律、行政法规规定不得开放以及开放后可能危及国家安全、危害公共利益、损害民事权益的公共数据，列入不予开放类；需要依法授权向特定自然人、法人和非法人组织开放的公共数据，列入有条件开放类；其他公共数据列入无条件开放类。法律、行政法规另有规定的除外。

县级以上地方各级人民政府应当依法最大限度向社会有序开放公共数据，并推动企业登记监管、卫生、交通运输、气象等高价值数据优先开放。

第二十七条 省数据管理机构根据国家和省有关公共数据分类分级要求，组织编制全省公共数据开放目录和相关责任清单。市（州）

数据管理机构可以组织编制本行政区域公共数据开放子目录。

第二十八条　自然人、法人和非法人组织需要获取无条件开放公共数据的，可以通过开放平台直接获取；需要获取有条件开放公共数据的，应当依据目录通过开放平台向数据管理机构提出开放申请，并列明理由、依据、用途等。

数据管理机构应当自收到开放申请之日起五个工作日内依据开放目录予以答复，可开放的，应当予以开放；不同意开放的，应当说明理由，并提供依据；数据管理机构依据开放目录不能确定能否开放的，答复期限可以延长五个工作日，并应当通过平台向数据提供单位征求是否开放。

数据提供单位应当在三个工作日内答复数据管理机构，同意开放的，数据管理机构应当在两个工作日内予以开放。不予开放的，应当说明理由，数据管理机构应当在两个工作日内完成审核，并告知数据申请者。

第二十九条　自然人、法人和非法人组织申请有条件开放公共数据的，应当签订数据利用承诺书。

数据利用承诺书范本由省数据管理机构会同相关部门制定。数据利用承诺书应当明确拟使用数据的清单、用途、应用场景、安全保障措施、使用期限以及期满后数据的处置、数据使用情况反馈等内容。

第三十条　签订数据利用承诺书的申请人应当采取安全保障措施，在规定的范围内使用数据，并向数据管理机构反馈数据使用情况；不得将获取的公共数据用于规定使用范围之外的其他用途，不得篡改、破坏、泄露所获取的公共数据，不得以获取的公共数据危害国家安全、侵犯商业秘密或者个人隐私。

使用开放的公共数据形成研究报告、学术论文、知识产权、数据服务、应用产品等成果的，应当在成果中注明数据来源。

第三十一条　鼓励自然人、法人和非法人组织依法共享、开放其合法收集的自有商业数据等非公共数据，法律、行政法规另有规定的除外。

省数据管理机构应当会同相关部门建立多元化的数据合作机制，加强公共数据和非公共数据融合。引导企业、行业协会、科研机构等依法收集、整合行业和市场数据,结合开放的公共数据,开发数据产品和服务。

第三十二条　县级以上地方各级人民政府可以在保障国家秘密、国家安全、社会公共利益、商业秘密、个人隐私和数据安全的前提下,授权符合规定安全条件的法人或者非法人组织开发利用政务部门掌握的公共数据,并与授权运营单位签订授权运营协议。

省数据管理机构应当会同相关部门建立公共数据授权运营机制,制定公共数据授权运营管理办法,报省人民政府批准后实施。数据管理机构应当根据公共数据授权运营管理办法对授权运营单位实施日常监督管理。

第三十三条　省数据管理机构会同相关部门建立数据交易管理制度,规范数据交易行为,建立资产评估、登记结算、交易撮合、争议解决等数据要素市场运营体系。

第三十四条　政务部门和财政资金保障运行的公共服务组织应当通过依法设立的数据交易场所开展数据交易;鼓励符合条件的市场主体在依法设立的数据交易场所开展数据交易。

第三十五条　数据交易应当遵循自愿、平等、公平和诚实守信原则,遵守法律法规和商业道德,履行数据安全保护、个人信息保护、知识产权保护等方面的义务。

有下列情形之一的,不得交易:

(一)危害国家安全、公共利益,侵害个人隐私的;

(二)未经合法权利人授权同意的;

(三)法律、法规规定禁止交易的其他情形。

第三十六条　数据交易服务机构应当建立规范透明、安全可控、可追溯的数据交易服务环境,制定交易服务流程、内部管理制度以及机构自律规则,采取有效措施保护个人隐私、个人信息、商业秘密、保密商务信息等数据,并在提供服务过程中,遵守下列规定:

(一)要求数据提供方说明数据来源;

(二)审核数据交易双方的身份;

(三)留存相关审核、交易记录;

(四)监督数据交易、结算和交付;

（五）采取必要技术手段确保数据交易安全；

（六）其他法律、法规的规定。

第三十七条　数据管理机构应当会同相关部门支持数据交易服务机构有序发展，指导其提供数据资产、数据合规性、数据质量等第三方评估以及交易撮合、交易代理、专业咨询、数据经纪、数据交付等专业服务。

第三十八条　自然人、法人和非法人组织可以依法使用、加工合法取得的数据；对依法加工形成的数据产品和服务，可以依法获取收益。

自然人、法人和非法人组织在使用、加工等数据处理活动中形成的法定或者约定的财产权益，以及在数字经济发展中有关数据创新活动取得的合法权益受法律保护。

自然人、法人和非法人组织使用、加工数据，应当遵守法律、法规，尊重社会公德和伦理，遵守商业道德，诚实守信，不得危害国家安全和公共利益，不得损害他人的合法权益。

第三十九条　自然人、法人和非法人组织应当依法开展数据交易、流通、合作等活动，并对数据实施保护和管理。

自然人、法人和非法人组织依法获取的个人信息数据经过处理无法识别特定个人且不能复原的，或者取得特定数据提供者明确授权的，可以交易、交换或者以其他方式开发利用。

自然人、法人和非法人组织对数据的使用应当遵守反垄断、反不正当竞争、消费者权益保护等法律、法规规定，不得利用市场支配地位从事操纵市场、设置排他性合作条款等活动；不得滥用大数据分析等技术手段，基于个人消费数据和消费偏好设置不公平交易条件或者诱导用户沉迷、过度消费的数据服务规则，侵犯消费者合法权益。

第四章　数据应用

第四十条　县级以上地方各级人民政府应当强化创新服务，激活数据要素潜能，推动数据有效应用。

第四十一条　县级以上地方各级人民政府及其有关部门应当加快推进数字政府建设，将数字技术广泛应用于经济调节、市场监管、社会管理、公共服务、生态环境保护等方面，提高决策科学化水平和管理服务效率。依托天府通办和省一体化政务服务平台，推进政务服务一网通办、全程网办，开发数据应用场景，促进政务服务跨层级、跨地域、跨系统、跨部门、跨业务协同，提升公共服务能力。加快推进数字机关建设，提升政务运行效能。

第四十二条　省人民政府及其有关部门应当制定措施培育壮大数据采集、存储管理、挖掘分析、交易流通、安全保护等数据核心产业，发展人工智能、大数据、区块链、云计算、数据存储、物联网、高端软件、网络安全等特色产业。

第四十三条　县级以上地方各级人民政府及其有关部门应当促进数字技术与实体经济深度融合，推动传统产业数字化、网络化、智能化发展。

鼓励开展数据融合应用，加快数据赋能生产制造、科技研发、金融服务、商贸流通、农业等领域和市政、交通运输、能源、环保、水利、物流、园区等的数字化改造和智能化升级。

第四十四条　县级以上地方各级人民政府及其有关部门应当规范发展共享经济、平台经济、在线文娱、数字文创、智慧文旅等新业态，提高公共卫生、医疗、教育、养老、就业等基本民生领域和商业、文娱、体育、旅游等民生领域的数字化水平。支持手机应用程序、智慧终端设施、各类公共服务设施面向残疾人和老年人开展适应性数字化改造。

第四十五条　县级以上地方各级人民政府及其有关部门应当应用数据赋能城市治理，统筹建设城市大脑，提升智能感知、数据处理、分析研判、协同指挥和科学治理水平，推动城市管理和服务数字化、网络化、智能化。

应用数字技术赋能数字乡村，开展智慧农业、农村电商等建设，提升农业农村生产经营精准化、管理服务智能化、乡村治理数字化水平。

加大对革命老区、民族地区和农村地区资金、技术、人才等方面的支持，优化数字公共产品供给，加强数字基础设施建设，提升数字基础设施建设水平和覆盖质量。

第四十六条　县级以上地方各级人民政府应当结合实际统筹安排产业发展等相关资金支持数据领域发展和建设，重点支持数据领域核心关键技术攻关、产业链构建、基础设施建设、市场主体培育等。

鼓励以市场化方式设立数据领域的创业投资基金，引导社会资本投资数据应用，支持符合条件的相关企业上市和发债融资。

第四十七条　县级以上地方各级人民政府及其有关部门应当完善政策措施，在土地、电力、能耗指标等生产要素方面优先保障数据领域发展。

第四十八条　县级以上地方各级人民政府及其有关部门应当推动数据领域科技创新平台建设，积极引进高水平数据科研机构和企业在本省设立分支机构或者研发中心，支持企业与高校、科研院所等单位合作开展数据领域关键技术攻关，构建多元参与的创新生态体系。

第四十九条　县级以上地方各级人民政府及其有关部门应当将数字化能力培养纳入教育培训体系，培养和引进高素质科技人才和技能人才。对数据领域发展作出突出贡献的人才，按照有关规定给予奖励。

第五十条　广播、电视、报刊、互联网等新闻媒体应当开展数据领域相关的公益宣传，推动形成全社会共同维护数据安全和促进发展的良好环境。

第五十一条　省人民政府设立数据专家咨询委员会，加强数据领域的理论研究，推进数据领域技术交流与合作，为数据应用以及相关工程实施提供决策咨询。

第五十二条　县级以上地方各级人民政府及其有关部门应当改进监管技术和手段，完善监管体系，对数据领域的新技术、新产业、新业态和新模式等实行包容审慎监管。

第五章　数据安全

第五十三条　省人民政府应当统筹全省数据安全管理工作，建立数据安全责任制，完善数据安全综合治理体系。

政务部门和公共服务组织应当建立数据安全管理制度，编制并组织实施本单位的数据安全规划和数据安全应急预案，定期组织开展本单位的数据安全风险评估，指导督促数据处理者及时对存在的风险隐患进行整改。

第五十四条　数据处理者开展数据处理活动应当符合法律、法规的规定，建立数据安全常态化运行管理机制，履行以下数据安全保护义务：

（一）依法建立健全全流程数据安全管理制度、技术规范和操作规程；

（二）设置数据安全管理岗位，实行管理岗位责任制，配备安全管理人员和专业技术人员；

（三）组织开展数据安全教育、技术培训；

（四）加强数据安全日常管理和检查，对复制、导出、脱敏、销毁数据等可能影响数据安全的行为，以及可能影响个人信息保护的行为进行监督；

（五）制定数据安全应急预案，开展应急演练；

（六）加强风险监测，发现数据安全缺陷、漏洞等风险时，应当立即采取补救措施；

（七）按照分类分级保护要求，采取安全保护技术措施，防止数据丢失、篡改、破坏和泄露，保障数据安全；

（八）发生数据安全事件时，应当立即采取处置措施，按照规定及时告知用户并向有关主管部门报告；

（九）法律、法规规定的其他数据安全保护义务。

第五十五条　数据处理者委托他人代为处理数据的，应当与其订立数据安全保护合同，明确双方数据安全保护责任，受托方应当依照法律、法规、规章的规定和合同约定履行数据安全保护义务。

受托方完成数据处理任务后，应当及时有效销毁其存储的数据，不得擅自留存、使用、泄露或者向他人提供数据，法律、法规另有规定或者双方另有约定的除外。

第五十六条　政务部门和公共服务组织依法委托第三方服务机构开展平台建设以及运行维护的，应当按照国家和省有关规定对服务提供方进行安全审查；经安全审查符合条件的，签订服务外包协议时应当同时签订服务安全保护以及保密协议，并监督服务提供方履行数据安全保护义务。

第五十七条　省网信部门会同有关部门建立健全本省数据分类分级保护制度，按照国家规定编制本省重要数据目录，加强对重要数据的保护。

第五十八条　省网信部门会同有关部门建立健全数据安全风险评估、报告、信息共享、监测预警机制，指导各地区各部门加强数据安全风险信息的获取、分析、研判、预警工作。

第五十九条　省网信部门会同有关部门建立健全数据安全应急处置机制，指导有关部门加强应急处置能力建设。

发生数据安全事件，有关主管部门应当依法启动应急预案，采取应急处置措施，防止危害扩大，消除安全隐患，并及时向社会发布与公众有关的警示信息。

第六十条　网信部门和有关主管部门在履行数据安全监管职责中，可以依法委托第三方机构对数据处理者开展数据安全检测评估、认证。

支持数据安全检测评估、认证等专业机构依法开展服务活动。鼓励有关部门、行业组织、企业、教育科研机构和有关专业机构等在数据安全风险评估、防范、处置等方面开展协作。

第六十一条　网信部门和有关主管部门应当建立数据安全监督检查机制，依法处理数据安全事件。

在履行数据安全监管职责中，发现数据处理活动存在较大安全风险的，可以按照法定权限和程序对有关组织、个人进行约谈，并要求有关组织、个人采取措施进行整改，及时消除隐患。

第六十二条　鼓励数据保护关键技术和安全监管技术创新研究，支持教育科研机构和企业开展数据安全关键技术攻关，部署应用隐私计算、区块链、量子密码等安全技术，推动政府、行业、企业数据风险信息共享。

第六章　区域合作

第六十三条　加强数据领域省际合作，按照区域数据要素流通需求，推动数据安全流通技术的应用，促进区域间数据共享交换，建立跨区域的数据融合发展应用机制，发挥数据在跨区域协同发展中的创新驱动作用。

第六十四条　依托国家统一平台，按照区域应用协同需求，与其他省、自治区、直辖市共同促进公共数据共享交换平台建设，支撑区域公共数据共享共用、业务协同和应用场景开发。

第六十五条　依托国家统一平台，与其他省、自治区、直辖市共同促进数字认证、电子证照等跨区域互通互认，支撑政务服务跨区域协同。

第六十六条　本省按照成渝地区双城经济圈建设等国家战略要求，与重庆市共同开展川渝地区数据标准化体系建设，共同建立数据基础性标准和规范，促进数据资源跨区域共享和利用。

第六十七条　按照国家部署，加快实施"东数西算"工程，与重庆市共同建设全国一体化算力网络国家枢纽节点，优化数据中心和存储算力资源布局，培育国家级数据中心集群，引导数据中心集约化、规模化、绿色化发展，推动算力、算法、数据集约化和服务化创新，加快融入全国一体化大数据中心协同创新体系。

第七章　法律责任

第六十八条　违反本条例规定的行为，法律、行政法规已有法律责任规定的，适用其规定。

第六十九条　国家机关、履行公共管理和服务职责的事业单位及其工作人员违反本条例规定，有下列行为之一的，由本级人民政府或者上级机关责令改正；造成不良后果或者影响的，对负有责任的领导人员和直接责任人员依法给予处分；构成犯罪的，依法追究刑事责任：

（一）未按照规定收集、汇聚、共享、开放、应用公共数据的；

（二）未按照规定开展公共数据目录编制、公共数据普查、质量管控工作的；

（三）对自然人、法人和非法人组织的校核申请不及时依法处理的；

（四）未依法履行数据安全监管职责的；

（五）篡改、伪造、破坏、泄露公共数据的；

（六）滥用职权、玩忽职守、徇私舞弊的；
（七）违反本条例规定的其他情形。

第八章 附则

第七十条 本条例自 2023 年 1 月 1 日起施行。

《广东省数字经济促进条例》

施行日期：2021/9/1

发布情况：2021 年 7 月 30 日广东省第十三届人民代表大会常务委员会第三十三次会议通过

内容概述："十四五"期间，国家公布数字经济及其核心产业统计分类以来的首部促进数字经济发展的地方性法规。强调数字经济发展应遵循创新引领、数据驱动、融合赋能、包容审慎、安全发展的原则，并以数字产业化和产业数字化为核心。数字产业化主要促进数字产品制造业、数字产品服务业、数字技术应用业、数字要素驱动业的发展；产业数字化则主要促进工业数字化、农业数字化、服务业数字化等数字化效率提升业的发展。

第一章 总则

第一条 为了促进数字经济发展，推进数字产业化和产业数字化，推动数字技术与实体经济深度融合，打造具有国际竞争力的数字产业集群，全面建设数字经济强省，根据有关法律、行政法规，结合本省实际，制定本条例。

第二条 本条例适用于本省行政区域内促进数字经济发展，以及为数字经济提供支撑保障等相关活动。

本条例所称数字经济，是指以数据资源为关键生产要素，以现代信息网络作为重要载体，以信息通信技术的有效使用作为效率提升和经济结构优化的重要推动力的一系列经济活动。

第三条　数字经济发展应当遵循创新引领、数据驱动、融合赋能、包容审慎、安全发展的原则。

第四条　数字经济发展以数字产业化和产业数字化为核心。数字产业化主要促进数字产品制造业、数字产品服务业、数字技术应用业、数字要素驱动业的发展；产业数字化主要促进工业数字化、农业数字化、服务业数字化等数字化效率提升业的发展。

第五条　县级以上人民政府应当将数字经济发展纳入国民经济和社会发展规划，并根据需要制定本级数字经济发展规划。

省人民政府应当加强对全省数字经济发展的统筹部署，营造数字经济发展良好环境。地级以上市、县级人民政府应当及时掌握数字经济发展动态，协调解决重大问题，按照上级人民政府统筹部署组织实施。

第六条　省人民政府发展改革主管部门负责拟制促进数字化发展战略、规划和重大政策，推进数字化发展重大工程和项目实施；工业和信息化主管部门负责促进数字经济发展工作，拟制促进数字经济发展的战略、规划和政策措施并组织实施；统计主管部门负责建立数字经济统计监测机制，开展数字经济统计调查和监测分析，依法向社会公布。

地级以上市、县级人民政府工业和信息化主管部门或者本级人民政府确定的主管部门，负责推进数字经济发展具体工作。

县级以上人民政府其他有关部门按照职责分工，做好数字经济发展工作。

第七条　省人民政府及有关部门应当加强与"一带一路"沿线国家和地区在数字基础设施、数字商贸、数字金融、智慧物流等领域的交流合作，扩大数字经济领域开放。加强粤港澳大湾区数字经济规则衔接、机制对接，推进网络互联互通、数字基础设施共建共享、数字产业协同发展。

县级以上人民政府及有关部门应当按照本省关于珠三角核心区、沿海经济带、北部生态发展区的区域发展格局，加强数字经济区域优势互补、差异化协调发展。

鼓励社会力量参与数字经济发展，加强国内外交流合作。

第八条　引导企业等市场主体在促进数字经济发展政策支持下，进行数字化转型。支持和鼓励各类市场主体参与数字经济领域投资建设。

支持行业协会、科研机构、高等学校以及其他组织为促进数字经济发展提供创业孵化、投资融资、技术支持、法律服务、产权交易等服务。

第二章　数字产业化

第九条　县级以上人民政府应当促进计算机通信和其他电子设备制造业、电信广播电视和卫星传输服务、互联网和相关服务、软件和信息技术服务业等发展，培育人工智能、大数据、区块链、云计算、网络安全等新兴数字产业，谋划布局未来产业。

第十条　省人民政府及发展改革、科技、工业和信息化等有关部门应当统筹规划集成电路产业发展，提升基金、平台、高等学校、园区支撑水平，从制造、设计、封测、材料、装备、零部件、工具、应用等方面构建产业支柱，支持优质项目投资建设，打造集成电路产业创新发展高地。

第十一条　省人民政府及科技、工业和信息化等有关部门应当统筹规划软件产业发展，培育具有自主知识产权的软件产业，推进软件产品迭代、平台搭建、产业化应用、适配测试和开源开放，拓展用户市场，构建安全可控、共建共享的软件产业生态。

第十二条　省人民政府及工业和信息化、通信管理等有关部门应当统筹规划新一代移动通信产业发展和应用创新，加强材料、制造工艺等领域前沿布局，构建集材料、芯片、基站、设备、终端、应用于一体的新一代移动通信产业链。

第十三条　县级以上人民政府及发展改革、商务、市场监督管理等有关部门应当培育互联网平台企业，支持利用互联网平台推进资源集成共享和优化配置。依法依规明确平台企业定位和监管规则，促进平台经济和共享经济规范有序创新健康发展。

互联网平台经营者应当建立健全平台管理规则和制度，依法依约履行产品和服务质量保障、网络安全保障、数据安全保障、消费者权益保护、个人信息保护等方面的义务。

第十四条　县级以上人民政府及发展改革、科技、工业和信息化、商务、市场监督管理等有关部门应当引导支持数字经济领域的龙头企业、高新技术企业，以及科技型中小企业和专业化、精细化、特色化、新颖化中小企业发展。

县级以上人民政府及地方金融监督管理等有关部门应当培育数字经济领域企业上市资源，支持有条件的企业依法到证券交易机构上市。

第十五条　县级以上人民政府及发展改革、科技、工业和信息化等有关部门应当结合本地实际，引导支持数字产业基地和园区建设，重点培育下列数字产业集群：

（一）新一代电子信息；

（二）软件与信息服务；

（三）超高清视频显示；

（四）半导体与集成电路；

（五）智能机器人；

（六）区块链与量子信息；

（七）数字创意；

（八）其他重要数字产业集群。

第十六条　引导互联网企业、行业龙头企业、基础电信企业开放数据资源和平台计算能力等，支持企业、科研机构、高等学校等创建数字经济领域众创空间、科技企业孵化器、科技企业加速器、大学科技园等创新创业载体，构建协同共生的数字经济产业创新生态。

第三章　工业数字化

第十七条　县级以上人民政府应当推进工业实施全方位、全角度、全链条的改造，提升全要素生产率，加快工业生产模式和企业形态变革，促进工业数字化、网络化、智能化转型。

第十八条　县级以上人民政府及工业和信息化、通信管理等有关部门应当推动跨行业、跨领域以及特色型、专业型工业互联网平台建设，支持企业改造提升工业互联网内外网络，建立完善工业互联网标识解析体系，健全工业互联网安全保障体系。

第十九条　省人民政府及科技、工业和信息化、通信管理等有关部门应当通过推动工业互联网平台、网络、标识解析、安全等关键技术突破，增强工业芯片、工业软件、工业操作系统等供给能力，实现工业制造技术和工艺数字化、软件化。

第二十条　县级以上人民政府及工业和信息化等有关部门应当推动工业数字化产业生态建设，培育工业数字化转型服务商，以提供数字化平台、系统解决方案以及数字产品和服务。

第二十一条　县级以上人民政府及工业和信息化等有关部门应当推动发展智能制造，加强工业互联网创新应用，支持工业企业实施数字化改造，推进工业设备和业务系统上云上平台，建设智能工厂、智能车间，培育推广智能化生产、网络化协同、个性化定制、服务化延伸、数字化管理等新业态新模式。

第二十二条　县级以上人民政府及工业和信息化、国有资产监督管理等有关部门应当推动大型工业企业开展集成应用创新，推进关键业务环节数字化，带动供应链企业数字化转型。推动中小型工业企业运用低成本、快部署、易运维的工业互联网解决方案，普及应用工业互联网。

第二十三条　县级以上人民政府及工业和信息化等有关部门应当结合本地实际，推进产业集群数字化改造，推动产业集群利用工业互联网进行全要素、全产业链、全价值链的连接，通过信息、技术、产能、订单共享，实现跨地域、跨行业资源的精准配置与高效对接。

支持产业集群骨干企业、工业数字化转型服务商等组建产业联合体，开发推广行业通用的技术集成解决方案，促进集群企业协同发展。

第四章　农业数字化

第二十四条　县级以上人民政府应当加快种植业、种业、林业、畜牧业、渔业、农产品加工业等数字化转型，推动发展智慧农业，促进乡村振兴。

第二十五条　县级以上人民政府及农业农村等有关部门应当推动遥感监测、地理信息等信息通信技术在农田建设、农机作业、农产品质量安全追溯等的应用，支持建设智慧农业云平台和农业大数据平台，探索智慧农业技术集成应用解决方案，提升农业生产精细化、智能化水平。

第二十六条　县级以上人民政府及农业农村、商务等有关部门应当支持新型农业规模经营主体、加工流通企业与电子商务企业融合，推动农产品加工、包装、冷链、仓储、配送等物流设施数字化建设，培育电子商务农产品品牌，促进农业农村电子商务发展。

第二十七条　县级以上人民政府及农业农村、通信管理等有关部门应当提升乡村信息网络水平，推动乡村信息服务供给和基础设施数字化转型。

第二十八条　县级以上人民政府及农业农村、文化和旅游等有关部门应当推动互联网与特色农业融合发展，培育推广创意农业、认养农业、观光农业以及游憩休闲、健康养生、创意民宿等数字乡村新业态新模式。

第五章　服务业数字化

第二十九条　县级以上人民政府应当重点推动智能交通、智慧物流、数字金融、数字商贸、智慧教育、智慧医疗、智慧文旅等数字应用场景建设，创新服务内容和模式，提升服务质量和效率。

第三十条　县级以上人民政府交通运输主管部门应当推动发展智能交通，加速交通基础设施网、运输服务网、能源网与信息网络融合发展，构建泛在先进的交通信息基础设施。构建综合交通大数据中心体系。培育推广智能网联汽车、自动驾驶船舶、自动化码头，以及定制公交、智能公交、智能停车等新业态新模式。

第三十一条　县级以上人民政府及发展改革、交通运输、邮政管理等有关部门应当推动发展智慧物流，推进货物、运输工具、场站等物流要素数字化，支持物流园区、大型仓储设施、货运车辆等普及应用数字化技术和智能终端设备，提升物流智能化水平。

第三十二条　县级以上人民政府地方金融监督管理部门应当推动发展数字金融，优化移动支付应用，推进数字金融与产业链、供应链融合。

按照国家规定探索数字人民币的应用和国际合作。

第三十三条 县级以上人民政府及商务等有关部门应当推动发展数字商贸，引导支持服务贸易和数字贸易的集聚区、平台及其促进体系发展。促进跨境电子商务综合试验区、数字服务出口基地建设，培育推广云服务、数字内容、数字服务、跨境电子商务等新业态新模式，支持数字化商贸平台建设，发展社交电子商务、直播电子商务等，完善发展机制、监管模式，建设与国际接轨的高水平服务贸易和数字贸易开放体系，提升数字商贸水平。

第三十四条 县级以上人民政府教育主管部门应当推动发展智慧教育，推进教育数据和数字教学资源互通共享，支持建设智慧校园、智慧课堂、互联网教育资源服务大平台，培育推广并规范管理互动教学、个性定制等在线教育新业态新模式。

第三十五条 县级以上人民政府卫生健康主管部门应当推动发展智慧医疗，推进人工智能、大数据、区块链和云计算在医学影像辅助诊断、临床辅助决策、智能化医学设备、公共卫生事件防控等领域的应用，加快开展网上预约、咨询、挂号、分诊、问诊、结算以及药品配送、检查检验报告推送等网络医疗服务，建设互联网医院，拓展医疗卫生机构服务空间和内容。

县级以上人民政府民政、卫生健康主管部门应当推动发展智慧健康养老产业，推动个人、家庭、社区、机构与健康养老资源有效对接和优化配置，促进健康养老服务智慧化升级，以满足个人和家庭多层次、多样化健康养老服务需求。

第三十六条 县级以上人民政府及网信、文化和旅游、广电、版权等有关部门应当推动发展互联网文体娱乐业等，支持建设公共文化云平台和智慧图书馆、博物馆等数字文化场馆，培育推广游戏、动漫、电竞、网络直播、融媒体等新业态新模式，发展网络视听、数字出版、数字娱乐、线上演播等产业，鼓励拓展优秀传统文化产品和影视剧、游戏等数字文化产品的海外市场。

县级以上人民政府及文化和旅游等有关部门应当推动发展智慧旅游，加强线上旅游宣传，推广在线预约预订服务，创新道路信息、气象预警等旅游公共服务模式，引导旅游景区开发数字化体验产品并普及景区电子地图、线路推荐、语音导览等智慧化服务。

第六章　数据资源开发利用保护

第三十七条　鼓励对数据资源实行全生命周期管理，挖掘数据资源要素潜力，发挥数据的关键资源作用和创新引擎作用，提升数据要素质量，培育数据要素市场，促进数据资源开发利用保护。

第三十八条　国家机关以及法律、法规授权的具有管理公共事务职能的组织在依法履行职责、提供服务过程中产生或者获取的公共数据，应当按照国家和省的有关规定进行分类分级，实行目录制管理。

县级以上人民政府政务服务数据管理部门统筹推进公共数据资源共享开放和开发利用，规范公共数据产品服务。国家机关以及法律、法规授权的具有管理公共事务职能的组织应当建立公共数据开放范围的动态调整机制，创新公共数据资源开发利用模式和运营机制，满足市场主体合理需求。

第三十九条　县级以上人民政府及政务服务数据管理等有关部门应当促进各类数据深度融合，鼓励依法依规利用数据资源开展科学研究、数据加工等活动，引导各类主体通过省统一的开放平台开放数据资源。支持构建工业、农业、服务业等领域数据资源开发利用场景。

第四十条　自然人、法人和非法人组织对依法获取的数据资源开发利用的成果，所产生的财产权益受法律保护，并可以依法交易。法律另有规定或者当事人另有约定的除外。

探索数据交易模式，培育数据要素市场，规范数据交易行为，促进数据高效流通。有条件的地区可以依法设立数据交易场所，鼓励和引导数据供需方在数据交易场所进行交易。

第四十一条　数据的收集、存储、使用、加工、传输、提供、公开等处理活动，应当遵守法律、法规，履行数据安全保护义务，尊重社会公德和伦理，遵守商业道德和职业道德，诚实守信，承担社会责任。

开展数据处理活动，不得危害国家安全、公共利益，不得损害个人、组织的合法权益。

个人信息受法律保护。个人信息的收集、存储、使用、加工、传输、提供、公开等处理活动，应当遵循合法、正当、必要原则，不得过度处理，并符合法律、法规规定的条件。

第四十二条　县级以上人民政府及网信、发展改革、工业和信息化、农业农村、商务、市场监督管理、政务服务数据管理等有关部门应当推广数据管理相关国家标准和行业标准，规范数据管理，提升数据质量。

探索推动产业数据的收集、存储、使用、加工、传输和共享，加强产业数据分类分级管理，支持企业提升数据汇聚、分析、应用能力，以及构建数据驱动的生产方式和企业管理模式。

第七章　数字技术创新

第四十三条　省人民政府及有关部门应当围绕数据的产生、传输、存储、计算与应用环节，推动数字技术创新，加强数字技术基础研究、应用基础研究和技术成果转化，完善产业技术创新体系和共性基础技术供给体系。

第四十四条　省人民政府及科技等有关部门应当围绕数字经济实施省重点领域研发计划重大专项，构建国家重大科技项目承接机制，推动获取重大原创科技成果和自主知识产权。

第四十五条　省人民政府及科技等有关部门应当探索建立数字经济关键核心技术攻关新型体制机制，重点在集成电路、基础软件、工业软件等基础领域，新一代移动通信、人工智能、区块链、数字孪生、量子科技、类脑计算等前沿技术领域，加快推进基础理论、基础算法、装备材料等关键核心技术攻关和突破。

第四十六条　省人民政府应当统筹规划、科学布局，推进数字经济领域省实验室建设，打造数字技术大型综合研究基地和原始创新策源地。

第四十七条　省人民政府及发展改革、科技、工业和信息化、市场监督管理等有关部门应当推动数字经济领域的科技创新平台、公共技术服务平台和重大科技基础设施建设，构建以企业为主体、市场为导向的技术创新体系。

第四十八条　县级以上人民政府及教育、科技等有关部门应当推进数字经济产学研合作，支持科研机构、高等学校等与企业共建技术创新联盟、科技创新基地、博士工作站、博士后科研工作站等创新平台，加强科研力量优化配置和资源共享，促进关键共性技术研发、系统集成和工程化应用。

支持数字技术开源平台、开源社区和开放技术网络建设，鼓励企业开放软件源代码、硬件设计和应用服务。

第四十九条　县级以上人民政府市场监督管理部门，以及其他行政主管部门应当加强数字经济标准化工作，依法对数字经济标准的实施进行监督。

支持社会团体、企业及其他组织开展数字经济国际国内标准交流合作，参与制定数字经济国际规则、国际国内标准，自主制定数字经济团体标准和企业标准。

第五十条　县级以上人民政府及教育、科技、工业和信息化、财政等有关部门应当支持科研机构、高等学校和企业完善数字技术转移机制；探索实施政府采购首台（套）装备、首批次产品、首版次软件等政策，支持创新产品和服务的应用推广；鼓励将财政资金支持形成的科技成果许可给中小企业使用，提升成果转化与产业化水平。

第八章　数字基础设施建设

第五十一条　县级以上人民政府应当完善数字基础设施体系，重点统筹通信网络基础设施、新技术基础设施、存储和计算基础设施等建设，推进传统基础设施的数字化改造，布局卫星互联网等未来网络设施。

第五十二条　数字基础设施的建设和布局应当纳入国土空间规划，市政、交通、电力、公共安全等相关基础设施规划应当结合数字经济发展需要，与数字基础设施相关规划相互协调和衔接。

第五十三条　县级以上人民政府及通信管理等有关部门应当支持新一代固定宽带网络和移动通信网络建设，推进核心网、承载网、接入网及基站、管线等信息通信网络建设。

工程建设、设计等相关单位应当按照有关建设设计标准和规范，预留信息通信网络设施所需的空间、电力等资源，并与主体工程同时设计、同时施工、同时验收。

推动通信设施与铁路、城市轨道、道路、桥梁、隧道、电力、地下综合管廊、机场、港口、枢纽站场、智慧杆塔等基础设施以及相关配套设施共商共建共享共维。

第五十四条　县级以上人民政府及有关部门应当推进物联网建设，积极部署低成本、低功耗、高精度、高可靠的智能化传感器，推进基础设施、城市治理、物流仓储、生产制造、生活服务、应急管理、生态保护等领域感知系统的建设应用、互联互通和数据共享。

县级以上人民政府及有关部门可以根据实际情况推进车联网建设，扩大车联网覆盖范围，提高路侧单元与道路基础设施、智能管控设施的融合接入能力，推进道路基础设施、交通标志标识的数字化改造和建设。

第五十五条　省人民政府及发展改革、科技、工业和信息化等有关部门应当统筹推进人工智能、区块链、云计算等新技术基础设施建设，支持建设底层技术平台、算法平台、开源平台等基础平台，建立领先的通用技术能力支撑体系。

第五十六条　省人民政府及发展改革、科技、工业和信息化、通信管理等有关部门应当统筹推进数据中心、智能计算中心、超级计算中心、边缘计算节点等存储和计算基础设施建设，支持优化升级改造，提升计算能力，构建高效协同的数据处理体系。

第五十七条　县级以上人民政府应当结合本地实际，推动能源、交通、城市、物流、医疗、教育、文化、自然资源、农业农村、水利、生态环境、应急等领域的传统基础设施数字化、智能化改造。

第五十八条　省人民政府自然资源主管部门应当统筹建设本省卫星导航定位基准服务系统和配套基础设施，提供卫星导航定位基准信息公共服务。

鼓励符合法定条件的组织参与卫星互联网基础设施建设，构建通信、导航、遥感空间基础设施体系。

第九章　保障措施

第五十九条　县级以上人民政府应当坚持数字经济、数字政府、数字社会一体建设，营造良好数字生态。在政务服务、财政、税收、金融、人才、知识产权，以及土地供应、电力接引、设施保护、政府采购等方面完善政策措施，为促进数字经济发展提供保障。

第六十条　省人民政府及政务服务数据管理部门应当推进数字政府改革建设，完善管运分离、政企合作的管理体制，创新建设运营模式，优化一网通办政务服务，推动一网统管省域治理，强化一网协同政府运行，提高政府数字化服务数字经济发展效能。

省人民政府及政务服务数据管理部门应当统筹规划全省政务网络基础设施建设，打造全省统一的政务基础网络、政务云平台和政务大数据中心，推进一体化网上政务服务平台以及移动政务平台的建设和应用。

第六十一条　省人民政府及有关部门统筹使用省级专项资金，有条件的地级以上市、县级人民政府在本级财政预算中安排资金，重点用于数字经济关键核心技术攻关、重大创新平台、公共技术平台和产业载体建设、应用示范和产业化发展、企业培育等领域。

县级以上人民政府应当依法落实数字经济的税收优惠政策。完善投融资服务体系，拓宽数字经济市场主体融资渠道。发挥省级政策性基金作用，重点支持数字经济领域重大项目建设和高成长、初创型数字经济企业发展。

第六十二条　县级以上人民政府及教育、人力资源社会保障等有关部门应当鼓励企事业单位、社会组织等培养创新型、应用型、技能型、融合型人才，支持高等学校、中等职业学校与企业开展合作办学，培养数字经济专业人才。

县级以上人民政府及人力资源社会保障主管部门应当将数字经济领域引进的高层次、高技能以及紧缺人才纳入政府人才支持政策范围，按照规定享受入户、住房、子女教育等优惠待遇。探索建立适应数字经济新业态发展需要的人才评价机制。

第六十三条　县级以上人民政府及市场监督管理、版权等有关部门应当加强数字经济领域知识产权保护，培育知识产权交易市场，探索建立知识产权保护规则和快速维权体系，依法打击知识产权侵权行为。

第六十四条　县级以上人民政府及市场监督管理部门应当依法查处滥用市场支配地位、实施垄断协议以及从事不正当竞争等违法行为，保障各类市场主体的合法权益，营造公平竞争市场环境。

县级以上人民政府及人力资源社会保障等有关部门应当加强劳动用工服务指导，清理对灵活就业的不合理限制，鼓励依托数字经济创造更多灵活就业机会，完善平台经济、共享经济等新业态从业人员在工作时间、报酬支付、保险保障等方面政策规定。

第六十五条　县级以上人民政府及网信、应急管理、政务服务数据管理、通信管理等有关部门，企业、平台等处理数据的主体应当落实数字经济发展过程中的安全保障责任，健全安全管理制度，加强重要领域数据资源、重要网络、信息系统和硬件设备安全保障，健全关键信息基础设施保障体系，建立安全风险评估、监测预警和应急处置机制，采取必要安全措施，保护数据、网络、设施等方面的安全。

第六十六条　县级以上人民政府应当建立数字经济创新创业容错免责机制，对新技术、新产业、新业态、新模式等实行包容审慎监管。

第六十七条　县级以上人民政府及有关部门应当加强数字经济宣传、教育、培训，加强数字技能教育和培训，普及提升全社会数字素养。

支持举办数字经济领域的国际国内会展、赛事等活动，搭建数字经济展示交易、交流合作平台，畅通供需对接渠道，提高市场开拓能力。

第六十八条　县级以上人民政府及有关部门应当推进信息无障碍建设，坚持创新智能化服务与改进传统服务并行。鼓励针对老年人、残疾人等运用智能技术困难的群体的出行、就医、消费、文娱、办事等，提供适用的智能化产品和服务，帮助其共享数字生活。

第六十九条　县级以上人民政府有关部门应当按照职责分工，制定执行本条例的工作计划，并定期向本级人民政府报告执行情况。

第七十条　县级以上人民政府应当定期对本级数字经济发展情况进行评估，并对下一级人民政府数字经济发展情况开展监督检查。

数字经济发展情况评估可以委托第三方机构开展，并向社会公布。

第七十一条　各级人民政府及有关部门在数字经济促进工作中不依法履行职责的，依照法律、法规追究责任，对直接负责的主管人员和其他直接责任人员依法给予处分。

违反有关网络安全、数据安全、个人信息保护等法律、法规的，由有关主管部门依法予以处罚；构成犯罪的，依法追究刑事责任。

第十章　附则

第七十二条　本条例自 2021 年 9 月 1 日起施行。

《山东省大数据发展促进条例》

施行日期：2022/1/1

发布情况：2022 年 9 月 30 日，山东省十三届人大常委会第三十次会议审议通过

内容概述：规定实行数据安全责任制，按照谁采集谁负责、谁持有谁负责、谁管理谁负责、谁使用谁负责的原则确定数据安全责任，建立数据安全保护制度。属于关键信息基础设施范围的，还应当落实关键信息基础设施保护有关要求，保障数据安全。将数据资源划分为公共数据和非公共数据，明确公共数据和非公共数据的范围。

第一章　总则

第一条　为了全面实施国家大数据战略，运用大数据推动经济发展、完善社会治理、提升政府服务和管理能力，加快数字强省建设，根据《中华人民共和国数据安全法》等法律、行政法规，结合本省实际，制定本条例。

第二条　本省行政区域内促进大数据发展的相关活动，适用本条例。

本条例所称大数据，是指以容量大、类型多、存取速度快、应用价值高为主要特征的数据集合，以及对数据进行收集、存储和关联分

析，发现新知识、创造新价值、提升新能力的新一代信息技术和服务业态。

第三条 本省确立大数据引领发展的战略地位。促进大数据发展应当遵循政府引导、市场主导、开放包容、创新应用、保障安全的原则。

第四条 县级以上人民政府应当加强对本行政区域内大数据发展工作的领导，建立大数据发展统筹协调机制，将大数据发展纳入国民经济和社会发展规划，加强促进大数据发展的工作力量，并将大数据发展资金作为财政支出重点领域予以优先保障。

县级以上人民政府大数据工作主管部门负责统筹推动大数据发展以及相关活动，其他有关部门在各自职责范围内做好相关工作。

第五条 自然人、法人和其他组织从事与大数据发展相关的活动，应当遵守法律、法规，不得泄露国家秘密、商业秘密和个人隐私，不得损害国家利益、公共利益和他人合法权益。

第六条 县级以上人民政府、省人民政府有关部门应当按照国家和省有关规定，对在促进大数据发展中做出突出贡献的单位和个人给予表彰、奖励。

第二章 基础设施

第七条 县级以上人民政府应当组织有关部门编制和实施数字基础设施建设规划，加强数字基础设施建设的统筹协调，建立高效协同、智能融合的数字基础设施体系。

交通、能源、水利、市政等基础设施专项规划，应当与数字基础设施建设规划相衔接。

第八条 省、设区的市人民政府应当组织有关部门推进新型数据中心、智能计算中心、边缘数据中心等算力基础设施建设，提高算力供应多元化水平，提升智能应用支撑能力。

第九条 县级以上人民政府和有关部门应当支持通信运营企业加强高速宽带网络建设，提升网络覆盖率和接入能力。

第十条 县级以上人民政府和有关部门应当推进物联网建设，支持基础设施、城市治理、物流仓储、生产制造、生活服务等领域建设和应用感知系统,推动感知系统互联互通和数据共享。

第十一条　县级以上人民政府工业和信息化部门应当会同有关部门推进工业互联网建设,完善工业互联网标识解析体系,推动新型工业网络部署。

第十二条　省人民政府大数据工作主管部门应当建设全省一体化大数据平台,统筹全省电子政务云平台建设,加强对全省电子政务云平台的整合和管理。

县级以上人民政府大数据工作主管部门应当会同有关部门按照规定建设本级电子政务网络,优化整合现有政务网络。

第十三条　县级以上人民政府及其有关部门应当推动交通、能源、水利、市政等领域基础设施数字化改造,建立智能化基础设施体系。

第十四条　县级以上人民政府及其有关部门应当按照实施乡村振兴战略的要求,加强农村地区数字基础设施建设,提升乡村数字基础设施建设水平和覆盖质量。

第三章　数据资源

第十五条　县级以上人民政府大数据工作主管部门应当按照国家和省有关数据管理、使用、收益等规定,依法统筹管理本行政区域内数据资源。

国家机关、法律法规授权的具有管理公共事务职能的组织、人民团体以及其他具有公共服务职能的企业事业单位等(以下统称公共数据提供单位),在依法履行公共管理和服务职责过程中收集和产生的各类数据(以下统称公共数据),由县级以上人民政府大数据工作主管部门按照国家和省有关规定组织进行汇聚、治理、共享、开放和应用。

利用财政资金购买公共数据之外的数据(以下统称非公共数据)的,除法律、行政法规另有规定外,应当报本级人民政府大数据工作主管部门审核。

第十六条　数据资源实行目录管理。

省人民政府大数据工作主管部门应当制定公共数据目录编制规范,组织编制和发布本省公共数据总目录。

公共数据提供单位应当按照公共数据目录编制规范，编制和更新本单位公共数据目录，并报大数据工作主管部门审核后，纳入本省公共数据总目录。

鼓励非公共数据提供单位参照公共数据目录编制规范，编制和更新非公共数据目录。

第十七条　数据收集应当遵循合法、正当、必要的原则，不得窃取或者以其他非法方式获取数据。

公共数据提供单位应当根据公共数据目录，以数字化方式统一收集、管理公共数据，确保收集的数据及时、准确、完整。

除法律、行政法规另有规定外，公共数据提供单位不得重复收集能够通过共享方式获取的公共数据。

第十八条　自然人、法人和其他组织收集数据不得损害被收集人的合法权益。

公共数据提供单位应当根据履行公共管理职责或者提供公共服务的需要收集数据，并以明示方式告知被收集人；依照有关法律、行政法规收集数据的，被收集人应当配合。

被收集人认为公共数据存在错误、遗漏，或者侵犯国家秘密、商业秘密和个人隐私等情形的，可以向公共数据提供单位、使用单位或者有关主管部门提出异议，相关单位应当及时进行处理。

第十九条　公共数据提供单位应当按照公共数据目录管理要求向省一体化大数据平台汇聚数据。鼓励社会力量投资建设数据平台，制定相关标准、规范，汇聚非公共数据。

鼓励汇聚非公共数据的平台与省一体化大数据平台对接，推动公共数据与非公共数据的融合应用。

第二十条　县级以上人民政府大数据工作主管部门应当建立公共数据治理工作机制，明确数据质量责任主体，完善数据质量核查和问题反馈机制，提升数据质量。

公共数据提供单位应当按照规定开展公共数据治理工作，建立数据质量检查和问题数据纠错机制，对公共数据进行校核、确认。

鼓励社会力量建立非公共数据治理机制，建设非公共数据标准体系。

第二十一条　除法律、行政法规规定不予共享的情形外，公共数据应当依法共享。

公共数据提供单位应当注明数据共享的条件和方式，并通过省一体化大数据平台共享。鼓励运用区块链、人工智能等新技术创新数据共享模式，探索通过数据比对、核查等方式提供数据服务。

第二十二条　省、设区的市人民政府大数据工作主管部门应当通过省一体化大数据平台，依法有序向社会公众开放公共数据。

公共数据提供单位应当建立数据开放范围动态调整机制，逐步扩大公共数据开放范围。

鼓励自然人、法人和其他组织依法开放非公共数据，促进数据融合创新。

第四章　发展应用

第二十三条　县级以上人民政府和有关部门应当采取措施，优化大数据发展应用环境，发挥大数据在新旧动能转换、服务改善民生、完善社会治理等方面的作用。

第二十四条　县级以上人民政府有关部门应当采取措施，扶持和培育先进计算、新型智能终端、高端软件等特色产业，布局云计算、人工智能、区块链等新兴产业，发展集成电路、基础电子元器件等基础产业，推动数字产业发展。

第二十五条　县级以上人民政府应当推动利用云计算、人工智能、物联网等技术对农业、工业、服务业进行数字化改造，推动大数据与产业融合发展。

第二十六条　县级以上人民政府应当推进数字经济平台建设，支持跨行业、跨领域工业互联网平台发展，培育特定行业、区域平台；推进数字经济园区建设，促进产业集聚发展。

第二十七条　县级以上人民政府应当推进现代信息技术在政务服务领域的应用，推动政务信息系统互联互通、数据共享，通过一体化在线政务服务平台和"爱山东"移动政务服务平台提供政务服务，推动政务服务便捷化。

县级以上人民政府有关部门应当建立线上服务与线下服务相融合

的政务服务工作机制，优化工作流程，减少纸质材料；在政务服务中能够通过省一体化大数据平台获取的电子材料，不得要求另行提供纸质材料。

除法律、行政法规另有规定外，电子证照和加盖电子印章的电子材料可以作为办理政务服务事项的依据。

第二十八条　县级以上人民政府和有关部门应当加快数字机关建设，依托全省统一的"山东通"平台推动机关办文、办会、办事实现网上办理，提升机关运行效能和数字化水平。

政务信息系统的开发、购买等，除法律、行政法规另有规定外，应当按照规定报本级人民政府大数据工作主管部门审核；涉及固定资产投资和国家投资补助的，依照有关投资的法律、法规执行。

第二十九条　省人民政府应当组织建立全省重点领域数字化统计、分析、监测、评估等系统，建设全省统一的展示、分析、调度、指挥平台，健全大数据辅助决策机制，提升宏观决策和调控水平。

县级以上人民政府应当在社会态势感知、综合分析、预警预测等方面，加强大数据关联分析和创新应用，提高科学决策和风险防范能力。

第三十条　县级以上人民政府应当发挥大数据优化公共资源配置的作用，推进大数据与公共服务融合。

县级以上人民政府有关部门应当推动大数据在科技、教育、医疗、健康、就业、社会保障、交通运输、法律服务等领域的应用，提高公共服务智能化水平。

提供智能化公共服务，应当充分考虑老年人、残疾人的需求，避免对老年人、残疾人的日常生活造成障碍。

鼓励自然人、法人和其他组织在公共服务领域开发大数据应用产品和场景解决方案，提供特色化、个性化服务。

第三十一条　县级以上人民政府应当在国家安全、安全生产、应急管理、防灾减灾、社会信用、生态环境治理、市场监督管理等领域加强大数据创新应用，推行非现场监管、风险预警等新型监管模式，提升社会治理水平。

第三十二条　县级以上人民政府应当推动大数据在城市规划、建设、治理和服务等领域的应用,加强新型智慧城市建设和区域一体化协同发展,鼓励社会力量参与新型智慧城市建设运营。

县级以上人民政府应当推动数字乡村建设,建立农业农村数据收集、应用、共享、服务体系,推进大数据在农业生产、经营、管理和服务等环节的应用,提升乡村治理和生产生活数字化水平。

第五章 安全保护

第三十三条 本省实行数据安全责任制。

数据安全责任按照谁收集谁负责、谁持有谁负责、谁管理谁负责、谁使用谁负责的原则确定。

第三十四条 县级以上人民政府和有关部门应当按照数据分类分级保护制度,确定本地区、本部门以及相关行业、领域的重要数据具体目录,对列入目录的数据进行重点保护。

第三十五条 国家安全领导机构负责数据安全工作的议事协调,实施国家数据安全战略和有关重大方针政策,建立完善数据安全工作协调机制,研究解决数据安全的重大事项和重要工作,推动落实数据安全责任。

公安、国家安全、大数据、保密、密码管理、通信管理等部门和单位按照各自职责,负责数据安全相关监督管理工作。

网信部门依照法律、行政法规的规定,负责统筹协调网络数据安全和相关监督管理工作。

第三十六条 数据收集、持有、管理、使用等数据安全责任单位应当建立本单位、本领域数据安全保护制度,落实有关数据安全的法律、行政法规和国家标准以及网络安全等级保护制度;属于关键信息基础设施范围的,还应当落实关键信息基础设施保护有关要求,保障数据安全。

自然人、法人和其他组织在数据收集、汇聚等过程中,应当对数据存储环境进行分域分级管理,选择安全性能、防护级别与其安全等级相匹配的存储载体,并对重要数据进行加密存储。

第三十七条 自然人、法人和其他组织开展涉及个人信息的数据活动,应当依法妥善处理个人隐私保护与数据应用的关系,不得泄露或者篡改涉及个人信息的数据,不得过度处理;未经被收集者同意,不得向他人非法提供涉及个人信息的数据,但是经过处理无法识别特定自然人且不能复原的除外。

第三十八条 数据收集、持有、管理、使用等数据安全责任单位应当制定本单位、本领域数据安全应急预案,定期开展数据安全风险评估和应急演练;发生数据安全事件,应当依法启动应急预案,采取相应的应急处置措施,并按照规定向有关主管部门报告。

第三十九条 省人民政府大数据工作主管部门统筹建设全省公共数据灾备体系;设区的市人民政府应当按照统一部署,对公共数据进行安全备份。

第四十条 数据收集、持有、管理、使用等数据安全责任单位向境外提供国家规定的重要数据,应当按照国家有关规定实行数据出境安全评估和国家安全审查。

第六章 促进措施

第四十一条 省人民政府大数据工作主管部门应当会同有关部门编制本省大数据发展规划,报省人民政府批准后发布实施。

设区的市人民政府、省人民政府有关部门应当根据本省大数据发展规划编制本区域、本部门、本行业大数据发展专项规划,报省人民政府大数据工作主管部门备案。

第四十二条 省人民政府标准化行政主管部门应当会同大数据工作主管部门组织制定大数据领域相关标准,完善大数据地方标准体系,支持、引导地方标准上升为国家标准。

鼓励企业、社会团体制定大数据领域企业标准、团体标准,鼓励高等学校、科研机构、企业、社会团体等参与制定大数据领域国际标准、国家标准、行业标准和地方标准。

第四十三条 县级以上人民政府及其有关部门应当通过政策引导、资金支持等方式,支持高等学校、科研机构、企业等开展大数据领域技术创新和产业研发活动。

第四十四条 县级以上人民政府应当制定大数据人才培养与引进计划,完善人才评价与激励机制,加强大数据专家智库建设,发展大数据普通高等教育、职业教育,为大数据发展提供智力支持。

第四十五条　县级以上人民政府应当依法推进数据资源市场化交易,并加强监督管理;鼓励和引导数据资源在依法设立的数据交易平台进行交易。

数据交易平台运营者应当制定数据交易、信息披露、自律监管等规则,建立安全可信、管理可控、全程可追溯的数据交易环境。

利用合法获取的数据资源开发的数据产品和服务可以交易,有关财产权益依法受保护。

第四十六条　县级以上人民政府应当根据实际情况,安排资金支持大数据关键技术研究、产业链构建、重大应用示范和公共服务平台建设等工作,鼓励金融机构和社会资本加大投资力度,促进大数据发展应用。

第四十七条　对列入全省重点建设项目名单的大数据项目,省人民政府应当根据国土空间规划优先保障其建设用地。

符合条件的大数据中心、云计算中心、超算中心、灾备中心等按照有关规定享受电价优惠。

第四十八条　县级以上人民政府有关部门和新闻媒体应当加强大数据法律、法规以及相关知识的宣传教育,提高全社会大数据应用意识和能力。

第七章　法律责任

第四十九条　违反本条例规定的行为,法律、行政法规已经规定法律责任的,适用其规定。

第五十条　违反本条例规定,有关单位有下列行为之一的,对直接负责的主管人员和其他直接责任人员依法给予处分;构成犯罪的,依法追究刑事责任:

(一) 未按照规定收集、汇聚、治理、共享、开放公共数据的;

(二) 未经审核,开发、购买政务信息系统的;

(三) 未经审核,利用财政资金购买非公共数据的;

(四) 未依法履行数据安全相关职责的;

(五) 其他滥用职权、玩忽职守、徇私舞弊的行为。

第五十一条 本省建立健全责任明晰、措施具体、程序严密、配套完善的大数据发展容错免责机制。

政府财政资金支持的大数据项目未取得预期成效，建设单位已经尽到诚信和勤勉义务的，应当按照有关规定从轻、减轻或者免予追责。

有关单位和个人在利用数据资源创新管理和服务模式时，出现偏差失误或者未能实现预期目标，但是符合国家确定的改革方向，决策程序符合法律、法规规定，未牟取私利或者未恶意串通损害国家利益、公共利益的，应当按照有关规定从轻、减轻或者免予追责。

经确定予以免责的单位和个人，在绩效考核、评先评优、职务职级晋升、职称评聘和表彰奖励等方面不受影响。

第八章 附则

第五十二条 本条例自 2022 年 1 月 1 日起施行。

《北京市数字经济促进条例》

施行日期：2023/1/1

发布情况：2022 年 11 月 25 日北京市第十五届人民代表大会常务委员会第四十五次会议通过

内容概述：加强数字基础设施建设、培育数据要素市场、推进数字产业化和产业数字化、完善数字经济治理、促进数字经济发展，并建设全球数字经济标杆城市而制定的法规。定义数字经济为以数据资源为关键要素，以现代信息网络为主要载体，通过信息通信技术的融合应用和全要素数字化转型，促进公平与效率更加统一的新经济形态，旨在遵循创新驱动、融合发展、普惠共享、安全有序、协同共治的原则，并将数字经济发展纳入国民经济和社会发展规划和计划中。

第一章 总则

第一条 为了加强数字基础设施建设，培育数据要素市场，推进数字产业化和产业数字化，完善数字经济治理，促进数字经济发展，建设全球数字经济标杆城市，根据有关法律、行政法规，结合本市实际情况，制定本条例。

第二条　本市行政区域内数字经济促进相关活动适用本条例。

本条例所称数字经济，是指以数据资源为关键要素，以现代信息网络为主要载体，以信息通信技术融合应用、全要素数字化转型为重要推动力，促进公平与效率更加统一的新经济形态。

第三条　促进数字经济发展是本市的重要战略。促进数字经济发展应当遵循创新驱动、融合发展、普惠共享、安全有序、协同共治的原则。

第四条　市、区人民政府应当加强对数字经济促进工作的领导，建立健全推进协调机制，将数字经济发展纳入国民经济和社会发展规划和计划，研究制定促进措施并组织实施，解决数字经济促进工作中的重大问题。

第五条　市经济和信息化部门负责具体组织协调指导全市数字经济促进工作，拟订相关促进规划，推动落实相关促进措施，推进实施重大工程项目；区经济和信息化部门负责本行政区域数字经济促进工作。

发展改革、教育、科技、公安、民政、财政、人力资源和社会保障、城市管理、农业农村、商务、文化和旅游、卫生健康、市场监管、广播电视、体育、统计、金融监管、政务服务、知识产权、网信、人才工作等部门按照职责分工，做好各自领域的数字经济促进工作。

第六条　市经济和信息化部门会同市场监管等有关部门推进数字经济地方标准体系建设，建立健全关键技术、数据治理和安全合规、公共数据管理等领域的地方标准；指导和支持采用先进的数字经济标准。

鼓励行业协会、产业联盟和龙头企业参与制定数字经济国际标准、国家标准、行业标准和地方标准，自主制定数字经济团体标准和企业标准。

第七条　市统计部门会同经济和信息化部门完善数字经济统计测度和评价体系，开展数字经济评价，定期向社会公布主要统计结果、监测结果和综合评价指数。

第八条 本市为在京单位数字化发展做好服务，鼓励其利用自身优势参与本市数字经济建设；推进京津冀区域数字经济融合发展，在技术创新、基础设施建设、数据流动、推广应用、产业发展等方面深化合作。

第二章 数字基础设施

第九条 市、区人民政府及其有关部门应当按照统筹规划、合理布局、集约高效、绿色低碳的原则，加快建设信息网络基础设施、算力基础设施、新技术基础设施等数字基础设施，推进传统基础设施的数字化改造，推动新型城市基础设施建设，并将数字基础设施建设纳入国民经济和社会发展规划和计划、国土空间规划。相关部门做好能源、土地、市政、交通等方面的保障工作。

第十条 信息网络基础设施建设应当重点支持新一代高速固定宽带和移动通信网络、卫星互联网、量子通信等，形成高速泛在、天地一体、云网融合、安全可控的网络服务体系。

新建、改建、扩建住宅区和商业楼宇，信息网络基础设施应当与主体工程同时设计、同时施工、同时验收并投入使用。信息网络基础设施运营企业享有公平进入市场的权利，不得实施垄断和不正当竞争行为；用户有权自主选择电信业务经营企业。

信息网络基础设施管道建设应当统一规划，合理利用城市道路、轨道交通等空间资源，减少和降低对城市道路交通的影响，为信息网络基础设施运营企业提供公平普惠的网络接入服务。

第十一条 感知物联网建设应当支持部署低成本、低功耗、高精度、安全可靠的智能化传感器，提高工业制造、农业生产、公共服务、应急管理等领域的物联网覆盖水平。

支持建设车路协同基础设施，推进道路基础设施、交通标志标识的数字化改造和建设，提高路侧单元与道路交通管控设施的融合接入能力。

第十二条 算力基础设施建设应当按照绿色低碳、集约高效的原则，建设城市智能计算集群，协同周边城市共同建设全国一体化算力网络京津冀国家枢纽节点，强化算力统筹、智能调度和多样化供给，提升面向特定场景的边缘计算能力，促进数据、算力、算法和开发平台一体化的生态融合发展。

支持对新建数据中心实施总量控制、梯度布局、区域协同，对存量数据中心实施优化调整、技改升级。

第十三条　新技术基础设施建设应当统筹推进人工智能、区块链、大数据、隐私计算、城市空间操作系统等。支持建设通用算法、底层技术、软硬件开源等共性平台。

对主要使用财政资金形成的新技术基础设施，项目运营单位应当在保障安全规范的前提下，向社会提供开放共享服务。

第十四条　除法律、行政法规另有规定外，数字基础设施建设可以采取政府投资、政企合作、特许经营等多种方式；符合条件的各类市场主体和社会资本，有权平等参与投资、建设和运营。

第三章　数据资源

第十五条　本市加强数据资源安全保护和开发利用，促进公共数据开放共享，加快数据要素市场培育，推动数据要素有序流动，提高数据要素配置效率，探索建立数据要素收益分配机制。

第十六条　公共数据资源实行统一的目录管理。市经济和信息化部门应当会同有关部门制定公共数据目录编制规范，有关公共机构依照规范及有关管理规定，编制本行业、本部门公共数据目录，并按照要求向市级大数据平台汇聚数据。公共机构应当确保汇聚数据的合法、准确、完整、及时，并探索建立新型数据目录管理方式。

本条例所称公共机构，包括本市各级国家机关、经依法授权具有管理公共事务职能的组织。本条例所称公共数据，是指公共机构在履行职责和提供公共服务过程中处理的各类数据。

第十七条　市人民政府建立全市公共数据共享机制，推动公共数据和相关业务系统互联互通。

市大数据中心具体负责公共数据的汇聚、清洗、共享、开放、应用和评估，通过集中采购、数据交换、接口调用等方式，推进非公共数据的汇聚，建设维护市级大数据平台、公共数据开放平台以及自然人、法人、信用、空间地理、电子证照、电子印章等基础数据库，提升跨部门、跨区域和跨层级的数据支撑能力。

区人民政府可以按照全市统一规划，建设本区域大数据中心，将公共数据资源纳入统一管理。

第十八条　市经济和信息化部门、区人民政府等有关公共机构应当按照需求导向、分类分级、安全可控、高效便捷的原则，制定并公布年度公共数据开放清单或者计划，采取无条件开放、有条件开放等方式向社会开放公共数据。单位和个人可以通过公共数据开放平台获取公共数据。

鼓励单位和个人依法开放非公共数据，促进数据融合创新。

第十九条　本市设立金融、医疗、交通、空间等领域的公共数据专区，推动公共数据有条件开放和社会化应用。市人民政府可以开展公共数据专区授权运营。

市人民政府及其有关部门可以探索设立公共数据特定区域，建立适应数字经济特征的新型监管方式。

市经济和信息化部门推动建设公共数据开放创新基地以及大数据相关的实验室、研究中心、技术中心等，对符合条件的单位和个人提供可信环境和特定数据，促进数据融合创新应用。

第二十条　除法律、行政法规另有规定或者当事人另有约定外，单位和个人对其合法正当收集的数据，可以依法存储、持有、使用、加工、传输、提供、公开、删除等，所形成的数据产品和数据服务的相关权益受法律保护。

除法律、行政法规另有规定外，在确保安全的前提下，单位和个人可以对城市基础设施、建筑物、构筑物、物品等进行数字化仿真，并对所形成的数字化产品持有相关权益，但需经相关权利人和有关部门同意的，应当经其同意。

第二十一条　支持市场主体探索数据资产定价机制，推动形成数据资产目录，激发企业在数字经济领域投资动力；推进建立数据资产登记和评估机制，支持开展数据入股、数据信贷、数据信托和数据资产证券化等数字经济业态创新；培育数据交易撮合、评估评价、托管运营、合规审计、争议仲裁、法律服务等数据服务市场。

第二十二条　支持在依法设立的数据交易机构开展数据交易活动。数据交易机构应当制定数据交易规则，对数据提供方的数据来源、交易双方的身份进行合规性审查，并留存审查和交易记录，建立交易异常行为风险预警机制，确保数据交易公平有序、安全可控、全程可追溯。

本市公共机构依托数据交易机构开展数据服务和数据产品交易活动。

鼓励市场主体通过数据交易机构入场交易。

第四章　数字产业化

第二十三条　市、区人民政府及其有关部门应当支持数字产业基础研究和关键核心技术攻关，引导企业、高校、科研院所、新型研发机构、开源社区等，围绕前沿领域，提升基础软硬件、核心元器件、关键基础材料和生产装备的供给水平，重点培育高端芯片、新型显示、基础软件、工业软件、人工智能、区块链、大数据、云计算等数字经济核心产业。支持企业发展数字产业，培育多层次的企业梯队。

第二十四条　支持建设开源社区、开源平台和开源项目等，鼓励软件、硬件的开放创新发展，推动创新资源共建共享。

第二十五条　支持网络安全、数据安全、算法安全技术和软硬件产品的研发应用，鼓励安全咨询设计、安全评估、数据资产保护、存储加密、隐私计算、检测认证、监测预警、应急处置等数据安全服务业发展；支持相关专业机构依法提供服务；鼓励公共机构等单位提高数据安全投入水平。

第二十六条　支持平台企业规范健康发展，鼓励利用互联网优势，加大创新研发投入，加强平台企业间、平台企业与中小企业间的合作共享，优化平台发展生态，促进数字技术与实体经济融合发展，赋能经济社会转型升级。

发展改革、市场监管、网信、经济和信息化等部门应当优化平台经济发展环境，促进平台企业开放生态系统，通过项目合作等方式推动政企数据交互共享。

第二十七条　鼓励数字经济业态创新，支持远程办公等在线服务和产品的优化升级；有序引导新个体经济，鼓励个人利用电子商务、社交软件、知识分享、音视频网站、创客等新型平台就业创业。

支持开展自动驾驶全场景运营试验示范，培育推广智能网联汽车、智能公交、无人配送机器人、智能停车、智能车辆维护等新业态。

支持互联网医院发展，鼓励提供在线问诊、远程会诊、机器人手术、智慧药房等新型医疗服务，规范推广利用智能康养设备的新型健康服务，创新对人工智能新型医疗方式和医疗器械的监管方式。

支持数据支撑的研发和知识生产产业发展，积极探索基于大数据和人工智能应用的跨学科知识创新和知识生产新模式，以数据驱动产、学、研、用融合。

第二十八条　支持建设数字经济产业园区和创新基地，推动重点领域数字产业发展，推动数字产业向园区聚集，培育数字产业集群。

第二十九条　商务部门应当会同有关部门推动数字贸易高质量发展，探索放宽数字经济新业态准入、建设数字口岸、国际信息产业和数字贸易港；支持发展跨境贸易、跨境物流和跨境支付，促进数字证书和电子签名国际互认，构建国际互联网数据专用通道、国际化数据信息专用通道和基于区块链等先进技术的应用支撑平台，推动数字贸易交付、结算便利化。

第五章　产业数字化

第三十条　支持农业、制造业、建筑、能源、金融、医疗、教育、流通等产业领域互联网发展，推进产业数字化转型升级，支持产业互联网平台整合产业资源，提供远程协作、在线设计、线上营销、供应链金融等创新服务，建立健全安全保障体系和产业生态。

第三十一条　经济和信息化部门应当会同国有资产监管机构鼓励国有企业整合内部信息系统，在研发设计、生产加工、经营管理、销售服务等方面形成数据驱动的决策能力，提升企业运行和产业链协同效率，树立全面数字化转型的行业标杆。

经济和信息化部门应当推动中小企业数字化转型，培育发展第三方专业服务机构，鼓励互联网平台、龙头企业开放数据资源、提升平台能力，支持中小微企业和创业者创新创业，推动建立市场化服务与公共服务双轮驱动的数字化转型服务生态。

第三十二条　经济和信息化部门应当会同通信管理部门健全工业互联网标识解析体系和新型工业网络部署，支持工业企业实施数字化改造，加快建设智能工厂、智能车间，培育推广智能化生产、网络化协同、个性化定制等新模式。

第三十三条　地方金融监管部门应当推动数字金融体系建设，支持金融机构加快数字化转型，以数据融合应用推动普惠金融发展，促进数字技术在支付清算、登记托管、征信评级、跨境结算等环节的深度应用，丰富数字人民币的应用试点场景和产业生态。鼓励单位和个人使用数字人民币。

第三十四条　商务部门应当会同有关部门推动超市等传统商业数字化升级，推动传统品牌、老字号数字化推广，促进生活性服务业数字化转型。

第三十五条　农业农村部门应当会同有关部门推动农业农村基础设施数字化改造和信息网络基础设施建设，推进物联网、遥感监测、区块链、人工智能等技术的深度应用，提升农产品生产、加工、销售、物流，以及乡村公共服务、乡村治理的数字化水平，促进数字乡村和智慧农业创新发展。

第三十六条　教育、文化和旅游、体育、广播电视等部门应当支持和规范在线教育、在线旅游、网络出版、融媒体、数字动漫等数字消费新模式；发展数字化文化消费新场景；加强未成年人网络保护；鼓励开发智慧博物馆、智慧体育场馆、智慧科技馆，提升数字生活品质。

第六章　智慧城市建设

第三十七条　市、区人民政府及其有关部门围绕优政、惠民、兴业、安全的智慧城市目标，聚焦交通体系、生态环保、空间治理、执法司法、人文环境、商务服务、终身教育、医疗健康等智慧城市应用领域，推进城市码、空间图、基础工具库、算力设施、感知体系、通信网络、政务云、大数据平台以及智慧终端等智慧城市基础建设。

市人民政府建立健全智慧城市建设统筹调度机制，统筹规划和推进社会治理数字化转型，建立智慧城市规划体系，通过统一的基础设施、智慧终端和共性业务支撑平台，实现城市各系统间信息资源共享和业务协同，提升城市管理和服务的智慧化水平。

第三十八条　市经济和信息化部门应当会同有关部门编制全市智慧城市发展规划、市级控制性规划，报市人民政府批准后组织实施。区人民政府、市人民政府有关部门应当按照全市智慧城市发展规划、市级控制性规划，编制区域控制性规划、专项规划并组织实施。

第三十九条　政务服务部门应当会同有关部门全方位、系统性、高标准推进数字政务"一网通办"领域相关工作，加快推进政务服务标准化、规范化、便利化，推进线上服务统一入口和全程数字化，促进电子证照、电子印章、电子档案等广泛应用和互信互认。

市发展改革部门应当会同有关部门开展营商环境的监测分析、综合管理、"互联网＋"评价，建设整体联动的营商环境体系。

第四十条　城市管理部门应当会同有关部门推进城市运行"一网统管"领域相关工作，建设城市运行管理平台，依托物联网、区块链等技术，开展城市运行生命体征监测，在市政管理、城市交通、生态环境、公共卫生、社会安全、应急管理等领域深化数字技术应用，实现重大突发事件的快速响应和应急联动。

市场监管部门应当会同有关部门推进一体化综合监管工作，充分利用公共数据和各领域监管系统，推行非现场执法、信用监管、风险预警等新型监管模式，提升监管水平。

第四十一条　经济和信息化部门应当会同有关部门推进各级决策"一网慧治"相关工作，建设智慧决策应用统一平台，支撑各级智能决策管理信息系统，统筹引导市、区、乡镇、街道和社区、村开展数据智慧化应用。

区人民政府和有关部门依托智慧决策应用统一平台推进各级决策，深化数据赋能基层治理。

第四十二条　公共机构应当通过多种形式的场景开放，引导各类市场主体参与智慧城市建设，并为新技术、新产品、新服务提供测试验证、应用试点和产业孵化的条件。市科技部门应当会同有关部门定期发布应用场景开放清单。

鼓励事业单位、国有企业开放应用场景，采用市场化方式，提升自身数字化治理能力和应用水平。

第四十三条　政府投资新建、改建、扩建、运行维护的信息化项目，应当符合智慧城市发展规划，通过同级经济和信息化部门的技术评审，并实行项目规划、建设、验收、投入使用、运行维护、升级、绩效评价等流程管理。不符合流程管理要求的，不予立项或者安排资金，具体办法由市经济和信息化部门会同有关部门制定，报市人民政府批准后实施。

为公共机构提供信息化项目开发建设服务的单位，应当依法依约移交软件源代码、数据和相关控制措施，保证项目质量并履行不少于两年保修期义务，不得擅自留存、使用、泄露或者向他人提供公共数据。

第七章　数字经济安全

第四十四条　市、区人民政府及其有关部门和有关组织应当强化数字经济安全风险综合研判，推动关键产品多元化供给，提高产业链供应链韧性；引导社会资本投向原创性、引领性创新领域，支持可持续发展的业态和模式创新；规范数字金融有序创新，严防衍生业务风险。

第四十五条　本市依法保护与数据有关的权益。任何单位和个人从事数据处理活动，应当遵守法律法规、公序良俗和科技伦理，不得危害国家安全、公共利益以及他人的合法权益。

任何单位和个人不得非法处理他人个人信息。

第四十六条　市、区人民政府及其有关部门应当建立健全数据安全工作协调机制，采取数据分类分级、安全风险评估和安全保障措施，强化监测预警和应急处置，切实维护国家主权、安全和发展利益，提升本市数据安全保护水平，保护个人信息权益。各行业主管部门、各区人民政府对本行业、本地区数据安全负指导监督责任。单位主要负责人为本单位数据安全第一责任人。

第四十七条　市网信部门会同公安等部门对关键信息基础设施实行重点保护，建立关键信息基础设施网络安全保障体系，构建跨领域、跨部门、政企合作的安全风险联防联控机制，采取措施监测、防御、处置网络安全风险和威胁，保护关键信息基础设施免受攻击、侵入、干扰和破坏，依法惩治危害关键信息基础设施安全的违法犯罪活动。

第四十八条　开展数据处理活动，应当建立数据治理和合规运营制度，履行数据安全保护义务，严格落实个人信息合法使用、数据安全使用承诺和重要数据出境安全管理等相关制度，结合应用场景对匿名化、去标识化技术进行安全评估，并采取必要技术措施加强个人信息安全保护，防止非法滥用。鼓励各单位设立首席数据官。

开展数据处理活动，应当加强风险监测，发现数据安全缺陷、漏洞等风险时，应当立即采取补救措施；发生数据安全事件时，应当立即采取处置措施，按照规定及时告知用户并向有关主管部门报告。

第四十九条　平台企业应当建立健全平台管理制度规则；不得利用数据、算法、流量、市场、资本优势，排除或者限制其他平台和应用独立运行，不得损害中小企业合法权益，不得对消费者实施不公平的差别待遇和选择限制。

发展改革、市场监管、网信等部门应当建立健全平台经济治理规则和监管方式，依法查处垄断和不正当竞争行为，保障平台从业人员、中小企业和消费者合法权益。

第八章　保障措施

第五十条　本市建立完善政府、企业、行业组织和社会公众多方参与、有效协同的数字经济治理新格局，以及协调统一的数字经济治理框架和规则体系，推动健全跨部门、跨地区的协同监管机制。

数字经济相关协会、商会、联盟等应当加强行业自律，建立健全行业服务标准和便捷、高效、友好的争议解决机制、渠道。

鼓励平台企业建立争议在线解决机制和渠道，制定并公示争议解决规则。

第五十一条　网信、教育、人力资源和社会保障、人才工作等部门应当组织实施全民数字素养与技能提升计划。畅通国内外数字经济人才引进绿色通道,并在住房、子女教育、医疗服务、职称评定等方面提供支持。

鼓励高校、职业院校、中小学校开设多层次、多方向、多形式的数字经济课程教学和培训。

支持企业与院校通过联合办学,共建产教融合基地、实验室、实训基地等形式,拓展多元化人才培养模式,培养各类专业化和复合型数字技术、技能和管理人才。

第五十二条　财政、发展改革、科技、经济和信息化等部门应当统筹运用财政资金和各类产业基金,加大对数字经济关键核心技术研发、重大创新载体平台建设、应用示范和产业化发展等方面的资金支持力度,引导和支持天使投资、风险投资等社会力量加大资金投入,鼓励金融机构开展数字经济领域的产品和服务创新。

政府采购的采购人经依法批准,可以通过非公开招标方式,采购达到公开招标限额标准的首台(套)装备、首批次产品、首版次软件,支持数字技术产品和服务的应用推广。

第五十三条　知识产权等部门应当执行数据知识产权保护规则,开展数据知识产权保护工作,建立知识产权专利导航制度,支持在数字经济行业领域组建产业知识产权联盟;加强企业海外知识产权布局指导,建立健全海外预警和纠纷应对机制,建立快速审查、快速维权体系,依法打击侵权行为。

第五十四条　政务服务、卫生健康、民政、经济和信息化等部门应当采取措施,鼓励为老年人、残疾人等提供便利适用的智能化产品和服务,推进数字无障碍建设。对使用数字公共服务确有困难的人群,应当提供可替代的服务和产品。

第五十五条　市、区人民政府及其有关部门应当加强数字经济领域相关法律法规、政策和知识的宣传普及,办好政府网站国内版、国际版,深化数字经济理论和实践研究,营造促进数字经济的良好氛围。

第五十六条　鼓励拓展数字经济领域国际合作,支持参与制定国际规则、标准和协议,搭建国际会展、论坛、商贸、赛事、培训等合作平台,在数据跨境流动、数字服务市场开放、数字产品安全认证等领域实现互惠互利、合作共赢。

第五十七条　鼓励政府及其有关部门结合实际情况，在法治框架内积极探索数字经济促进措施；对探索中出现失误或者偏差，符合规定条件的，可以予以免除或者从轻、减轻责任。

第九章　附则

第五十八条　本条例自2023年1月1日起施行。

《厦门经济特区数据条例》

施行日期：2023/3/1

发布情况：2022年12月27日厦门市第十六届人民代表大会常务委员会第九次会议通过

内容概述：聚焦公共数据的汇聚、共享、开放、开发，以及数据要素市场培育，对数据管理和发展体系、数据安全、数据的应用与发展等内容做了规定。规定市、区政府应将数据应用和发展纳入国民经济和社会发展规划，建立健全数据治理和工作协调机制，创新探索数据流通利用体系，解决数据管理和发展中的重大问题。同时设立专门岗位和机构，探索建立首席数据官制度，由单位相关负责人负责数据管理与业务协同工作。明确将建立数据安全责任制，要求数据处理者建立健全全流程数据安全管理制度和重要系统、核心数据容灾备份制度。

第一章　总则

第一条　为了规范数据处理活动，保障数据安全，保护自然人、法人和非法人组织的合法权益，培育数据要素市场，促进数据有序流动和开发利用，推动数字政府、数字社会、数字经济建设与发展，遵循有关法律、行政法规的基本原则，结合厦门经济特区实际，制定本条例。

第二条　本条例中下列用语的含义：

（一）数据，是指任何以电子或者其他方式对信息的记录。

（二）数据处理，包括数据的收集、存储、使用、加工、传输、提供、公开、删除等。

（三）公共数据，包括政务数据和公共服务数据。政务数据是指国家机关和法律、法规授权的具有管理公共事务职能的组织（以下简称政务部门）为履行法定职责收集、产生的各类数据。公共服务数据是指医疗、教育、供水、供电、供气、交通运输等公益事业单位、公用企业（以下简称公共服务组织）在提供公共服务过程中收集、产生的涉及社会公共利益的各类数据。

（四）非公共数据，是指公共服务组织收集、产生的不涉及社会公共利益的数据，以及政务部门、公共服务组织以外的自然人、法人和非法人组织收集、产生的各类数据。

第三条　数据管理和发展工作遵循开发利用与安全保护并举、创新引领与依法监管并重的原则。

第四条　市、区人民政府应当将数据应用和发展纳入国民经济和社会发展规划，建立健全数据治理机制，创新探索数据流通利用体系；建立健全协调机制，解决数据管理和发展中的重大问题。

各级人民政府及其有关部门应当加强数字化赋能城市治理，促进数字经济发展，提升数字社会水平。

第五条　市大数据主管部门负责统筹规划、综合协调全市数据管理和发展工作，促进数据治理机制建设和数据流通利用体系探索，推进、指导和监督全市数据工作。

市网信、发展改革、公安、国家安全、财政、人力资源和社会保障、市场监督管理、统计、自然资源和规划等部门依照有关法律、法规，在各自职责范围内做好数据管理和发展相关工作。

第六条　市人民政府建立健全数据管理和发展考核评价机制，对各区、各部门开展数据管理和发展工作成效定期组织考核评价。

第七条　市大数据主管部门应当会同市标准化管理部门和市有关部门加强数据标准体系的统筹建设和管理。

鼓励企业、科研机构和社会团体参与制定数据行业标准、地方标准以及团体标准。

第八条　在本市政务部门和公共服务组织探索建立首席数据官制度。首席数据官由单位相关负责人担任，负责数据管理与业务协同工作，提升本单位的数字化管理能力和水平。

第九条　市人民政府设立由政府、高校、科研机构、企业等相关单位的专家组成的数据专家委员会，开展数据治理、数据流通利用、数据安全保障等方面的研究和评估，为数据管理和发展工作提供专业意见。

数据专家委员会的组织形式和工作规程由市大数据主管部门拟定，报市人民政府批准后公布实施。

第十条　数据相关行业协会应当依法制定并推动实施相关团体标准和行业规范，引导会员依法开展数据处理以及其他相关活动，配合有关部门开展行业监管，促进行业健康发展。

第十一条　市、区人民政府和有关部门应当将数字化能力培养纳入政务部门和公共服务组织教育培训体系，加强数据发展和数据安全宣传教育，提高社会整体数字素养。

第十二条　制定数据人才发展计划，将数据领域高层次、高学历、高技能以及紧缺人才纳入人才支持政策体系；优化专业技术职称评价方式，推动数据人才评价与激励方式有效结合，完善数据人才服务和保障机制。

第十三条　鼓励和支持数据管理和发展工作改革创新，对于符合改革方向、程序合法依规、旨在推动工作的失误或者偏差，且个人和所在单位没有牟取私利、未与其他单位或者个人恶意串通损害国家利益和社会公共利益的，可以不予或者免予追究相关行政责任。

第二章　数据资源

第十四条　建立健全公共数据资源体系，推进公共数据应汇尽汇，提高公共数据共享效率，扩大公共数据有序开放。任何单位和个人不得阻碍、影响公共数据的依法汇聚、共享、开放。

鼓励和支持自然人、法人和非法人组织将数据依法汇聚到公共数据资源体系。

第十五条　市大数据主管部门设立公共数据资源平台，作为本市公共数据汇聚、共享、开放的统一基础设施，由市人民政府确定的公共数据资源管理机构负责建设、管理和维护。

政务部门、公共服务组织不得新建其他跨部门的公共数据共享、开放平台或者系统。

第十六条　公共数据资源实行目录管理制度。公共数据资源目录分为政务数据目录和公共服务数据目录。

市大数据主管部门制定公共数据资源目录编制规范，政务部门、公共服务组织按照编制规范的要求编制公共数据资源目录并适时更新。全市公共数据资源目录由市大数据主管部门统一发布。

政务部门履行法定职责过程中收集和产生的数据、依法委托第三方收集和产生的数据以及依法采购获得的非公共数据，应当及时纳入政务数据目录。

第十七条　市大数据主管部门会同相关部门建设和完善统一的人口、法人、自然资源和空间地理、信用、电子证照等基础数据库。

政务部门、公共服务组织应当按照公共数据资源体系相关制度规范要求，建设和管理专题数据库。

第十八条　公共数据资源管理机构在市大数据主管部门的指导监督下，具体负责下列工作：

（一）建设、管理和维护公共数据资源平台，依法采取数据安全保护措施，防止数据丢失、毁损、泄露、篡改；

（二）处理公共数据共享、开放的申请；

（三）配合开展公共数据等级保护相关安全评测和风险评估；

（四）市大数据主管部门确定的其他工作。

第十九条　政务部门、公共服务组织收集公共数据，应当为本单位履行法定职责或者提供公共服务所必需，遵循合法、正当、必要原则，并符合法律、法规关于数据收集程序的相关规定。

可以通过共享方式获取的公共数据，不得重复收集，法律、法规另有规定的除外。

第二十条　政务部门为履行法定职责确需委托第三方收集公共数据的，应当与受托人明确约定委托事项以及双方的权利和义务，并对受托人的数据处理活动进行监督。受托人不得超出约定的目的、范围或者方式处理公共数据。未经政务部门同意，受托人不得转委托。

委托合同不生效、无效、被撤销或者终止、解除的，受托人应当将收集的公共数据返还政务部门或者予以删除，不得保留、使用，不得泄露或者非法向他人提供。

第二十一条　为了应对突发事件，政务部门依据应对突发事件有关法律、法规规定，可以要求自然人、法人和非法人组织提供突发事件应急处置工作所必需的数据。以此方式获取的数据不得用于与突发事件应急处置工作无关的事项。

政务部门依据前款要求自然人、法人和非法人组织提供突发事件应急处置工作所必需的数据时，应当明确数据使用的目的、范围、方式。对在履行职责中知悉的个人隐私、个人信息、商业秘密、国家秘密等应当依法予以保密，不得泄露或者非法向他人提供。

突发事件应急处置工作结束后，政务部门应当对获取的突发事件相关公共数据进行分类评估，将涉及个人隐私、个人信息、商业秘密、国家秘密等公共数据依照法律、行政法规规定采取安全处理措施，并关停相关数据应用。

第二十二条　市、区政务部门为履行法定职责需要采购非公共数据的，应当向同级大数据主管部门提出申请，由同级大数据主管部门统筹并统一采购。

第二十三条　市大数据主管部门应当建立公共数据质量管理制度。政务部门、公共服务组织建立和完善本单位公共数据质量管理机制，加强数据质量事前、事中和事后监督检查，实现问题数据可追溯、可定责。

自然人、法人和非法人组织发现与其相关的公共数据不准确、不完整的，可以向公共数据资源平台或者相关政务部门、公共服务组织提出异议申请，异议受理单位应当及时依法处理并反馈。

第二十四条　政务部门、公共服务组织应当根据公共数据资源目录，按照有关规定实时、全量向公共数据资源平台汇聚公共数据。依据有关法律、行政法规规定不能汇聚的公共数据，应当经市大数据主管部门确认，并依托公共数据资源平台以服务接口等方式进行共享。

第二十五条 公共数据应当依法在政务部门、公共服务组织之间共享。

政务部门、公共服务组织因履行法定职责或者提供公共服务需要，可以依法获取其他政务部门、公共服务组织的数据，或者向其他政务部门、公共服务组织提供数据。

第二十六条 政务部门、公共服务组织应当科学合理确定数据共享属性并定期更新。公共数据以共享为原则，不共享为例外，共享分为无条件共享、有条件共享和暂不共享三种类型。

无条件共享类公共数据，由政务部门、公共服务组织通过公共数据资源平台获取。

有条件共享类公共数据，由政务部门、公共服务组织通过公共数据资源平台提出共享请求，市大数据主管部门会同数据提供单位在合理期限内予以答复。同意共享的，应当及时完成共享；拒绝共享的，应当提供书面理由。

列入暂不共享类公共数据，应当有法律、法规或者国家政策作为依据。

市大数据主管部门对政务部门、公共服务组织确定的公共数据共享属性有异议，经协商不能达成一致意见的，报市人民政府决定。

第二十七条 政务部门、公共服务组织申请共享数据的，应当遵循最小够用原则，明确应用场景，并承诺应用场景的真实性、合规性、安全性。

政务部门、公共服务组织应当加强共享数据管理，通过共享获取的公共数据，应当依法处理，保障数据安全，不得以任何形式提供给第三方，也不能用于申请时确定的应用场景之外的其他任何目的。

第二十八条 公共数据资源应当遵循需求导向、分级分类、安全可控、便捷高效的原则，依法有序向自然人、法人和非法人组织无偿开放。

政务部门、公共服务组织应当在本单位公共数据资源目录范围内，编制公共数据开放清单，并通过公共数据资源平台予以公布，实行动态调整。

第二十九条 公共数据开放分为普遍开放和依申请开放两种类型。

属于普遍开放类的公共数据,自然人、法人和非法人组织可以直接从公共数据资源平台无条件获取。

属于依申请开放类的公共数据,自然人、法人和非法人组织可以通过公共数据资源平台提出申请,由市大数据主管部门会同数据提供单位审核后确定是否开放。

第三十条 鼓励和支持公共数据资源社会化增值开发利用,通过特许开发、授权应用等方式充分发挥数据资源的经济和社会价值。

探索建立数据融合开发机制,鼓励自然人、法人和非法人组织在安全可信的环境中,开展公共数据和非公共数据深化融合与开发利用。

第三十一条 建立公共数据授权运营机制,确定相应的主体,管理被授权的允许社会化增值开发利用的公共数据,具体办法由市人民政府制定。

市大数据主管部门应当会同相关部门,对被授权运营主体实施全流程监督管理。

授权运营的数据涉及个人隐私、个人信息、商业秘密、国家秘密等,处理该数据应当符合相关法律、行政法规的规定。

第三十二条 自然人对个人数据享有法律、行政法规规定的人格权益。

第三十三条 自然人、法人和非法人组织对其合法处理数据形成的数据产品和服务享有法律、行政法规规定的财产权益。但是,不得危害国家安全和社会公共利益,不得损害他人的合法权益。

第三十四条 探索构建安全高效的非公共数据收集、使用、共享、开放机制,发挥非公共数据资源效益,促进非公共数据开发利用。

自然人、法人和非法人组织应当通过合法、正当的方式处理非公共数据。

数据处理者向他人提供其处理的个人数据,应当获得个人单独同意。法律、行政法规规定或者自然人与数据处理者约定应当匿名化的,数据处理者应当依照法律、行政法规规定或者双方约定进行匿名化处理。

第三十五条 鼓励市场主体通过开展数据基础研究和关键核心技

术攻关、数字技术研发等多样化数据处理活动，提高非公共数据治理能力，提升非公共数据质量和价值。

第三章　数据要素市场

第三十六条　市人民政府应当培育安全可信、包容创新、公平开放、监管有效的数据要素市场，探索建立数据确权、资产评估、登记结算、交易撮合、争议解决等市场运营体系，促进数据要素依法有序流动。

第三十七条　探索数据分类分级确权授权使用，推动建立数据资源持有权、数据加工使用权、数据产品经营权等分置的产权运行机制。

探索构建公平、高效、激励与规范相结合的数据价值分配机制，健全数据要素权益保护制度，鼓励和支持市场主体研发数据技术、挖掘数据价值、推进数据应用，通过实质性加工和创新性劳动形成数据产品和服务，并推动依法使用，自主处分，获取收益。

第三十八条　探索构建数据资产评估指标体系，建立数据资产评估制度，科学反映数据要素的资产价值。

第三十九条　探索建立数据要素统计核算制度，推动将数据要素纳入国民经济核算体系。

第四十条　鼓励和引导自然人、法人和非法人组织参与数据要素市场建设，培育数据处理、数据合规、数据评估以及数据交易等市场主体。

第四十一条　市人民政府应当推动数据交易市场建设，培育数据商和数据交易服务机构，为数据交易双方提供数据产品开发、发布、承销和数据资产的合规化、标准化、增值化服务，以及交易撮合、交易代理、专业咨询、数据经纪、数据交付等专业服务。

数据交易服务机构应当建立规范透明、安全可控、可追溯的数据交易服务环境，制定交易服务流程、内部管理制度以及机构自律规则，并采取有效措施保护个人隐私、个人信息、商业秘密和国家秘密等。

第四十二条　探索多样化、符合数据要素特性的定价模式，推动建立市场主体自主决定、市场调节的数据交易定价机制。市发展改革、市场监督管理、大数据主管等部门，对数据交易定价进行指导和监督。

第四十三条　鼓励数据、数据产品和服务交易活动，但是有下列情形之一的，不得交易：

（一）危害国家安全、社会公共利益的；

（二）侵害他人合法权益、个人隐私的；

（三）未经合法权利人授权同意的；

（四）法律、法规禁止交易的其他情形。

第四十四条　市场主体使用数据应当遵守反垄断、反不正当竞争、消费者权益保护等法律、法规的规定，不得滥用市场支配地位从事操纵市场、设置排他性合作条款等活动。

第四章　应用与发展

第四十五条　市、区人民政府应当制定数据应用与发展相关规划，支持、引导数据资源开发利用，推动数字技术创新和数字产业发展，提高数字政府、数字社会、数字经济发展水平。

第四十六条　市、区人民政府应当加快推进数字政府建设，促进数据技术与政府管理、服务、运行深度融合，全面提升城市运行管理数字化、智能化、精准化水平。

第四十七条　市、区人民政府应当建立健全数字化社会治理和数据辅助决策机制，推动数字化服务普惠应用，重点拓展信用、交通出行、健康医疗、社会保障、就业创业、教育等领域数字应用场景建设，创新服务产品和模式。

第四十八条　市人民政府应当推进法务数字化建设，支持海丝中央法务区以及相关机构开展数据的合规管理、纠纷调解等法务创新和法律科技创新，探索构建数据相关纠纷的多元化解决机制。

第四十九条　完善数字基础设施体系，坚持统筹规划、合理布局、集约高效、安全可信，加快建设新网络、新算力、新技术基础设施，推进传统基础设施的数字化改造升级。

第五十条　市人民政府应当加大政策和资金支持力度，以数据赋能实体经济，培育数字经济新产业、新业态、新模式，引导新材料、新能源、电子信息、机械装备、生物医药、基因与生物技术等现代产业与数字经济深度融合，推动地方特色经济高质量发展。

第五十一条　建立健全成长型数字企业培育机制，引导支持数字经济领域的龙头企业、高新技术企业、科技型和专精特新中小企业发展。

第五十二条　完善电子信息制造业、软件和信息技术服务业等基础数字产业链。

探索建立数字经济产业图谱，发布重点数字经济产业招商目录，引导数字产业园区发挥集聚优势。

第五十三条　市人民政府推进金砖国家新工业革命伙伴关系创新基地建设，提升在工业互联网、大数据、区块链、智能制造等领域的数据及通信基础设施服务能力，探索建设金砖国家示范电子口岸。

发挥自由贸易试验区高水平开放平台作用，推进国家数字服务出口基地建设，推动数据跨境双向有序流动，提升数字经济企业面向"一带一路"沿线国家和地区输出技术产品和服务能力，加强与"一带一路"沿线国家和地区跨境电商合作。

推进两岸数字经济合作发展和数字经济产业优势互补，在数据要素流通、数字技术创新、大数据新业态培育等方面深化交流合作。

第五章　数据安全

第五十四条　开展数据处理活动应当遵守有关数据安全管理的法律、行政法规，维护国家安全和社会公共安全，保守国家秘密，保护个人隐私、个人信息以及商业秘密。

第五十五条　处理涉及个人信息的数据应当遵循合法、正当、必要原则。对承载个人信息的数据，推动数据处理者按照个人授权范围依法依规采集、持有、托管和使用，不得采取一揽子授权、强制同意等方式过度收集个人信息。

第五十六条　建立数据安全责任制。数据处理者是数据安全责任主体。

数据同时存在多个处理者的，各数据处理者分别承担各自的安全责任。数据处理者因合并、分立、并购等方式变更的，由变更后的数据处理者承担数据安全责任。

第五十七条　数据处理者应当建立健全全流程数据安全管理制度和重要系统、核心数据容灾备份制度，保障数据安全。

数据处理者应当加强风险监测，发现数据安全缺陷、漏洞等风险时，应当立即采取补救措施；发生数据安全事件时，应当立即采取处置措施，按照规定及时告知相关权利人，并向有关主管部门报告。

第五十八条　在商业、文体、交通、旅游等公共场所及商务楼宇等区域，安装图像采集、个人身份识别设备，应当为维护公共安全所必需，遵守国家有关规定，并设置显著提示标识。所收集的个人图像、身份识别信息，只能用于维护公共安全的目的，取得个人或者其监护人明示同意的除外。

前款规定的公共场所或者区域，不得以图像采集、个人身份识别技术作为出入该场所或者区域的唯一验证方式。

第五十九条　市人民政府组织建立数据分类分级保护制度和数据安全风险评估、报告、监测预警、应急处置机制，加强本市数据安全风险信息的获取、分析、研判、预警工作。

数据处理者从事跨境数据活动，应当按照国家数据出境安全监管要求，建立健全相关技术和管理措施，申报数据出境安全评估，防范数据出境安全风险。

第六十条　市数据安全工作协调机制统筹有关部门按照国家规定编制本市重要数据目录，对列入目录的数据进行重点保护；统筹市大数据主管部门以及市网信、公安、国家安全等部门加强数据安全监督检查协作，依法处理数据安全事件。

第六十一条　市网信部门统筹协调市大数据主管部门以及市公安、国家安全等部门建立健全数据保护投诉、举报工作机制，依法处理相关投诉举报。

第六章　法律责任

第六十二条　违反本条例规定的行为，法律、行政法规已有法律责任规定的，从其规定。

第六十三条　政务部门、公共服务组织及其工作人员有下列情形之一的，由市大数据主管部门责令限期整改：

（一）违反本条例第十五条规定，擅自新建跨部门的共享、开放平台或者系统；

（二）未按照本条例第十六条规定编制或者更新公共数据目录的；

（三）未按照本条例第二十二条规定采购非公共数据的；

（四）未按照本条例第二十三条规定履行公共数据质量管理义务的；

（五）未按照本条例规定收集、汇聚、共享、开放公共数据的；

（六）违反本条例规定的其他情形。

相关单位应当在规定期限内完成整改，并反馈整改情况；未按照要求整改的，由市大数据主管部门提请有权机关予以效能问责；情节严重的，由有权机关对负有责任的领导人员和直接责任人员依法给予处理。

第七章　附则

第六十四条　市人民政府及其有关部门根据本条例制定相关配套规定。

第六十五条　本条例自2023年3月1日起施行。

《山西省政务数据安全管理办法》

施行日期：2023/7/1

发布情况：山西省人民政府办公厅2023年05月22日发布，晋政办发〔2023〕30号

内容概述：重点解决政务数据安全"谁来管、管什么、怎么管"的问题。落实政务数据的安全管理责任，明确了主管部门、政务部门及政务信息系统建设、运维运营等单位的三方责任，确保政务数据安全管理边界清晰、职责明确、责任落实；建立健全政务数据全生命周期安全管理机制，遵循"谁提供、谁负责，谁流转、谁负责，谁使用、谁负责"的原则，围绕政务数据全生命周期收集、存储、使用、加工、传输、提供、公开、销毁等8个环节，提出相应安全管理和保护要求；

提高政务数据安全保障能力，通过开展政务数据安全风险评估、风险监测、应急演练、安全审计，提高政务数据安全风险发现、监测、处置、预警能力。

第一章　总则

第一条　为加强全省政务数据安全管理，规范政务数据处理活动，维护国家安全、社会秩序和公共利益，根据《中华人民共和国网络安全法》《中华人民共和国数据安全法》《中华人民共和国个人信息保护法》等法律法规，结合我省实际，制定本办法。

第二条　本办法所称政务数据，是指各级人民政府、县级以上人民政府所属部门、列入党群工作机构序列但依法承担行政职能的部门以及法律、法规授权的具有公共管理和服务职能的组织（以下简称政务部门）在依法履职过程中收集和产生的各类数据。所称政务数据安全，是指通过采取必要措施，确保政务数据处于有效保护和合法使用的状态，具备保障政务数据的完整性、保密性、可用性的能力。

第三条　本省行政区域内对政务数据进行收集、存储、使用、加工、传输、提供、公开和销毁等处理活动，以及政务数据安全保护和监督管理的工作，适用本办法。

涉及国家秘密、商业秘密、个人信息的政务数据处理活动，按照有关法律、法规规定执行。

第四条　政务数据安全管理采取政府主导、分工负责、积极防御、综合防范的方针，坚持保障政务数据安全与促进信息化发展相协调、管理与技术统筹兼顾的原则。

第五条　县级以上网信部门统筹协调本行政区域内政务网络数据安全和相关监管工作。

县级以上人民政府公安机关在职责范围内负责本行政区域内政务数据安全监督、管理等工作。

县级以上人民政府确定的政务信息管理部门负责组织协调有关单位开展政务数据安全保障工作。

保密、国家安全、密码、通信管理等主管部门按照各自职责，做好政务数据安全管理相关工作。

第六条　各地区、各部门对本地区、本部门工作中收集和产生的数据及数据安全负责。政务信息系统的建设模式、部署方式、运维形式发生调整变化后，政务部门的数据安全主体责任不变，管理标准不变。

第二章　安全制度

第七条　政务数据安全管理遵循"谁提供、谁负责，谁流转、谁负责，谁使用、谁负责"的原则。政务部门应当将安全管理贯穿于数据处理活动中。

第八条　政务部门应当明确本部门负责政务数据安全管理的机构，建立健全政务数据安全管理制度，落实安全保护责任，定期开展数据安全意识教育和专项技能培训。

第九条　政务信息管理部门应当指导督促本级政务部门对政务数据进行分类分级管理。政务部门按照政务数据分类分级规则和标准确定数据类别和安全保护级别，对重要数据进行重点保护，对核心数据在重要数据保护基础上实施更严格的管理和保护，在政务数据全生命周期采取差异化管理措施。

第十条　政务部门应当和参与本部门数据处理活动的人员签订安全保密协议，必要时对其进行安全背景审查。

第十一条　政务部门委托政务信息系统建设、运维运营等单位开展政务数据处理活动，应当与其签订合同和保密协议等，明确数据安全保护义务，并监督其履行到位。受托方处理政务数据后，政务部门的数据安全主体责任不变。

受托方应当依照法律、法规规定及合同约定履行政务数据安全保护义务，承担基础运行环境及技术保障服务安全管理责任，保证政务部门对政务数据的访问、使用、支配，不得擅自留存、访问、修改、使用、泄露、销毁或者向他人提供政务数据。

第十二条　涉及政务数据出境的，应当遵守《数据出境安全评估办法》等有关法律法规规定。

第三章　安全管理

第十三条　开展政务数据收集活动时，应当遵循"一数一源"的原则，明确收集的范围、目的和用途，保证数据收集的合法性、正当性和必要性，对数据收集的环境、设施和技术采取必要的安全管理措施。

政务部门可以通过共享方式获取的政务数据资源，不再重复收集。

第十四条　开展政务数据存储活动时，应当选择与政务数据分级保护要求相匹配的存储载体，依照相关规定对数据进行加密存储，对移动存储介质进行严格管理。有容灾备份要求的，应当按照有关规定建立数据容灾备份机制。

第十五条　在法定职责范围内开展政务数据使用活动时，应当依照法律、法规等有关规定采取管控措施，确保数据使用过程合规、可控、可追踪溯源。使用其他部门的政务数据，原则上应当通过政务数据共享交换平台进行。

第十六条　开展政务数据加工活动时，应当遵循合法、正当、必要的原则，采取必要的安全管理和技术措施，防止数据泄露，确保衍生数据不超过原始数据的授权范围和安全使用要求。

第十七条　开展政务数据传输活动时，应当根据传输的政务数据安全级别和应用场景，制定数据传输安全策略，采用安全可信通道或数据加密等安全管理措施，确保政务数据传输过程安全可信。

第十八条　开展政务数据提供活动时，应当按照分类分级要求，对政务数据进行内部审查，明确数据提供方式、使用范围、应用场景以及安全保护措施、责任义务等，必要时可与使用单位签订数据安全协议。

第十九条　政务部门应当遵循公正、公平、便民的原则，在确保国家安全、商业秘密和个人合法权益不受损害的前提下，编制可开放的政务数据目录，并对开放的政务数据进行清洗、脱敏、脱密、格式转换等处理。依法不予公开的除外。

开展政务数据公开活动时，应当按照有关规定进行安全风险评估，明确公开数据的内容与类型、公开方式、公开范围、安全保障措施、可能的风险与影响范围以及更新频率等，并进行动态调整。

第二十条　开展政务数据销毁活动时，应当建立政务数据销毁制度，严格履行审批程序，采取必要措施予以销毁。

第二十一条　利用互联网等信息网络开展政务数据处理活动的，应当在网络安全等级保护制度的基础上，履行上述数据安全保护措施，统筹协调网络与数据安全保护工作。备案级别在第三级以上的网络系统要定期开展等级测评，并向属地公安机关报送等级测评报告。

第四章　安全保障

第二十二条　重要数据的处理者应当按照规定对其数据处理活动定期开展风险评估，并向有关主管部门报送风险评估报告。

第二十三条　政务部门和政务信息系统建设、运维运营等单位应当加强政务数据安全风险监测，发现政务数据安全缺陷、漏洞等风险时，应当立即采取补救措施。

第二十四条　政务部门及政务信息系统建设、运维运营等单位应当制定政务数据安全事件应急预案，组织协调重要数据和核心数据安全事件应急处置工作，定期开展应急演练。

发生政务数据安全事件时，应当立即依法启动应急预案，采取应急处置措施，按照规定及时告知用户并向网信、公安、政务信息管理等有关部门报告。

第二十五条　政务部门及政务信息系统建设、运维运营等单位从事政务数据处理活动时，应当建立日志记录规范，并对异常操作行为进行监控和告警，保障重要操作行为可追踪溯源。日志留存时间不少于6个月，并定期进行安全审计，形成审计报告。政务部门及政务信息系统建设、运维运营等单位应当配合有关主管部门组织的数据安全审计活动。

第五章　安全责任

第二十六条　政务信息管理部门应当建立政务数据监督检查制度，确定政务数据安全监督检查的对象、内容和流程等，并建立信息通报机制。

第二十七条　政务部门在履行本部门、本行业政务数据安全监管职责中，发现数据处理活动存在较大安全风险的，可以按照规定的权限和程序对有关组织、个人进行约谈，并要求有关组织、个人采取措施进行整改，消除隐患。

第二十八条　政务部门不履行本办法规定的政务数据安全保护义务的，由有关主管部门责令限期改正；造成政务数据安全隐患或导致安全事件发生的，对责任单位进行书面通报，并对直接负责的主管人员和其他直接责任人员依法给予处分；构成犯罪的，依法追究刑事责任。

第二十九条　履行政务数据安全监管职责的工作人员滥用职权、玩忽职守、徇私舞弊的，由有关主管部门根据情节轻重依法给予处分；构成犯罪的，依法追究刑事责任。

第六章　附则

第三十条　本办法由省政务信息管理局负责解释。

第三十一条　本办法自 2023 年 7 月 1 日起施行，有效期 2 年。

《吉林省大数据条例》

施行日期：2024/1/1

发布情况：2020 年 11 月 27 日吉林省第十三届人民代表大会常务委员会第二十五次会议通过，2023 年 12 月 1 日吉林省第十四届人民代表大会常务委员会第七次会议修订，省人大常委公告第 19 号

内容概述：行政机关以及具有公共事务管理职能的组织应当建立数据安全管理制度，加强数据安全保障，推进关键信息基础设施安全保护工作。收集、使用个人信息，应当遵守法律、行政法规和国家有关个人信息保护的规定，并采取必要措施加强对个人信息的安全防护，确保个人信息安全。

第一章　总则

第一条　为了规范数据处理活动，加强数据资源管理，保障数据

安全，保护自然人、法人和其他组织的合法权益，发挥数据要素作用，促进大数据发展应用，加快推进数字吉林建设，形成新质生产力，增强发展新动能，根据有关法律法规规定，结合本省实际，制定本条例。

第二条　本省行政区域内大数据建设管理、发展应用、生态培育、安全保障以及相关活动，适用本条例。

本条例所称大数据，是指以容量大、类型多、存取速度快、应用价值高为主要特征的数据集合，以及对数据集合开发利用形成的新技术、新业态。

第三条　大数据工作应当坚持统筹规划、共享开放、创新发展、深化应用、依法管理、安全规范的原则。

省人民政府应当推进数据要素治理体系建设，推动构建政府监管与市场自律、法治与行业自治协同的数据要素治理模式。

第四条　省人民政府应当加强对大数据工作的组织领导，建立健全大数据工作协调机制，统筹推进全省数据基础制度建设、数字基础设施建设、数据资源管理、数字产业发展和数据安全保障等工作，制定完善政策措施，督促检查政策落实，协调解决工作中的重大问题。

市级和县级人民政府应当按照全省统一部署，组织实施本行政区域内大数据工作。

自主创新示范区、高新技术产业开发区等应当在产业数字化改造转型、数字产业培育、数字经济与实体经济深度融合方面发挥示范引领作用。

第五条　县级以上人民政府应当将大数据工作纳入国民经济和社会发展规划以及相关专项规划。

第六条　省大数据主管部门负责指导协调全省大数据工作，统筹全省数据资源整合共享和开发利用。

市级和县级大数据主管部门负责组织推进本行政区域内大数据的具体工作。

其他有关部门和单位应当按照各自职责，依法做好大数据相关工作。

第七条　省人民政府及其有关部门应当推动公共数据领域省际交流合作，加强公共数据共享交换、数据融合发展应用等机制对接，发挥大数据在跨区域协同发展中的创新驱动作用。

第八条　省人民政府及其有关部门应当组织进行数据处理与大数据发展应用地方标准研究，推动标准制定和实施。鼓励科研机构、大数据相关企业、行业协会参与地方标准制定。

鼓励社会团体、市场主体、高等学校和科研机构等制定数据领域团体标准、企业标准。

第九条　县级以上大数据主管部门及有关部门应当加强对大数据法律法规以及相关知识的宣传教育，营造促进大数据发展的良好氛围。

第十条　鼓励自然人、法人和其他组织在数据汇聚共享、开放开发、发展应用工作中依法先行先试、探索创新。

第二章　基础设施

第十一条　省人民政府应当统筹部署数字基础设施建设工作，组织有关部门编制数字基础设施建设规划并实施，推动构建高效协同、智能融合的数字基础设施体系。

编制市政、交通、电力、公共安全等相关基础设施专项规划应当考虑数字基础设施建设的需要。

第十二条　县级以上人民政府应当围绕大农业、大装备、大旅游、大数据等产业集群，保障新能源、新材料、新医药、新康养、新服务、新电商等产业发展和新基建、新环境、新生活、新消费等设施建设需求，合理布局，加快推进物联网、卫星互联网等网络基础设施建设，统筹优化算力基础设施建设，完善政务、金融、交通、能源、电力等重点行业应用基础设施建设，推进传统基础设施的数字化改造，加快农村地区数字基础设施建设进程，促进数字基础设施互联互通、共建共享和集约利用。

第十三条　县级以上人民政府及其有关部门应当统筹推进网络基础设施建设，支持新一代固定宽带网络和移动通信网络建设，加强骨干网、城域网、接入网和基站、管线等信息通信网络建设，构建高速泛在、天地一体、云网融合、智能敏捷、绿色低碳、安全可控的网络服务体系。

第十四条　省人民政府及其有关部门应当结合数据应用、产业等发展需求，优化数据中心等存储和计算基础设施建设布局，强化算力统筹和智能调度，推动多元计算协同发展。

市级和县级人民政府及其有关部门应当按照上级统一部署，推进算力基础设施建设。

鼓励企业在重点领域、重点产业建立公共算力服务平台，融合数据、算法、算力和应用场景，开展综合性应用集成创新。

第十五条　县级以上人民政府及其有关部门应当推进物联网建设，鼓励引导基础设施、城市治理、物流仓储、生产制造、生活服务等领域建设应用智能感知系统，推动各类感知系统互联互通和数据共享。

支持物联网与大数据、云计算、移动互联网融合协同发展，鼓励物联网在智能制造、智慧农业、智慧交通、智慧林草、安全生产、智能家居等领域的特色应用。

第十六条　县级以上人民政府及其有关部门应当结合实际推动车联网部署应用，扩大车联网覆盖范围，加速交通基础设施网、运输服务网、能源网与信息网络融合发展。

推进道路基础设施、道路控制区、交通标志标识的数字化改造和建设，提高路侧单元与道路交通管控设施的融合接入能力，协同推进公共道路基础设施智能化改造，支持建设车路协同基础设施。

第十七条　县级以上人民政府及其有关部门应当推进工业互联网建设，建立和完善工业互联网标识解析体系，鼓励各行业龙头企业建立多层次、系统化的工业互联网平台体系，培育企业级、区域级、行业级平台，引导中小企业上云、上平台，推动新型工业网络部署。

鼓励开展企业内外网改造和网络配套能力建设，加快新一代信息技术在企业内外网的应用，支撑企业数字化、网络化、智能化发展。

第十八条　县级以上人民政府及其有关部门应当加强农村地区数字基础设施建设，完善智慧农业、农村电商基础设施，推动农村信息服务供给和基础设施数字化转型，促进乡村振兴。

加快形成热点地区多网并存、边远地区一网托底的移动通信网络格局，结合实际推动农村公共移动网络、光纤宽带接入网络、移动物联网与城市同步规划建设。

第十九条　县级以上人民政府及其有关部门应当推动制造、能源、市政、交通等领域传统基础设施和教育、卫生健康、文化旅游、社会保障等领域公共服务设施智能化升级、数字化转型，加强泛在感知、终端联网、智能调度体系建设。

第二十条　省大数据主管部门负责规划、推进全省政务云网基础设施建设管理，以及基础性、公共性政务数字化智能化项目。

推动整合各类政务云平台，逐步实现全省政务云资源的集中调度和综合服务，为全省提供统一的云计算、云存储、云网络、云安全等云服务。

完善电子政务网络，优化网络结构，拓展覆盖范围。健全管理体制机制，创新共性办公应用，提升电子政务网络支撑能力。

第三章　数据资源

第二十一条　数据资源包括公共数据、企业数据和个人数据。

公共数据是指行政机关、公共企事业单位在依法履行职责或者提供公共服务过程中，采集或者产生的各类数据。

企业数据是指各类市场主体在生产经营活动中采集、加工或者产生的不涉及个人信息和公共利益的各类数据。

个人数据是指载有与已识别或者可识别的自然人有关的各种信息的数据，不包括匿名化处理后的数据。

第二十二条　省人民政府按照国家要求建立公共数据、企业数据、个人数据分类分级确权授权制度，建立数据资源持有权、数据加工使用权、数据产品经营权等分置的产权运行机制。

在保障安全的前提下，推动数据处理者依法依规对原始数据进行开发利用，支持数据处理者依法依规行使数据应用相关权利，促进数据使用价值复用与充分利用，促进数据使用权交换和市场化流通。

依法保护数据流通交易市场主体通过使用数据资源、转让数据权益、经营数据产品获得收益的权利。

第二十三条　省大数据主管部门负责建设管理省公共数据平台，健全公共数据平台辅助决策机制。

省人民政府有关部门依托省公共数据平台开展全省重点领域数字化统计、分析、监测、评估等工作，提升宏观决策和调控水平。

行政机关、公共企事业单位的公共数据平台及相关信息系统，应当符合全省数字化基础设施统筹规划和公共数据共享开放要求，并与省公共数据平台有效对接，非涉及国家秘密的政务信息系统应当迁至省公共数据平台。

第二十四条　省大数据主管部门负责统筹协调、指导监督全省公共数据采集汇聚、共享开放、开发应用等工作。

市级和县级大数据主管部门负责本行政区域内公共数据管理工作。

行政机关、公共企事业单位在其职责范围内，依法做好公共数据的采集汇聚、共享开放、更新维护和安全管理等工作。

第二十五条　省大数据主管部门应当建立公共数据治理工作机制，加强公共数据全生存周期管理，健全公共数据管理和使用制度，推动公共数据整合共享与开发开放。

第二十六条　行政机关、公共企事业单位处理公共数据，应当遵循合法、正当、必要原则，在其法定职责范围内依照法律法规规定的条件和程序进行，对在履行职责中知悉的个人隐私、个人信息、商业秘密、保密商务信息等数据应当依法予以保密，不得泄露或者非法向他人提供。

第二十七条　省大数据主管部门负责制定公共数据目录编制规范并组织实施。公共数据目录包括公共数据资源清单、共享清单、开放清单。行政机关、公共企事业单位应当按照编制规范编制和更新本单位公共数据目录。

省人民政府各部门应当统筹本部门、本系统、本领域内行政机关、公共企事业单位公共数据目录的编制工作，经省大数据主管部门归集审核后，确定本省公共数据目录。

市级和县级大数据主管部门可以根据实际需要，对本行政区域内未纳入本省公共数据目录的公共数据进行梳理，编制本行政区域公共数据补充目录，并报省大数据主管部门备案。

第二十八条　行政机关、公共企事业单位为履行法定职责需要而收集、使用数据的，应当在其履行法定职责所必需的范围和限度内，依照法律法规及有关规定进行。

行政机关、公共企事业单位应当按照一数一源、一源多用的要求，依据公共数据目录采集公共数据,并确保数据采集的准确性、完整性、时效性、安全性,实现公共数据的一次采集、共享使用;可以通过共享方式获得公共数据的,不得通过其他方式重复采集。

行政机关、公共企事业单位不得非法更改、删除或者伪造公共数据。

第二十九条　行政机关、公共企事业单位应当将采集或者产生的公共数据按照公共数据目录确定的共享范围向省公共数据平台汇聚。

省人民政府各部门负责汇聚本部门、本系统采集或者产生的公共数据,并统筹本领域内公共企事业单位公共数据的汇聚工作;市级和县级行政机关、公共企事业单位采集或者产生的公共数据,无法实现直接汇聚的,由市级和县级人民政府有关部门进行初步汇聚后,分类汇聚给省人民政府有关部门。

第三十条　公共数据存在错误、遗漏等情形的,或者存在侵犯个人信息、商业秘密等情形的,被采集人可以向数据采集、产生单位或者通过省公共数据平台提出异议,数据采集、产生单位或省公共数据平台应当按照规定进行更正、补充或者删除。

第三十一条　公共数据以共享为原则,不共享为例外。

行政机关、公共企事业单位因依法履行职责需要使用公共数据的,相关行政机关、公共企事业单位不得拒绝其共享请求。但法律法规另有规定的除外。

第三十二条　公共数据分为无条件共享数据、有条件共享数据和不予共享数据。

属于无条件共享的公共数据,数据提供者应当按照公共数据共享清单的要求,按照统一标准报送省公共数据平台,省公共数据平台应当无条件提供相应访问权限。

属于有条件共享的公共数据,数据提供者应当明确公共数据的共享条件、共享范围和使用用途。数据使用者通过省公共数据平台提出申请,由省、市级大数据主管部门会同同级人民政府相关部门进行审核。

属于不予共享的公共数据,实行负面清单制度管理。

第三十三条　行政机关、公共企事业单位通过省公共数据平台获取的文书类、证照类、合同类、票据类公共数据，与纸质原件具有同等效力，可以作为行政管理、服务的依据。

行政机关、公共企事业单位办理涉及自然人、法人和其他组织的许可、审批、登记等事项，可以通过省公共数据平台获取数据的，不得要求申请人重复提交。但法律法规规定不适用电子文书的情形除外。

第三十四条　省大数据主管部门会同数据提供部门应当以需求为导向，遵循统一标准、便捷高效、安全可控的原则，依法有序推进公共数据面向自然人、法人和其他组织开放。

第三十五条　公共数据分为无条件开放数据、有条件开放数据和不予开放数据。

属于无条件开放的公共数据，可以提供给所有自然人、法人和其他组织使用。

属于有条件开放的公共数据，在特定条件下可以提供给自然人、法人和其他组织使用。行政机关、公共企事业单位应当明确公共数据的开放条件、开放范围、开放方式和使用用途等信息。对自然人、法人和其他组织通过省公共数据平台提出的申请，经审查符合开放条件的，应当及时通过省公共数据平台向申请人开放。

涉及国家秘密、商业秘密、个人隐私，或者法律法规规定不得开放的公共数据不予开放。

开放的数据应当依法依规进行脱敏脱密处理。列入有条件开放或者不予开放的公共数据，应当有法律法规或者国家有关规定作为依据。

第三十六条　在保障国家秘密、国家安全、社会公共利益、个人隐私、商业秘密和数据安全的前提下，省人民政府可以探索建立公共数据授权运营机制，明确授权条件、授权范围、运营模式、运营期限、收益分配办法和安全管理责任，授权符合规定条件的法人或者其他组织运营公共数据。

第三十七条　县级以上人民政府及其有关部门应当鼓励引导市场主体提升企业数据管理能力，规范企业数据的采集汇聚、共享开放、开发应用等工作，促进企业数据科学管理。

支持数据解决方案供应商、数据服务提供商和数据服务龙头企业发展，为企业提升数据管理能力提供服务。

第三十八条　市场主体合法采集、加工或者产生的企业数据受法律保护，任何自然人、法人和其他组织不得侵害其合法权益。

第三十九条　鼓励有开发能力的企业进行企业数据开发，促进企业数据资源化利用。

鼓励产业链上下游企业通过供需对接，共建安全可信的数据空间，建立互利共赢的合作机制。

鼓励行业协会整合行业数据开发数据产品，提升行业数据化水平。

第四十条　行政机关、公共企事业单位为依法履行职责或者提供公共服务需要的企业数据，不能通过共享等方式无偿获取的，可以申请通过采购获取。

省、市级大数据主管部门负责统筹管理本级行政机关、公共企事业单位对企业数据的采购工作。

第四十一条　自然人的个人数据受法律保护，其他任何自然人、法人和其他组织不得侵害其合法权益。

自然人可以依法申请查阅、复制、转移其个人数据；发现个人数据不准确或者不完整的，可以依法申请更正、补充；发现个人数据应当删除而未删除的，可以依法申请删除。

第四十二条　处理个人数据，应当遵守法律法规，遵循合法、正当、必要和诚信原则，公开处理规则，明示处理目的、方式和范围，不得窃取或者以其他方式非法获取个人数据，不得泄露或者篡改收集的个人数据，不得过度处理个人数据。

处理个人数据，应当采取技术措施和其他必要措施，确保其收集、存储的个人数据安全，防止数据泄露、篡改、丢失；发生或者可能发生个人数据泄露、篡改、丢失的，应当及时采取补救措施，按照规定告知个人并向有关主管部门报告。

第四十三条　处理个人数据，应当征得本人同意，法律法规另有规定的除外。已经处理过的个人数据重新处理时，应当重新取得本人同意。

第四十四条　数据处理者不得以使用者不同意处理个人数据为由，拒绝向其提供相关核心功能或者服务。但是，该个人数据为提供相关核心功能或者服务所必需的除外。

第四章 发展应用

第四十五条 省人民政府应当统筹部署大数据发展应用工作，发挥大数据在数字经济、数字政务、数字文化、数字社会、数字生态文明等方面的支撑作用，以数字化驱动生产、生活和治理方式变革，推动高质量发展。

第四十六条 省人民政府应当优化全省大数据产业布局。有条件的地方应当围绕大数据产业链关键环节，培育引进大数据骨干企业，推动大数据产业发展。

县级以上人民政府及其有关部门应当结合本地区发展实际，引导支持大数据产业基地、产业园区建设，加强数字技术在基地、园区的融合应用。

第四十七条 县级以上人民政府及其有关部门在工业互联网、网络销售服务、信息咨询服务等重点领域，探索适宜本地区的发展场景和模式，充分发挥互联网平台经济作用，推动建设产业互联网平台，完善工业、农业、服务业等互联网平台经济支撑体系，促进产业优化升级。

鼓励平台企业针对不同的产业特征，深入挖掘需求场景，充分利用大数据、云计算、人工智能等数字化技术并嵌入应用场景，连接供应链上下游企业，带动产业数字化转型。

鼓励平台企业充分利用技术、人才、资金、渠道、数据等方面优势，发挥创新引领的关键作用，推动"互联网＋"向更大范围、更深层次、更高效率方向发展。

第四十八条 县级以上人民政府及其有关部门应当支持生成式人工智能创新发展和应用，对生成式人工智能服务实行包容审慎和分类分级监管，引导生成积极健康的优质内容，探索优化应用场景，构建应用生态体系。

提供和使用生成式人工智能服务，应当遵守法律法规，尊重社会公德和伦理道德，采取有效措施提升生成式人工智能服务的透明度，提高生成内容的准确性和可靠性。

第四十九条 县级以上人民政府及其有关部门应当结合本地区

发展实际，鼓励引导数字经济核心产业建设，促进产业间合作联通，推动大数据与人工智能、区块链等新兴数字产业集成创新，构建基于新一代移动通信技术的应用场景和产业生态，推动数字产业创新发展。

县级以上人民政府及其有关部门应当结合本地区发展实际，鼓励引导数字产品制造业、数字产品服务业、数字技术应用业等数字经济核心产业建设，推动产业间的合作联通。

县级以上人民政府及其有关部门应当鼓励引导企业开展基于大数据的第三方数据分析发掘服务、技术外包服务和知识流程外包服务，培育发展大数据资源建设、大数据技术、大数据应用领域新业态新模式，鼓励有条件的企业开展大数据业务剥离重组，提升专业化、规模化和市场化服务能力。

第五十条 县级以上人民政府及其有关部门应当推进能源全产业链数字化升级，深化新一代信息技术与能源行业融合，加快传统能源和新型能源生产数字化转型，加强能源数据资源开发应用。

支持清洁能源利用工业互联网平台连接能源生产、消费等全产业链工业设备，汇聚全省电、水、煤、气、热、油等多种能源数据，加快智能调度、能效管理、负荷智能调控等智慧能源系统技术应用。

鼓励开展电站、电网、终端用能等领域设备设施、工艺流程的智能化升级，加强综合能源网络建设，实现分布式能源和分布式智能微电网协调互补，推进新型绿色能源生产和消费。

第五十一条 县级以上人民政府及其有关部门应当立足当地产业特色优势，推动发展智能制造装备，加快新兴产业与传统产业的深度融合，加快传统制造业数字化、网络化、智能化改造，推动产业链向上下游延伸，形成较为完善的产业链和产业集群。

第五十二条 县级以上人民政府及其有关部门应当推进数字技术与农业生产经营深度融合应用，引导智能农机装备投入农业生产，加快构建以数字化为引领的现代农业产业体系、生产体系和经营体系，推进农业农村现代化。

加强种植业、种业、林业、畜牧业、渔业、农产品加工业等数字化服务应用，推动遥感监测、地理信息等技术在农田建设、农机作业、农产品质量安全追溯等领域的应用，健全农业信息监测预警、发布机制，提升农业生产精细化、智能化水平。

引导和推动农产品电商及仓储物流发展，推动农产品加工、包装、冷链、仓储、配送等领域数字化建设。支持新型农业规模经营主体、加工流通企业与电子商务企业融合，发展农产品销售服务新业态新模式。

第五十三条　县级以上人民政府及其有关部门应当推动发展智慧旅游，培育旅游产业发展新业态新模式。

推进智慧景区建设，鼓励开发数字化旅游产品，推进景区电子地图等智慧化服务，推动旅游场所与设施数字化智能化改造升级。

鼓励发展基于虚拟现实等技术的沉浸式旅游体验、消费内容，促进旅游业线上线下融合发展。

第五十四条　县级以上人民政府及其有关部门应当推动数字技术在新电商全产业链应用，结合地域特点和产业特色，引导促进服务贸易和数字贸易相关业态发展。

发展社交电子商务、直播电子商务等，培育云服务、数字内容、数字服务等新业态新模式，支持数字化商贸平台与跨产业信息融通平台建设，促进全产业链线上一体化发展。

推动跨境电商生态构建，支持跨境电子商务综合试验区建设发展，加强跨境电商经营主体和服务商培育力度，鼓励跨境电商运营商应用数字技术创新服务模式。

第五十五条　县级以上人民政府及其有关部门应当按照国家部署推动金融领域数字化转型，推进数字金融与产业链、供应链融合。

促进数字技术在支付结算、信贷融资、保险业务、征信服务等领域融合应用，发展智能支付、数字化融资等新模式，按照国家有关规定探索数字人民币的应用。

加快金融与数字技术融合创新发展，鼓励金融机构借助数字技术手段，提供定制化、个性化全生命周期服务。

第五十六条　县级以上人民政府及其有关部门应当推动大数据在工业领域的发展应用，支持工业企业实施智能化改造和数字化转型。

支持汽车、装备制造、食品、医药、光电、石油石化等重点产业领域结合数字技术进行升级改造，面向重点行业培育一批工业大数据解决方案供应商。

引导产业集群利用工业互联网进行全要素、全产业链、全价值链的连接，通过信息、技术、产能、订单共享，实现跨地域、跨行业资源的精准配置与高效对接。

第五十七条　县级以上人民政府及其有关部门应当加强数字技术在政府管理服务中的应用，全面推进政府履职和政务运行数字化转型，以数字化推动服务型政府建设，助力营商环境优化。

统筹推进各行业各领域政务应用系统集约建设、互联互通、协调联动，推动一体化政务服务平台和政务服务体系建设，提高主动服务、精准服务、协同服务、智慧服务、便捷服务能力。

推进智慧监管，加强对市场监管、消费维权、检验检测、违法失信等数据的汇聚整合和关联分析，提升监管智能化水平。

第五十八条　县级以上人民政府及其有关部门应当推进文化数字化发展，提高文化场馆的数字化水平，加强公共数字文化资源建设，促进公共数字文化资源社会化开放利用。

加强优质网络文化产品供给，推动数字动漫、互动新媒体等数字文化创意产业发展。

推动特色文化数字化发展，萃取具有鲜明地域特色的文化元素和标识。推动发展数字文化贸易，鼓励拓展数字文化产品的海外市场。

第五十九条　县级以上人民政府及其有关部门应当加快推动公共服务资源数字化供给和网络化服务，打造数字化社会治理新模式，提升社会服务数字化普惠水平。

推动发展智慧教育，加快数字技术与教育管理、教育教学的深度融合，推进线上线下教育常态化融合发展新模式。

推动发展智慧医疗，发展互联网医院、远程医疗等健康医疗新模式。推动新一代信息技术和智能硬件产品在医疗和公共卫生事件防控等领域的应用，提高医疗、公共卫生服务能力和技术水平。

推动智慧社区建设，运用数字技术强化社区服务和管理功能，推动政务服务、公共服务向社区延伸，提升精细化、网格化管理能力。

第六十条 县级以上人民政府及其有关部门应当深化大数据在自然资源管理、生态环境保护等领域的应用，建设智慧高效的生态环境信息化体系，加强自然资源和生态环境监测预警，推进生态环境智慧治理。

加快数字产业绿色低碳发展，鼓励企业应用新一代信息技术开展资源能源和污染物全过程动态监测、精准控制和优化管理，打造低碳智慧建筑和低碳智慧城市。

第五章 产业生态

第六十一条 省人民政府应当统筹规划，加快培育安全可信、包容创新、公平开放、监管有效的数据要素市场，推动建立市场运营体系，完善数据要素市场化配置机制。省人民政府有关部门应当推进数据要素市场社会信用体系建设，建立交易异常行为发现与风险预警机制。

鼓励企业、科研机构、行业协会、产业联盟等组织参与数据要素市场建设。

第六十二条 省人民政府及其有关部门应当加强数据确权、定价、交易、监管等制度规则研究，推进数据分类分级确权授权使用和有序流通，依法保障数据要素各参与方合法权益，探索建立数据要素登记制度。

第六十三条 省人民政府按照国家要求，推动依法设立数据交易场所；完善和规范数据流通规则，构建促进使用和流通、场内和场外相结合的交易制度体系；统筹引导符合条件的市场主体在依法设立的数据交易场所开展数据交易。

数据交易活动应当遵循自愿、平等、公平和诚实信用原则，遵守法律法规和商业道德，履行数据安全保护、个人信息保护、知识产权保护等义务。有下列情形之一的，不得交易：

（一）危害国家安全、公共利益，侵害个人隐私的；

（二）未经合法权利人授权同意的；

（三）法律法规规定禁止交易的其他情形。

第六十四条 推动建立数据要素收益体制机制，建立健全市场评价机制，依法依规维护数据资源资产权益，探索数据要素分享收益的可行方式。

第六十五条　建立数据要素价格机制，有偿使用的公共数据由政府指导定价，企业数据与个人数据依法自主定价。

第六十六条　省人民政府统计部门应当依照法律和相关规定探索建立数据要素统计核算制度，明确统计范围、统计指标和统计方法，准确反映数据要素的资产价值，推动数据生产要素资本化核算，并纳入国民经济核算体系。

第六十七条　数据交易场所应当提供数据产品开发、发布、承销和数据资产的合规化、标准化服务，提高数据交易效率。

第六十八条　积极发展数据集成、数据经纪、合规认证、安全审计、数据公证、数据保险、数据托管、资产评估、争议仲裁、风险评估、人才培训等第三方专业服务机构，提升数据流通和交易全流程服务能力。

第六十九条　市场主体应当遵守公平竞争原则，不得实施下列侵害其他市场主体合法权益的行为：

（一）使用非法手段获取其他市场主体的数据；

（二）利用非法收集的其他市场主体数据提供替代性产品或者服务；

（三）通过达成垄断协议、滥用在数据要素市场的支配地位、违法实施经营者集中等方式，排除、限制竞争；

（四）法律法规禁止的其他行为。

第七十条　市场主体不得根据交易相对人的偏好、交易习惯等特征，利用数据分析对交易条件相同的交易相对人实施差别待遇，但是有下列情形之一的除外：

（一）根据交易相对人的实际需求，且符合正当的交易习惯和行业惯例，实行不同交易条件的；

（二）针对新用户在合理期限内开展优惠活动的；

（三）基于公平、合理、非歧视规则实施随机性交易的；

（四）法律法规规定的其他情形。

前款所称交易条件相同，是指交易相对人在交易安全、交易成本、信用状况、交易环节、交易持续时间等方面不存在实质性差别。

第七十一条　省人民政府应当加强政策引导，制定支持大数据工作的相关政策措施，为科研人员、大学生在大数据产业创业就业和科研成果转化等方面提供相应的优惠政策，为大数据产品应用提供数据资源和应用场景。

第七十二条　省人民政府设立数字吉林建设专项资金，重点支持数字政府建设、大数据发展应用研究和标准制定、产业链构建、重大应用示范工程建设、创业孵化等。市级和县级人民政府根据需要，可以设立大数据发展应用专项资金。

具备条件的地方可以依法设立大数据发展引导基金，引导社会资本投资大数据发展应用。鼓励创业投资基金投资大数据产业，设立大数据产业领域专项基金。

县级以上人民政府鼓励金融机构创新金融产品，完善金融服务，加大对大数据发展应用项目的信贷支持；鼓励社会资金采取风险投资、创业投资、股权投资等方式，参与大数据发展应用；支持符合条件的大数据企业依法进入资本市场融资。

第七十三条　县级以上人民政府支持大数据重大应用示范类项目和创新研发类项目，通过综合应用风险投资、股权投资、担保贷款、贷款贴息、科技保险等方式开展融资；支持大数据企业参与申报国家专项资金项目。

第七十四条　县级以上人民政府应当将大数据发展应用项目纳入国土空间规划，优先安排年度用地计划指标，落实降低企业土地使用成本的相关政策。

第七十五条　对大数据企事业单位机房用电纳入大工业用电进行统筹；符合条件的大数据企事业单位，按照国家和省有关规定享受电价优惠政策；保障数据中心项目的电力供应，并支持相关配套电力设施建设。

第七十六条　县级以上人民政府应当支持高等学校、科研机构、行业协会、企业开展产学研合作，通过搭建大数据研究平台、产业联盟、创新创业平台、产业学院等方式，推进大数据技术创新与产业发展融合，推动大数据产业研发、投资、孵化一体化发展。

第七十七条　县级以上人民政府应当建立实施大数据领域人才引进培养工作机制，依托大数据研发和产业化项目，大力引进域外人才，加强本地人才培养和数字工匠培育，注重引进培养人才团队，为其开展教学科研和创新创业等创造有利条件；对符合条件的人才，在落户、住房、子女教育、社会保障等方面按照人才政策规定落实激励措施。

支持科研院所培育大数据领域创新创业型、技术技能型人才；鼓励高等学校、职业学校加快大数据相关专业学科建设，培养大数据领域基础型、应用型人才。

鼓励高等学校、职业学校、科研机构和企业开展合作，采取开设大数据相关专业、建立实训基地等方式，定向培养大数据领域专业人才。

第六章　安全保障

第七十八条　各级人民政府及有关部门，法人和其他组织应当加强数据安全教育培训，树立数据安全意识，提高数据安全保护能力，维护数据安全。

第七十九条　省大数据主管部门应当加强对公共数据平台的安全管理，建立实施公共数据管控体系，指导督促大数据开发应用的安全保障工作。

县级以上工业、电信、交通、金融、自然资源、卫生健康、教育、科技等主管部门承担本行业、本领域数据安全监管职责。

县级以上公安机关、国家安全机关等依照有关法律法规的规定，在各自职责范围内承担数据安全监管职责。

县级以上网信部门依照有关法律法规的规定，负责统筹协调网络数据安全、个人信息保护和相关监管工作。

第八十条　行政机关、公共企事业单位以及其他数据处理者开展数据处理活动，应当遵守法律法规、公序良俗和科技伦理，维护国家安全和社会公共安全，保守国家秘密，保护个人隐私、个人信息以及商业秘密。

第八十一条　行政机关、公共企事业单位以及其他数据处理者应当依照法律法规的规定和国家标准的要求，建立健全全流程数据安全管理制度，采取相应的技术措施和其他必要措施，保障数据安全。

第八十二条　县级以上人民政府及其有关部门应当按照国家规定完善数据分类分级保护制度，推动本行政区域数据安全保障工作。

县级以上人民政府及其有关部门应当按照数据分类分级保护制度和国家层面的重要数据目录，组织确定本地区、本部门以及相关行业、领域的重要数据目录，对重要数据进行重点保护。

行政机关、公共企事业单位以及其他数据处理者应当对数据存储环境进行分域分级管理，选择安全性能、防护级别与安全等级相匹配的存储载体，并对重要数据进行加密存储等更加严格的安全保护措施。

第八十三条　行政机关、公共企事业单位以及其他重要数据的处理者应当明确数据安全负责人和管理机构，落实数据安全保护责任，对其数据处理活动定期开展风险评估，并向有关主管部门报送评估报告。

有关行业组织应当建立健全本行业的数据安全保护规范和协作机制，加强对数据风险的分析评估，定期向会员进行风险警示，支持、协助会员应对数据安全风险。

第八十四条　行政机关、公共企事业单位以及其他数据处理者应当加强风险监测，发现数据安全缺陷、漏洞等风险时，应当立即采取补救措施。

第八十五条　行政机关、公共企事业单位以及其他数据处理者应当制定数据安全事件应急预案，并定期组织演练。发生数据安全事件时，应当立即启动数据安全事件应急预案，采取技术措施和其他必要措施降低损害程度，防止危害扩大，保存相关记录，按照规定及时告知用户并向有关部门报告，并及时向社会发布与公众有关的警示信息。

对数据安全事件情况，不得隐瞒不报、谎报或者拖延报告。

第八十六条　行政机关、公共企事业单位以及其他数据处理者应当建立健全重要系统、重要数据容灾备份制度，保障数据安全。省大数据主管部门统筹建设全省公共数据灾备体系；市级人民政府应当按照统一部署，对公共数据进行安全备份。

第八十七条　关键信息基础设施运营者应当依照有关法律法规的

规定以及国家标准的要求，在网络安全等级保护的基础上，采取相应措施，应对网络安全事件，防范网络安全风险和威胁，保障关键信息基础设施安全稳定运行，维护数据的完整性、保密性和可用性。

第八十八条　省网信部门应当统筹协调数据跨境安全管理工作，落实国家有关规定，组织开展数据出境安全评估申报、个人信息出境标准合同备案工作，推进数据安全管理认证、个人信息保护认证工作。

行政机关、公共企事业单位以及其他数据处理者从事跨境数据活动，应当按照国家数据出境安全监管要求，建立健全相关技术和管理措施，防范数据出境安全风险。向境外提供个人数据或者重要数据的，应当按照有关规定进行数据出境安全评估和国家安全审查；法律法规另有规定的，依照其规定。

第八十九条　任何个人、组织都有权对危害数据安全的行为向有关主管部门投诉、举报。收到投诉、举报的部门应当及时依法处理。

有关主管部门应当对投诉、举报人的相关信息予以保密，保护投诉、举报人的合法权益。

第七章　法律责任

第九十条　违反本条例规定的行为，法律法规已规定法律责任的，依照其规定执行。

第九十一条　行政机关、公共企事业单位未按照全省数字化基础设施统筹规划和公共数据共享开放的要求，建设公共数据平台或者政务信息系统，造成重复建设或者影响共享开放的，由本级人民政府或者有关部门责令限期改正，给予通报批评；依法应当给予处分的，由有权机关给予处分。

第九十二条　违反本条例第二十七条第二款、第二十八条、第二十九条第一款、第三十条、第三十一条、第三十五条规定的，由县级以上大数据主管部门或者有关部门责令限期改正；逾期不改正的，给予通报批评；依法应当给予处分的，由有权机关给予处分。

第九十三条　行政机关、公共企事业单位以及其他数据处理者未按照本条例规定履行数据安全保障义务的，依照《中华人民共和国数据安全法》《中华人民共和国个人信息保护法》等法律法规予以处罚。

第九十四条　行政机关、公共企事业单位以及其他数据处理者对数据安全事件情况隐瞒不报、谎报或者拖延不报的，由有关主管部门责令改正，给予通报批评；依法应当给予处分的，由有权机关给予处分。

第九十五条　国家工作人员玩忽职守、滥用职权、徇私舞弊，妨碍大数据相关工作，由有权机关依法给予处分。

第八章　附则

第九十六条　本条例自 2024 年 1 月 1 日起施行。

 热点问答

【热点问题 1】

如何理解地方性法规条例的法律效力和适用性？

地方性法规和条例是我国法律体系的重要组成部分，主要由地方立法机关制定，用于调整本行政区域内的各种社会关系。地方性法规是指由省、自治区、直辖市以及设区的市的人民代表大会及其常务委员会，根据本行政区域的具体情况和实际需要，在不与宪法、法律、行政法规相抵触的前提下制定的规范性文件，主要适用于本行政区域内，对本行政区域内的公民、法人和其他组织具有法律约束力。地方性法规可以就执行法律、行政法规的规定，根据本行政区域的实际情况作出具体规定，也可以就地方性事务制定适应性规定。地方性条例通常是地方性法规的一种表现形式，是地方立法机关为了调整某一方面的社会关系而制定的具有系统性、综合性的规范性文件。地方性条例与法规在制定程序、法律效力等方面基本相同，但条例在内容上可能更加具体、详细，更侧重于对某一方面社会关系的调整。地方性法规的效力等级低于宪法、法律和行政法规，但高于本级和下级地方政府规章。当地方性法规与上级法律、行政法规发生冲突时，应遵循上位法优于下位法的原则。

【热点问题 2】

《深圳经济特区数据条例》作为法律文件具有哪些首创性？

《深圳经济特区数据条例》在内容覆盖面、数据权、数据主体、社会热点问题等方面均具有一定的首创性。首先，不同于其他数据法律法规从涉及数据的某个具体领域制定单项、专门性数据规范的做法，《深圳经济特区数据条例》内容涵盖了个人数据、公共数据、数据要素

市场、数据安全等方面，是国内数据领域首部基础性、综合性立法。《深圳经济特区数据条例》创新性地对数据是关于客体（如事实、事件、事物、过程或思想）的描述和归纳做出定义，对于应用实践过程中普遍存在的对数据、信息、知识等概念的区别和界定有重要意义，能够促进自动化相关处理技术的实践运用。该定义突破以往大众认为的数据是个人信息数字化的认识，进一步明确和扩充了数据的范围及内涵。其次，基于当前数字经济、数字要素市场的建设需要相应配套机制的实际需求，《深圳经济特区数据条例》率先提出"数据权益"，明确自然人对个人数据依法享有人格权益，自然人、法人和非法人组织对其合法处理数据形成的数据产品和服务享有财产权益。这种解决思路能够比较务实地赋予个人在数据产品和服务上的财产权益，并平衡和保护个人的权益。再次，《深圳经济特区数据条例》明确了数据权概念之下所涵盖的数据权利主体，包括自然人、法人和非法人组织，并在条例内容中对相应主体及活动进行一定的明确和要求，为数据法律关系中各主体的数据活动提供相对稳定的行为预期。将相关主体的数据行为约束在法定范围内，能够从根本上解决数据活动中主体权利、义务以及责任边界不清晰的问题。最后，《深圳经济特区数据条例》也结合当前技术发展应用带来的安全风险，对大数据杀熟、"搭便车"等竞争乱象以及未成年人信息保护等给予重视，并从法规层面给出相关规定。

【热点问题 3】

《四川省数据条例》如何服务本地区数字化发展建设？

作为四川省数据领域第一部基础性法规，《四川省数据条例》主要聚焦数据资源体系建设、数据流通利用、数据安全管理三大环节，旨在针对本地区数字化发展的瓶颈问题，在满足安全要求的前提下，通过立法最大程度促进数据流通和开发利用。

首先，《四川省数据条例》明确县级以上地方各级人民政府应当统筹推进数据管理工作，建立协调机制和考核评价机制，将数据开发利用和产业发展纳入国民经济和社会发展规划，构成明确的数据管理体制机制。其次,《四川省数据条例》针对数据资源统一管理问题,要求按照"一数一源一标准"的路径建立数据资产管理机制,遵循"一项数据有且只有一个法定数源部门"的原则,依照法定权限、程序和标准规范收集公共数据。再次,四川省将建立数据资产评估、交易中介服务等市场运行体系,旨在促进数据要素实现流通和利用,鼓励符合条件的市场主体在依法设立的数据交易场所有序开展数据交易。此外,四川省将培育壮大数据采集、存储管理等数据核心产业,发展人工智能、物联网等数字相关产业,以创造数据安全利用的良好环境和条件,切实推动数据开发利用和价值发挥。同时,在数据开发利用的全流程,《四川省数据条例》要求高度重视数据安全管理和个人信息保护问题,明确政府部门和数据处理者的职责义务,提出建立分类分级保护、风险防范预警等机制。

【热点问题4】

《上海市数据条例》如何体现对本区域数据治理与数字化发展问题的规划?

《上海市数据条例》作为国内首部省级人大制定的数据条例,把数据纳入区域法治管理的轨道,与上海市当前整体的城市数字化转型策略与规划共轨同行。数据被视为基础性、战略性资源,是上海市发展最重要的新型生产要素,是增强城市竞争力的新动能。

《上海市数据条例》继承上海市自《上海市大数据发展实施意见》发布之后形成的数据产业培育优势,持续针对数据流通中的确权、定价、互信、入场、监管等关键共性难题进行探索和尝试。例如确立"不合规不挂牌,无场景不交易"的基本原则,让数据流通交易有规可循、有章可依;发布数据产品登记凭证,实现一数一码,可登记、可统计、可普查;发布数据产品说明书,以数据产品说明书的形式使数据可阅读,将抽象数据变为具象产品等;探索构建数据资产评估指标体系,建立数据资产评估制度,开展数据资产凭证试点,反映数据要素的资产价值。

《上海市数据条例》着眼本区域数据治理需求、围绕上海城市数字化转型基础命题，探索形成本区域数据工作的法治框架。首先，《上海市数据条例》以鼓励创新、服务发展为目标，对数据创新活动中的合法权益给予保护，支持数据为经济、生活和治理赋能，在促进数据流通利用的关键问题上发力。其次，《上海市数据条例》以推进改革和转型为主线，区域管理和行业管理都必须做好数字化转型管理工作，倡导各区、各部门、各企事业单位设立首席数据官，致力于促进各方合作联动、共同形成推动整体工作的合力。再次，《上海市数据条例》也充分关注当前本区域数字化转型发展过程中出现的热点难点问题，并通过提出符合地方发展特点的解决思路、落地路径和鼓励措施的方式对相关问题进行一定程度的回应。同时，为了保障《上海市数据条例》尽快并且顺利实施，市政府相关部门提前准备，按照"全覆盖""可实施""可评价"的目标，研究制订了《贯彻实施〈上海市数据条例〉配套工作分工方案》，有计划地梳理了7个方面37项配套措施任务，按照"能快则快、能早尽早""成熟一项、推出一项"的原则，计划于2024年3月底、6月底、12月底分批出台配套政策或完成配套措施，在年内基本建成数据领域"1+X"制度体系，进一步保障和促进《上海市数据条例》作用的发挥。

【热点问题5】

数据监管时代，当前我国地方法规条例在数据要素安全利用过程中体现了哪些数据管理思路？

2017年，我国便提出要"构建以数据为关键要素的数字经济"。国家层面，《中华人民共和国国家安全法》（以下简称《国家安全法》）《网络安全法》《数据安全法》《个人信息保护法》共同构成我国数据安全保护的基础性法律框架。地方层面，以深圳市、上海市、重庆市、四川省、天津市等为代表的各省市也均结合各自的实际发展情况，制定了相关数据发展条例（包括大数据条例、数据条例），不断推动数据的发展应用。其中，贵州省施行时间最早，2016年3月1日正式施行；北京市、上海市、浙江省、福建省、辽宁省、黑龙江省、陕西省、宁夏回族自治区公布了相关数据条例或草案；另有众多地区的数据条例草案正处于审议阶段，积极开展相关立项论证。

在有关法规条例的适用性方面，贵州省、天津市、海南省、山西省、吉林省、安徽省、山东省、辽宁省、黑龙江省、陕西省、宁夏回族自治区主要面向公共数据领域（或政务数据）。公共数据主要指各级行政机关和公共服务企业在履行职责和提供服务过程中积累的大量数据，而深圳市、上海市、重庆市、四川省，除涉及公共数据外，还涵盖了个人数据的相关规定，适用领域更广。各省市坚持"数据应用与安全并重"原则，在相关数据条例中明确数据安全管理规定，不同地区制定的具体数据安全管理制度有所差别，但基本覆盖了数据采集、储存、开发、应用、交易、发布、服务等数据生命周期全过程，严格防控数据处理活动全流程的数据安全风险。天津市、贵州省还要求相关负责单位建立数据安全防护管理制度，制定数据安全应急预案，并定期开展安全评测、风险评估和应急演练。此外，安徽省、上海市和山东省还明确提出实行数据安全责任制，即按照谁所有谁负责、谁持有谁负责、谁管理谁负责、谁使用谁负责、谁采集谁负责的原则，进一步明确数据安全职责和义务，提升数据安全防控意识和能力。

从各省市制定的相关数据条例可以看出，各省市都将公共数据管理列为重点监管数据类型。各地区通过建立统一的数据平台，实现公共数据的目录管理、汇聚、共享、开放和利用。同时，多地着眼公共数据共享和开放，对数据实行分类分级管理。相较于其他省市，深圳市、上海市对个人数据保护进行了专门规定，是各自辖区内数据领域的综合性地方法规，对后续数据资源的开发利用、数据要素市场建立等具有重要意义。